中国对外经济发展研究报告

REPORT ON CHINA'S EXTERNAL ECONOMIC DEVELOPMENT

（2016）

国家发改委对外经济研究所　著

電子工業出版社
Publishing House of Electronics Industry
北京 • BEIJING

内 容 简 介

《中国对外经济发展研究报告（2016）》分设综合分析与展望、国际贸易研究、国际投资与产能合作研究、区域经济合作研究、国际经济热点问题研究等专题，就"一带一路"、国际产能合作、供给侧结构性改革下扩大对外开放、特朗普经济政策和英国脱欧对我国的影响、经济全球化趋势，以及中国与日本、韩国、欧盟的经贸投资合作等重大问题和热点问题进行分析研究，并提出了许多有一定参考价值的对策建议。

本书可供决策者、经济研究工作者和实际工作者及相关人士参考阅读。

图书在版编目（CIP）数据

中国对外经济发展研究报告. 2016 / 国家发改委对外经济研究所著. —北京：电子工业出版社，2017.6
ISBN 978-7-121-31469-8

Ⅰ. ①中… Ⅱ. ①国… Ⅲ. ①对外经济合作－研究报告－中国－2016 Ⅳ. ①F125.4

中国版本图书馆 CIP 数据核字（2017）第 093529 号

策划编辑：李树林
责任编辑：赵 娜
印　　刷：北京中新伟业印务有限公司
装　　订：北京中新伟业印务有限公司
出版发行：电子工业出版社
　　　　　北京市海淀区万寿路 173 信箱邮编 100036
开　　本：880×1 230 印张：12.75 字数：351 千字
版　　次：2017 年 6 月第 1 版
印　　次：2017 年 6 月第 1 次印刷
定　　价：89.00 元

凡所购买电子工业出版社图书有缺损问题，请向购买书店调换。若书店售缺，请与本社发行部联系，联系及邮购电话：（010）88254888，88258888。
质量投诉请发邮件至 zlts@phei.com.cn，盗版侵权举报请发邮件至 dbqq@phei.com.cn。
本书咨询联系方式：（010）88254463；lisl@phei.com.cn。

前　言

过去一年，国家发改委对外经济研究所全面贯彻党的十八大和十八届三中、四中、五中、六中全会精神，深入学习贯彻习近平总书记系列重要讲话精神和治国理政新理念新思想新战略，牢固树立“四个意识”，自觉在思想上政治上行动上同以习近平同志为核心的党中央保持高度一致，努力为中央宏观经济决策和国家发改委中心工作服务，积极推进中国特色高端智库建设，深入开展国际经济领域的重大问题和热点问题研究，取得了丰硕的阶段性成果。在此基础上，我们筛选出部分有代表性的研究成果，汇编成《中国对外经济发展研究报告（2016）》。

本报告分设“综合篇”和四个“专题篇”，主要涉及“一带一路”、国际产能合作、供给侧结构性改革下扩大对外开放、构建开放经济新体制、亚太自贸区、特朗普经济政策、英国脱欧、逆全球化以及我国与主要国家的经济关系等内容。

本报告的具体撰写分工如下：毕吉耀（第一章）、丁刚（第二章）、吴涧生（第三章）、杨长湧（第四章）、吴涧生（第五章）、姚淑梅（第六章）、张哲人（第七章）、杨长湧（第八章）、李慰（第九章）、郝洁（第十章）、苑生龙（第十一章）、陈长缨（第十二章）、季剑军（第三章、第十三章）、李大伟（第十四章）、关秀丽（第十五章）、原倩（第十六章）、王海峰（第十七章）、曲凤杰（第十八章）、金瑞庭（第三章、第十九章）、刘栩畅（第二十章）、林晨辉（第二十一章）。

受时间和专业研究能力所限，报告中难免存在一些不足的地方，欢迎社会各界和广大读者提出宝贵意见。

作　者

2017 年春

目　录

第一篇　综合分析与展望

第二篇　国际贸易研究

第三篇　国际投资与产能合作研究

第四篇　区域经济合作研究

第五篇　国际经济热点问题研究

REPORT ON CHINA'S EXTERNAL ECONOMIC DEVELOPMENT
(2016)

CONTENTS

Part 1 Overall Analysis and Outlook

Part 2 Study on China's Foreign Trade

Part 3 Study on China's International Investment and International Capacity Cooperation

Part 4 Study on Regional Economic Cooperation

Part 5 Study on International Economic Hot Topics

第一篇　综合分析与展望

第一章　特朗普经济政策对全球和我国经济的影响

内容提要：特朗普经济政策对内以低税收、低福利和振兴实体经济为重点，对外以贸易保护和构建于己有利双边经贸关系为重点。特朗普经济政策实施后，世界经济低增长态势可期有所改观，国际金融市场波动可能加剧，区域合作和多边贸易体制将遭遇新冲击，全球产业布局继续深刻调整，我国发展面临的国际环境依然严峻复杂。

特朗普当选美国总统是继英国公投脱欧后又一重大事件，表明国际金融危机的深层次影响不断向社会政治领域扩散，民粹主义、反全球化、保护主义将主导美欧未来的政策走向。特朗普当选先是触发美国股市、美元汇率大跌，黄金价格暴涨，但很快转变为美元持续升值，美国三大股指连创新高，表明国际市场开始憧憬特朗普经济政策的积极影响。各种迹象表明，世界经济在经历了危机后持续 8 年的深度调整之后，正在迎来新变局，呈现出新的调整变化趋势。

一、特朗普经济政策主要内容

特朗普经济政策对内以低税收、低福利和振兴实体经济为重点，对外以贸易保护和构建于己有利的双边经贸关系为重点。

（一）财政政策

一是减税。特朗普认为美国税法过于烦琐，主张简化税制并降低税负。将个人所得税税阶从 7 个减至 3 个，分别为 12%、25%和 33%；同时简化税务表格，把企业所得税税率从 35%降至 15%。二是加强基础设施建设。特朗普计划十年内投入 5500 亿美元资金，加大道路、机场、能源等基础设施的建设力度，并更多采用“美国制造”商品，从而拉动美国经济增长。此外，特朗普还主张废除奥巴马医改法案。

（二）产业政策

特朗普认为奥巴马出台的《华尔街改革和消费者保护法案》导致金融系统监管成本急剧增加，主张放松管制，促进金融自由化。特朗普宣称要取消页岩气、石油、天然气、洁净炭等能源生产和出口限制，并承诺今后白宫新增一条联邦监管措施，必须先取消两条现有监管措施。特朗普计划将跨国公司海外利润汇回的所得税率由当前的 35%降至 10%，并提出要改善美国营商环境，从而吸引制造业回流和跨国公司扩大对美投资。

（三）贸易政策

特朗普认为现行的自由贸易体系对美国经济发展和就业整体产生了显著负面影响。为此，特朗普及其幕僚声称将对美国贸易政策作出重大调整，包括退出 TPP，重新谈判或终止 NAFTA，将中国和墨西哥等主要贸易伙伴列为汇率操纵国并征收 45%的惩罚性关税，停止一切的“不公平贸易活动”并寻求构建所谓更为“公平”的双边经贸关系。

（四）利率政策

特朗普对利率政策的态度多有摇摆，既指责美联储人为操纵低利率，又表态加息预示一个非常可怕的前景，甚至还提出要撤换美联储主席耶伦。因此，严格地讲，特朗普并未提出一个明确的利率政策主张。

二、特朗普经济政策对全球经济的影响

特朗普经济政策涉及面广、牵涉利益调整，最终形成的政策或多或少都将“打折”，但仍将给全球经济格局产生重要影响。

（一）世界经济低增长态势可期有所改观

金融危机后世界经济复苏乏力、走势分化，贸易投资低迷。但近期好转迹象明显，美国经济 2016 第三季度强劲增长 3.2%，失业率降至 4.6%，通胀预期上升；欧元区经济继续温和复苏，季度同比增速维持在 1.6%～1.7%；新兴经济体经济逐步企稳，俄罗斯、巴西有望走出衰退；全球股市振荡上行，大宗商品价格明显回升。

从趋势上看，世界经济仍处在危机后的深度调整期，各国都在大力推进结构性改革，为未来的经济增长积蓄动能，世界经济在短期内仍难以摆脱低速增长状态。特朗普的减税、扩大基建投资和放松金融管制等所谓“美国优先”政策有可能巩固美国经济强劲复苏势头，进而使得世界经济低增长态势出现一定改观。

（二）国际金融市场波动可能加剧

由于全球经济走势分化、周期不同步，主要经济体的货币政策也出现分化甚至背离。2015 年以来，美联储三次加息，而欧洲中央银行和日本央行仍在大规模购债，在保持量化宽松的同时，还启动了负利率政策。

由于市场预期特朗普的减税和增支政策将增加财政赤字，未来国债发行量将继续增大，国债收益率可能继续攀升。受美元走强和美债利率上升的影响，非美货币汇率将继续承压，国际资本有可能加速回流美国。全球汇市、债市、股市、大宗商品市场以及国际资本流动调整波动可能进一步加剧。

（三）区域合作和多边贸易体制遭遇冲击

特朗普宣称将奉行“美国优先”的对外经贸政策。他认为现行贸易体系主要存在以下两个方面

的“不公平”：一是美国的关税水平远低于其主要贸易伙伴；二是难以制约中国、墨西哥等主要贸易伙伴运用产业、环境、劳工等“不公平”的政策以促进出口。重点构建所谓“公平”的双边经贸关系，本质是更多采用贸易保护主义措施，吸引产业和就业机会回流美国。这势必引发频繁的贸易摩擦甚至贸易战，给全球贸易投资环境带来巨大的不确定性。

TPP 本身尚未落地，加上具有鲜明的“奥巴马-希拉里”标签，目前已“胎死腹中”。虽然 TPP 已被搁置，但美国绝不会放弃高标准经贸规则这张既是自身竞争优势所在，又可以牵制新兴大国发展，还能巩固其对全球治理领导权的牌。因此，在可预见的未来，美国还将在双边、多边等领域以这样或那样的形式推行 TPP 这套规则，这将直接冲击区域合作进程和多边贸易体制规则，与建立开放的世界经济体系和促进经济全球化背道而驰。

（四）全球产业布局调整可能深刻变化

近年来，全球移动互联网、可再生能源、物联网、3D 打印、智能制造等新兴产业加速发展，而移动互联网、云计算、大数据等信息技术在金融、商贸、制造、教育、医疗等更多领域普及应用和融合发展将不断催生新业态、新模式和新产业，传统产业将全面转型升级。在全球产业加快重组的同时，依托信息化、智能化、小型化、分散化、个性化的新型生产组织方式将逐渐取代分工明确、规范严格的标准化大工厂生产组织方式而成为主流，国际分工方式也面临变革。

在用惩罚性高关税保护美国市场和就业的同时，特朗普还声称将简化个人所得税制并大幅降低税率，以吸引产业和就业机会回流。这既是奥巴马政府重振美国制造业政策的延续，也是保护主义色彩更浓的强硬措施，很可能被欧洲和日本所效仿，事实上日本和英国都在酝酿大幅削减企业所得税的政策。全球产业链和价值链布局可能因此深刻调整，发展中国家在吸引外资和承接产业转移方面将面临更加激烈的竞争。

三、我国发展的外部环境变化趋势

国际金融危机后，我国发展的外部环境已经发生了深刻而复杂的变化。特朗普上台执政后美国内政外交政策调整和世界经济正在迎来的新变局，可能使我国发展的外部环境更加复杂多变，不确定性和变数增加，当然其中也不乏一些可以善加引导和利用的积极影响。

（一）我国的外需情况可能有所好转

特朗普赢得美国大选后，市场预期宏观经济政策将出现显著变化，其承诺的基础设施投资和减税措施将提振美国需求、刺激投资并促进进口增长，提升美国和全球经济增长。

IMF 预测 2017 年全球经济和贸易量分别增长 3.4%和 3.8%，分别较 2016 年提高 0.3 和 1.9 个百分点，2018 年全球经济和贸易量分别增长 3.6%和 4.1%，为 2011 年以来的最快增速。其中，2017 年发达和新兴经济体分别增长 1.9%和 4.5%，分别较 2016 年提高 0.3 和 0.4 个百分点，美国经济增长

2.3%，较 2016 年提高 0.7 个百分点。

（二）人民币贬值和资本外流压力仍将持续

尽管人民币在中长期不存在贬值基础，在全球货币体系中仍表现出稳定强势货币特征，但美国经济增长加快、通胀预期上升、美联储加息步伐加快、美债收益率上升，以及全球货币普遍对美元贬值，都会加大人民币贬值和资本外流的预期和压力。

虽然美元走势存在不确定性，但国际资本加速回流美国和我国对外投资步伐加快以及国内投资回报率降低等，都会对人民币汇率和资本外流构成持续压力。

（三）来自美国的贸易保护主义措施增多

特朗普在竞选中指责中国采取不公平的贸易政策抢走了美国工人的就业机会，扬言要将中国列为汇率操纵国，对中国出口美国的产品征收 45%的高额关税。

虽然这类狂言未必都能兑现，但特朗普执政后很可能会对中国出口产品采取更多的诸如反倾销、反补贴、安全保障等一系列保护主要措施，导致中美经贸领域摩擦增多。特朗普在退出 TPP 的同时，声称要构建所谓公平的双边经贸关系，这将对未来中美经贸关系的发展带来新的不确定因素。

（四）对我推进亚太区域合作带来新契机

特朗普宣布美国退出 TPP，暂时减缓美国在亚太地区推行高标准自贸区对我国造成的压力，为我国推进 RCEP 谈判和亚太自贸区建设带来新契机。

但要看到，提高贸易投资自由化标准和将一些新议题纳入自贸协定谈判是大势所趋，美国也不会轻易放弃对国际经贸规则制定的主导权，暂时的策略调整有可能最终进一步巩固美国在全球治理中的强势主导地位，留给我们的时间窗口也许并不会很长。

四、应对思路

面对全球经济新变局，我们既要保持战略定力，也要未雨绸缪、有效应对。充分发挥我国不断增强的综合实力和国际影响力，主动塑造于我国有利的外部发展环境，切实维护我国经济安全和发展利益。

对内主动适应引领经济发展新常态，在适度扩大总需求的同时深化供给侧结构性改革，增强经济抗风险能力；对外坚持扩大开放，稳步推进“一带一路”建设和国际产能合作，深化多双边经贸合作，推动形成开放型世界经济体系。

第二章　推进和引领经济全球化

内容提要： 在经济全球化进程的重要十字关口，要辩证认识经济全球化的“双刃剑”特征，把握经济全球化未来发展大趋势，以创新的精神、务实的态度，通过“一带一路”建设，推进和引领经济全球化。

当前，经济全球化发生了诸多重大的历史性变化，大国之间地缘政治经济矛盾以及对全球化主导权的争夺日趋激烈，反全球化的波涛汹涌，世界经济正面临大动荡、大变革和大调整的考验。

一、历史和现实将经济全球化推到重要的十字路口

国际金融危机以前，经济全球化迅猛发展的红利、以信息技术为代表的科技进步红利和冷战结束的和平红利，交相辉映，共同演绎了一波较长的世界经济大繁荣。2008 年之前的 5 年，世界经济年平均增速达到 5%以上。

经济全球化彰显出惊人的魅力和巨大的活力。

一是促进了生产要素在全球范围内的优化配置。一国经济运行的效率无论多高，总要受本国资源和市场的限制，只有全球资源和市场一体化，才能使一国经济在现有条件下最大限度地摆脱资源和市场的束缚。

二是促进了国际分工的发展。经济全球化促进了世界市场的不断扩大，使国际分工更加深化，各国可以充分发挥自身优势，从事能获得最大限度的比较优势产品的生产，扩大生产规模，实现规模效益。

三是促进了经济结构合理优化。由于经济全球化带来科学技术的世界性流动，使各国特别是发展中国家可以利用世界上自己需要的先进科学技术，借助后发优势，推动科技进步、经济结构的优化和经济发展。

四是促进了经济发展模式创新。全球化促进生产、资源、人员、贸易、投资和金融等要素全球优化配置、降低成本和提高效率。跨国公司已发展到在全球布设研发、生产、销售链条的全球公司阶段。

五是促进了人类文明进步。人类有可能在全球化、全球性问题、全球利益和全球治理基础上，形成人类新的共同价值观念和新的人类文明。可以说，人类文明发展到了今天这一历史最高水平，经济全球化功不可没。

然而，2008 年国际金融危机爆发后，世界经济形势发生了逆转，繁荣因素还存在，但推动力明显减弱。不利于增长的因素起了更大作用。

一是国际金融危机的冲击，导致从始作俑者的美国到欧洲乃至整个西方发达经济体系陷入一片混沌，金融危机对全球增长产生了很大的负面效应。

二是经济周期下行，从长周期的角度来说，目前这个阶段正好是世界经济增长的下行期。金融危机的冲击叠加经济周期的下行，使得现在世界经济依然处在危机后的深度调整期，全球经济出现困难，2015 年至 2016 年连续两年仅有 3.1%的低速增长。

经济全球化失去了往常的光芒。跨境贸易与投资持续低迷，贸易壁垒逐步筑高，区域一体化进程横生波折，多国移民政策趋向收紧……。种种民粹主义、孤立主义和保护主义迹象频繁显现，形形色色的极端思潮不停地冲击国际合作大局。

英国，公投选择退出厮守了 43 年的欧盟，作为昔日经济一体化标杆的欧洲一体化进程，受到史无前例的重大冲击。

美国，这个曾经的经济全球化大推手，新任总统特朗普一上台就宣布退出跨太平洋合作伙伴关系（TPP），要求重启北美自贸区谈判（NAFTA），下令修建美墨边境隔离墙，禁止难民和 7 个伊斯兰国家公民入境美国……

当今，经济全球化不断遭遇减速带，世界各国面对未来的忧虑感与不安感明显上升。走到十字路口的经济全球化将要迈向何方？

二、辩证认识经济全球化的“双刃剑”特征

经济全球化是一把“双刃剑”。“当世界经济处于下行期的时候，全球经济‘蛋糕’不容易做大，甚至变小了，增长和分配、资本和劳动、效率和公平的矛盾就会更加突出，发达国家和发展中国家都会感受到压力和冲击。反全球化的呼声反映了经济全球化进程的不足，值得我们重视和深思。”①

2016 年，英国公投脱欧和美国总统大选特朗普胜出这两个黑天鹅事件客观反映了经济全球化“双刃剑”带来的挑战。

从经济全球化“双刃剑”正面看，可以通过贸易投资自由化、便利化，深化国际分工，提高经济效率，让普通百姓包括发达国家的广大消费者，能够用更低的成本获得更多、更高质量的消费品和服务。因此，有些国家这些年虽然人均 GDP 增长很慢，但生活水平还是有所提高，比如同样买一件衬衫，现在可能只要花原来 1/3 的价钱就能买到，福利相对得到了改善。而从经济全球化“双刃剑”负面看，与传统比会有很多新的挑战，比如跨境犯罪、跨境疾病传播、非法移民等，全球化收益与成本在各国之间分配是不均匀的，有些国家的特定群体感受到的挑战较多。据有些专家分析，英国脱欧最直接的因素是移民。英国在欧盟里经济发展相对较好，吸引了欧盟内部其他国家的很多人合法地去英国工作，与英国的低收入者抢工作，使一部分低技能劳动力市场的就业竞争加剧。在经济出现低迷的情况下，全球化带来的冲击凸显出来，大量落魄的英国低收入者在公投中选择了支持英国退出欧盟。

当下的全球化给世界带来经济繁荣不是绝对“普惠性”的，表现为有“赢者”就必然有“输者”。国家之间如此，一国内部也是如此。全球化条件下生产要素的自由流动导致全球生产链的转移，使美国等西方国家中低端产业转移到发展中国家，造成国内部分工人的就业和收入受到冲击，中产阶级地位难以维持。而长期生活在“象牙塔”里以资本为核心的统治精英却忽视百姓诉求，社会贫富差距不断扩大，底层百姓与精英阶层矛盾终于爆发，大量的普通百姓出来拿选票表达自己心中的愤怒。2015 年，法国经济学家皮凯蒂的《21 世纪的资本论》引用大量历史数据把近代资本主义国家资

① 习近平主席在世界经济论坛 2017 年年会开幕式上的主旨演讲。

本与劳动的收益作了详细、精确的比较，发现资本的收益一直远远超过劳动的收入，而且这种“剪刀差”越来越大。全球化最大受益者是资本，特别是金融资本，其触角已伸到世界各个角落。贫富差距不断扩大，资本和劳动对立，资本精英与普通员工阶层矛盾成为最根本的矛盾。特朗普正是看准并把握了这一历史变化和大趋势而取得白宫宝座的。

上述两个事件的深远意义在于，全世界在进一步促进贸易投资自由化、便利化，推动经济全球化的进程中，如何把正能量（收益）尽可能地释放出来，同时把负效应（成本）降到最低，这应当是世界主要国家需要认真思考的。

三、经济全球化未来发展大趋势

习近平主席高瞻远瞩，明确指出经济全球化进入阶段性调整期，质疑者有之，徘徊者有之；但是应该看到，经济全球化符合社会生产力发展的客观要求，符合各方利益。要充分估计世界经济调整的曲折性，更要看到经济全球化进程不会改变。“世界经济的大海，你要还是不要，都在那儿，是回避不了的。想人为切断各国经济的资金流、技术流、产品流、产业流、人员流，让世界经济的大海退回到一个一个孤立的小湖泊、小河流，是不可能的，也是不符合历史潮流的。”

纵观经济全球化演进历程，审视经济全球化未来走向，我们发现：科学技术发展作为经济全球化的动力，跨国公司全球贸易和投资作为经济全球化的载体，全球产业转移和资源重新配置作为经济全球化的主要内容和标志，这三大要素在今天并没有发生实质性变化。而且，当前新一轮科技和产业革命正孕育兴起，国际分工体系加速演变，全球价值链深度重塑，这些都赋予经济全球化新的内涵。不久前，麦肯锡全球研究院发布报告指出，今天跨境宽带数据流量相比 2005 年增长了 45 倍。这不仅是信息和观念的交流，而且支撑着巨量的商品、服务、资本和人员往来。更为重要的是，在“信息全球化”的今天，小型公司、初创企业乃至个人，融入经济全球化的门槛大大降低。眼下，约 9 亿人使用社交网络与朋友或同事跨境交流，约 3.6 亿人参与跨境电子商务。与此同时，人员跨境流动仍处于增长趋势，并超过全球人口增速，全球总计大约有 2.22 亿人口生活在出生国以外。[①]

为此，我们需要更好地谋划全球化新时期的国际合作，而不是悲观地认为全球化即将就此消亡。

四、中国对世界经济和全球化发展的贡献和担当

近 40 年来，中国通过改革开放，乘势而为，积极融入经济全球化进程，成就斐然。2001 年加入世界贸易组织，接受全球多边贸易制度安排。20 世纪 80 年代，中国还是世界上关税税率最高的国家之一，到 2010 年 1 月 1 日，中国关税总体水平由此前的 15.3%降到 9.8%，所有产品降税承诺履行完毕，还逐步取消了 400 多项非关税措施；外贸经营权由“审批制”过渡到“登记制”，自贸试验区建设从无到有，“负面清单”管理模式加快推广；大规模修改和创制与贸易有关的法律法规，极大地改善了国内法律环境，吸引了大量外资和跨国公司。中国在国际产业分工中不断优化调整定位，成为向开放型经济转型最成功的发展中国家之一。今天，中国已经成为世界第二经济大国、最大货

① 国纪平. 推动世界经济迈向包容普惠的新时代. 人民日报，2016-1-19.

物出口国、第二大货物进口国、第二大对外直接投资国、最大外汇储备国、最大旅游市场，国家综合实力和人民生活水平显著提升。

中国分享了融入经济全球化的红利，同时，也为世界经济增长作出了重要贡献。从国内生产总值贡献率看，2001 年中国实际国内生产总值对全球贡献率为 0.53%，2016 年这一指标跃升至 33.2%。国际金融危机爆发以来，中国经济增长对世界经济增长的贡献率年均在 30%以上。中国已连续 3 年稳居世界第一货物贸易大国地位，成为全球 120 多个国家和地区的最大贸易伙伴。改革开放以来，中国累计吸引外资超过 1.7 万亿美元，累计对外直接投资超过 1.2 万亿美元。

今天中国作为负责任的世界大国，开始给予世界更多红利回报。一方面体现在“真金白银”、实实在在的发展机会担当。我们欢迎世界各国搭乘中国发展的“快车”“便车”。预计未来 5 年，中国进口总额将达到 8 万亿美元，利用外资总额将达到 6000 亿美元，对外投资总额将达到 7500 亿美元，出境旅游将达到 7 亿人次。这将为世界各国提供更广阔的市场、更充足的资本、更丰富的产品、更宝贵的合作契机。另一方面是共商共建、共赢共享的全球治理担当。中国作为倡导者和主导者，共建“一带一路”，推动成立亚洲基础设施投资银行、金砖国家开发银行和丝路基金等，积极建设全球自由贸易区网络。中国作为倡导者，推动制定《二十国集团全球贸易增长战略》和《二十国集团全球投资指导原则》，并发起《全球基础设施互联互通联盟倡议》，推进《区域全面经济伙伴关系协定》谈判，推动《巴黎协定》生效并作出减排承诺。

五、相关对策

1. 深入推进“一带一路”建设

“一带一路”建设与经济全球化的理念息息相通，能更好释放经济全球化的正能量。发展的目的是造福人民。经济全球化追求的是贸易大繁荣、投资大便利、技术大发展；也正是在经济全球化的推动下，世界上许多地区实现了经济社会较快发展。“一带一路”建设正是以发展为最大公约数，超越冷战思维、零和博弈和各种偏见藩篱，打造利益共同体、命运共同体和责任共同体，实现合作共赢发展。世界银行 2017 年发布的《全球经济展望》指出，贸易保护主义是全球经济的主要风险。保护主义与经济全球化需要的开放包容、公平普惠背道而驰。“一带一路”建设所秉承的共商共建共享原则，所致力加强的政策沟通、设施联通、贸易畅通、资金融通和民心相通，将让经济全球化进程更有活力、更加包容、更可持续。

“一带一路”建设将促进经济全球化更加均衡发展。反全球化的呼声折射出经济全球化进程中的缺失和短板。世界经济领域正面临全球增长动能不足、全球经济治理滞后、全球发展失衡这三大突出矛盾。“一带一路”聚焦构建互利合作网络、新型合作模式、多元合作平台，努力通过提高有效供给来催生新的需求，实现世界经济再平衡。

2. 妥善应对各种新挑战

要抓住矛盾和问题的关键所在，科学施策，积极应对各种新挑战。

比如，妥善应对英国脱欧事件产生的影响。要深入分析，辩证看待问题。英国脱欧对欧盟来讲，一种观点认为英国脱欧可能会造成多米诺骨牌效应，有更多受益较少的成员国跟着一起脱欧，这取决于欧盟如何应对。但也有观点认为，英国脱欧对欧盟来讲，就像两口子闹离婚不一定是坏事，却在很大程度上说明他们在一起可能不合适。欧盟一体化不在于成员的多寡，欧盟在贸易投资领域的自由化或一体化已经走得很深了，金融一体化中出现了欧元和统一的央行，但是财政一体化是滞后的。这恰恰是欧盟主权债务危机的根源。未来欧盟要进一步推进一体化，要求成员国更多地让渡“主权”给欧盟。可是恰恰英国在欧盟中是一个特殊成员，它和整个欧盟格格不入，不加入欧元区，还要求很多特殊政策，事实上，英国在欧盟里面对欧盟一体化是起一定阻碍作用的。相反，如果应对得当，英国脱欧，与欧盟、美国、中国建立新型的经济关系，也许能把脱欧的好处释放出来。英国脱欧，可能使中国失去英国这样一个进入欧盟的桥头堡，但我们可以同“自由”了的、不受欧盟约束的英国商谈自由贸易安排，深化中英之间的经济、贸易、投资、金融方面的合作，这对中英两国来说未必不是新的机遇。

再如，妥善应对美国新一届政府在全球化和全球治理领域政策变化的影响。长期以来，“全球化就是美国化”成为美国推动全球化的核心理念。但当前美国朝野普遍认为，全球化已偏离了“美国化”的轨道，美国得利减少，中国等新兴大国获利过多。为此，特朗普举起“美国第一”和“让美国再次伟大”的大旗，发出新一届美国政府将推动改变全球化政策和全球经济治理规则的强烈信号。对此，我们要有清醒的认识：一方面，美国无疑还是全球化主导力量，美国对全球化和全球治理态度的转变，核心是美国想改变当前全球化的格局，制定新的国际规则，以重新掌控全球化利益的分配权。中美在经贸领域的摩擦可能会升级。另一方面，美国在特朗普治下将以更多关注自身的利益为第一要务，凡是与此相悖的事情，将会倾力改变，以致可能在全球治理部分领域“开倒车”，包括退出对巴黎气候协定的承诺和退出 TPP 等。这无疑将加大国际社会对中国引领经济全球化和全球治理的期望值。对中国而言机遇与挑战并存。

总之，世界进入经济全球化新的时期，我们要以创新的精神，务实的态度，推进和引领经济全球化；主动作为、适度管理，让经济全球化的正面效应更多释放出来，实现经济全球化进程再平衡。

主要参考文献

[1] 共担时代责任 共促全球发展. 习近平主席在世界经济论坛 2017 年年会开幕式上的主旨演讲.

[2] 国纪平. 推动世界经济迈向包容普惠的新时代. 人民日报，2016-1-19.

[3] 何亚非. 推进全球化 引领全球化. 学习时报，2017-1-11（1）.

[4] 胡鞍钢，王蔚. 推动实现“新全球化”是大势所趋. 解放日报，2017-1-3（10）.

第三章　供给侧结构性改革下进一步扩大对外开放①

内容提要：本文就供给侧结构性改革与扩大对外开放的关系进行探讨，并着重阐述了供给侧结构性改革下扩大开放的重点领域，在此基础上，进一步提出了相关对策思路和建议。

现阶段，我国经济发展进入新常态，紧密结合供给侧结构性改革的新形势、新任务、新要求，深入推动高水平全方位对外开放，以开放促改革、促创新、促发展，具有十分重要的意义。

一、正确统筹供给侧结构性改革与扩大开放

（一）国内供给侧结构性改革的基本内涵

供给侧结构性改革的内涵可理解为“供给侧+结构性+改革”，其本质意义在于，以“企业、产业、要素、资源和制度”等供给层面为切入点和着力点，以提高供给质量和效益为核心，用改革的办法推进结构调整，矫正要素资源配置扭曲，提高供给结构对需求结构变化的适应性，使增加有效和高端供给、减少无效和低端供给、提高全要素生产率成为经济发展的新动力，形成供需结构高效对接、市场主体活力充分释放、生产力水平大幅跃升的新经济增长体系。

（二）扩大开放是供给侧结构性改革的应有之义

改革和开放如同“鸟之两翼，车之双轮”，两者相辅相成、辩证统一。一方面，供给侧结构性改革的目标和重点任务是实现经济结构调整和产业转型升级，寻找经济增长新动能，保持经济中高速增长，推动产业迈向中高端水平。而这与扩大对外贸易投资，获取关键资源要素，提升国际合作竞争新优势等对外开放的目标和重点任务不谋而合。另一方面，供给侧结构性改革“三去一降一补”五大重点任务只有在开放环境下才能得以实现。如“去产能”需要通过外贸结构调整、国际产能合作等对外输出我国的富余优势产能和高端装备予以配合，“降成本”需要通过提高通关效率、降低进出口环节税费来实现，而“补短板”则需要通过扩大先进技术设备、关键零部件及国内紧缺能源原材料进口加以支持。

（三）供给侧结构性改革助力扩大开放

扩大开放离不开深化改革，深化改革可为扩大开放提供重要的体制支撑。现阶段，制约我国对外贸易优化升级和由贸易大国向贸易强国转变的因素仍主要集中在供给侧方面。目前，我国产业仍

① 本文曾刊载于《中国发展观察》2016 年第 19～20 期。

处于全球中低端水平，外贸发展还未形成以技术、品牌、标准、质量、服务等为核心的综合竞争优势，出口产品质量和档次难以适应国际市场需求变化。在此形势下，通过供给侧结构性改革增加有效产品和制度供给，将有利于促进外贸向优质优价、优进优出转变，也有利于推进国际产能合作和自由贸易区建设。

（四）扩大开放倒逼引领供给侧结构性改革

深化改革也离不开扩大开放，扩大开放对供给侧结构性改革发挥着倒逼和促进引领作用。一方面，外贸投资结构优化倒逼国内供给侧结构性改革。当前，国际经济格局面临深度调整，各国产业竞争日趋激烈，发达经济体纷纷实施“再工业化”战略，试图占据全球产业链的制高点。这意味着扩大开放对供给侧结构性改革提出新的更高要求。另一方面，新一轮国际规则重构引领国内相关体制机制改革。近年来，美国主导的 TPP 和 TTIP 等国际高标准新规则，如知识产权、劳工、环境、国有企业、政府采购等领域，大多与供给侧结构性改革有关。虽然这对我国带来了压力和挑战，但也给我国以示范和引领。

二、供给侧结构性改革下扩大开放的重点领域

（一）开展国际产能合作，着力推动产业迈向全球中高端水平

1. 推动富余优势产能对外输出，加快实现制造大国向制造强国转变

一方面，纾解过剩产能压力，推动国内产业结构调整和升级，提升我国参与国际分工的广度和深度。

一是推动优势产能走出去，以高铁、核电、通信、新能源等资本和技术密集型行业为重点，以“一带一路”沿线国家重点合作项目为依托，促进国内优势产能、技术、标准、服务走出去，打造中国制造金字品牌。

二是通过开展跨境收购兼并、成立合资公司等方式，有效获取国际高端制造业的核心技术、品牌、国际销售渠道、新型商业模式和业态以及国际先进管理经验。

三是做好与相关国家发展战略对接和产能合作衔接，以重大项目为抓手，共同建设国际经济合作走廊和境外产业集聚区。

另一方面，发挥企业主体作用，加快培育具有国际竞争力和影响力的跨国企业。

一是推行简政放权，提高企业境外投资便利化程度，为企业“走出去”提供优质服务。

二是在货物通关、人员出入境、货币结算、司法、税务合作等方面，推动建立多边和双边合作机制。

三是利用好各类机制平台，推动产能合作项目落地生根。

2. 积极支持“引进来”，有针对性地“补短板”

一方面，放宽投资准入，深化外资管理体制改革。加强事中事后监管，创新外资监管服务方式。把注重招商引资规模转变到注重提高引资质量上来，鼓励外资进入生产性服务业、战略性新兴产业、

先进制造业等领域；提高区域产业配套能力和全产业链发展，吸引更多的跨国公司投资高端服务业。加强引资引技引智相结合，提高利用外资的综合效益。

另一方面，调整和优化利用外资区域和产业布局，坚持绿色低碳循环发展，积极推进东部沿海地区产业向中西部地区梯度转移，促进区域协同发展和联动开放。

（二）加快对外贸易优化升级，着力推动外贸向优进优出转变

1. 提升外贸产品竞争力，充分挖掘外贸出口市场潜力

加大研发投入，扶持企业自主创新，利用先进适用技术改造提升传统产业，满足国际市场中高端需求，培育形成出口新增长点。按照品质提升和精致化的要求，打造传统产业出口竞争新优势，巩固外贸出口市场份额。

2. 扩大短缺物资设备进口，有效弥补国内市场供给缺口

一是支持先进技术设备、关键零部件和能源资源产品等的进口，弥补国内市场供求缺口。

二是以进口促出口。通过扩大关键技术和设备进口优化国内要素资源结构，提高出口产品附加值。

三是加强进口政策与产业政策的协调联动，促进制造业转型升级。

3. 创新外贸发展模式，大力发展服务贸易新业态

一方面，扩大跨境电子商务、市场采购贸易方式和外贸综合服务企业试点，着力推动商业模式的创新和应用。

另一方面，推进服务贸易管理体制改革，降低市场准入门槛，选择有基础、易操作的服务领域作为服务贸易创新试点的重点领域，加快形成可复制、可推广的模式和经验。

（三）推动加工贸易转型升级，着力提升国内产业整体水平

1. 推动产品加工由低端向高端转变，着力提高产品技术含量和附加值

变“加工”为“研发制造”，即从以来料加工和进料加工为主的加工贸易向自主研发、制造产品转变。着力推动加工贸易业由纺织服装、箱包鞋帽、家具等劳动密集型产业向 IT、机械等资本和技术密集型产业升级，或生产制造环节由加工组装、低端零部件制造向高端、关键或核心元器件制造环节升级。同时，延长加工贸易境内的增值部分，提升内资企业占比。

2. 深耕加工贸易国内增值链条，积极引导向产业链高端拓展延伸

变“两头在外”为“内外结合”，即从单纯承接国外订单生产向依据市场灵活自主实施经营战略转变，由加工组装环节逐步向高附加值生产环节转变。一方面，向研发、设计等产业链上游部分进行拓展。另一方面，变“贸易”为“全球营销”，即逐步向建设全球营销网络转变，引导加工贸易链条向物流、品牌、销售渠道等下游部分延伸。

3. 优化加工贸易区域布局，努力保持我国加工贸易传统优势

通过便利要素流动、设立承接产业转移园区等方式，引导劳动力密集、土地密集等传统劳动密集型加工贸易向中西部地区梯度转移，使内陆地区成为沿海加工贸易链条的主要承接地。

4. 整合和优化海关特殊监管区域，加快加工贸易管理方式转变

整合出口加工区、保税区、保税港区等各类特殊监管开放平台功能，逐步实现加工贸易向国际通行的封闭监管园区转移。将原有的来料加工和进料加工管理纳入海关特殊监管区域政策范畴，最终对其实现统一规范管理。推进海关特殊监管区域向自由贸易园区升级。

（四）降低外贸企业负担，有效提高质优价廉外贸产品供给能力

1. 降低外贸企业劳动力、融资、税负等成本，不断提升我国外贸企业合作竞争优势

现阶段，外贸企业成本上升突出表现在以下几个方面。

一是劳动力成本上升。我国近年来劳动力成本呈现总体上升趋势，明显高于周边多数发展中国家。

二是融资成本加大。外贸企业面临信贷成本上升，新批贷款额度减少，贷款审批周期延长，融资渠道狭窄，获取银行贷款或授信难度较大等问题。

三是汇率成本上升。汇率成本波动上升，企业出口竞争优势削弱。

四是税收负担重。除印度、菲律宾外，我国外贸企业税负明显高于巴西、印尼、马来西亚、日本、韩国等经济体。

2. 降低企业进出口环节费用，进一步提高通关便利化水平

目前，外贸企业进出口环节费用分三大类。

一是政府履行公共职责收取的费用，涉及海关、质检、环保、食品监督等部门收取的费用。

二是政府、事业单位以及指定企业提供服务收取的收费。

三是港口经营者、港口管理方以及相关船舶公司提供服务收取的费用。据不完全统计，我国进出口环节收费项目约有93项，其中行政事业性收费约12项，经营服务性收费约81项。

通关便利化方面，我国大力推进区域通关一体化和“三互”大通关，但在跨国合作、文档规范化、上诉可行性等领域仍显著低于发达经济体的水平。

（五）发挥金融支持作用，有效防范金融开放中的潜在风险

1. 拓宽企业融资渠道，切实降低对外投资融资成本

外贸企业融资渠道较窄、融资方式单一。国有企业中长期贷款利率普遍在4%以上的水平，民营企业贷款利率则大多在6%以上，明显高于欧美国家1%～2%的利率水平。目前，我国外贸企业综合融资成本达10%～15%，为美国和新加坡等经济体的3～5倍。

2. 强化金融服务支持功能，充分发挥在“一带一路”、国际产能合作和外贸稳定增长中的重要作用

“一带一路”建设、国际产能合作和外贸稳定增长等方面存在巨大的刚性资金需求，现有金融机制安排难以有效满足。据亚洲开发银行估算，亚洲国家基础设施建设每年需要8000亿美元以上，这一庞大资金需求将导致资金缺口较大。在国际产能合作方面，重点合作项目大多数属于资本密集型项目，若无有效金融平台予以支撑将难以实质推进。而在促进外贸增长方面，金融产品创新、融资渠道拓展、金融服务优化等存在明显不足，“融资难、融资贵”问题依然突出。

3. 完善人民币汇率机制，稳妥推进人民币国际化进程

2005 年 7 月央行重启汇改，确立了以市场供求为基础，参考一篮子货币进行调节，有管理的浮动汇率制度。2015 年 8 月 11 日，央行改革“收盘汇率+一篮子货币汇率变化”的汇率中间价形成机制。完善人民币汇率形成机制，稳定和引导市场合理预期，是保持我国金融市场稳健运行的关键所在。

人民币加入 SDR 是其融入全球体系的重要里程碑。目前，央行与 36 个国家和地区央行额度互换总额达 3.3 万亿元。人民币国际化基础设施完善，与 20 个国家和地区建立了人民币清算安排。以 CIPS（一期）为基础，人民币跨境和离岸业务的清算体系逐步形成。随着人民币加入 SDR 的生效及“一带一路”和国际产能合作的深入推进，全球市场对人民币需求持续释放，为人民币国际化创造了有利条件。

（六）积极参与全球经济治理，着力推动国际经济秩序朝着公正合理的方向发展

1. 推动全球经济治理改革，不断提高我国全球经济治理中的制度性话语权

当前，以我国为代表的广大新兴经济体在全球经济治理中的地位和作用明显提升。G20 作为全球宏观政策磋商协调主平台地位的确立和巩固，金砖国家和上海合作组织等在国际和地区事务中的影响力日益增大，以及 IMF、世界银行份额和投票权改革进一步推进，为我国引导全球经济议程、提升全球经济治理话语权带来了新机遇。

2. 支持发展中国家平等参与全球经济治理，有效促进国际货币体系和国际金融监管改革

亚投行、金砖国家银行等的设立与运营，是国际开发性金融体系的重要新生力量。随着人民币成为亚洲重要区域性货币，东亚金融稳定机制不排除与美元脱钩的可能性，人民币有望成为全球硬通货。IMF 从积极鼓吹和推动放松资本管制转向认同发展中国家控制资本流动性的必要性和合理性，有利于我国等新兴经济体和发展中国家在国际金融体系改革中发挥更大作用。

3. 推动自由贸易协定谈判，加快构建面向全球的高标准自贸区网络

目前，我国与 56 个“一带一路”沿线国家正式签署双边投资协定，中美双边投资协定和中欧双边投资协定谈判正在积极推进。我国先后与 22 个国家和地区签署了 14 个自贸协定，并着力打造中国-东盟自贸区升级版，积极推动区域全面经济伙伴关系协定（RCEP）、中日韩自贸区谈判等。

三、供给侧结构性改革下扩大开放的思路和对策

（一）总体思路

紧扣“四个全面”战略布局和“五位一体”总体布局，认真贯彻创新、协调、绿色、开放、共享的发展理念，积极适应和引领经济发展新常态，正确统筹国内改革和对外开放，充分利用国际国内两个市场两种资源，以供给侧结构性改革下的开放发展为主题，以加快转变对外经济发展方式为主线，以调整优化外向型经济结构和提升外向型经济质量和效益为主攻方向，实行更加积极主动和互利共赢的开放战略，坚持出口和进口并重，坚持引进来与走出去相结合，坚持全球合作和区域合作相协调，全面深化涉外经济体制改革，准确把握我国在全球分工体系和产业链中的新定位新优势，积极主动参与全球经济治理改革，全面提升我国开放型经济水平。

（二）推动体制机制创新，着力构建开放型经济新体制

1. 形成外贸可持续发展新机制

完善外贸促进政策体系，进一步提高贸易便利化水平；发挥行业中介组织作用，建立健全服务贸易促进体系。

2. 创新外资管理体制

加快推进金融、教育、文化、医疗等服务业领域对外开放，进一步放宽育幼养老、建筑设计、会计审计、商贸物流、电子商务等服务业领域的外资准入限制，采取准入前国民待遇加负面清单的外资管理模式，加强外资国家安全审查。

3. 推进境外投资管理体制改革

放宽外资审批、外汇管理等限制，允许企业和个人发挥自身优势到境外开展直接投资和产能合作；加快商签双边投资协定，为境外投资企业提供权益保障、投资促进、风险预警等服务。

4. 健全“一带一路”和国际产能合作的长效机制

形成“一带一路”建设和国际产能合作的长效机制，加强与沿线各国互联互通伙伴关系，与相关国家共建产能合作政策协调机制，着力打造国际经贸合作走廊。

5. 构建区域协调开放体制

稳步推进自由贸易试验区在全国范围推广。推动加工贸易模式创新，支持中西部地区建设加工贸易承接地、出口基地和自由贸易园区；培育沿边开放新优势，将沿边重点开发开放试验区、边境经济合作区建成我国与周边国家合作的重要平台。

6. 提升全球经济治理中的制度话语权

建立国际经贸谈判新机制，加强谈判方案执行、监督和谈判绩效评价；支持联合国、G20 等发挥全球经济治理主要平台作用，推动金砖国家合作机制发挥作用，提高新兴市场和发展中国家在全球经济治理中的发言权和代表性；参与国际经济治理变革和规则制定，在全球性议题上提出新主张、新倡议和新方案。

（三）主要政策建议

1. 全面推进“一带一路”建设

一是协调好“一带一路”建设近期和中长期重点任务的关系。按照先易后难、重点突破的原则，加快形成一批道路、铁路、港口、园区等示范项目，着力打通陆海联运战略通道。

二是解决好“一带一路”建设中的合作资金和模式等重点问题。让“人民币”更多参与“一带一路”建设，引导各类资金更多参与；创新合作模式，鼓励采取投资贸易模式、重大战略性项目跨国合作推进模式、援助型与商业性合作结合模式及多国企业协同推进商业性项目模式等。

三是建设好“一带一路”各大经济走廊。按照优先次序，积极推进中巴、中蒙俄、新亚欧大陆桥以及中国－中南半岛等经济走廊建设；密切跟踪地缘形势发展变化，审慎推进中国－中亚－西亚、孟和中印缅经济走廊建设；以推动港口和临港产业发展为先导，统筹推进海上丝绸之路建设。

2. 积极开展国际产能合作

一是构建“以我为主”的产业生态链。加强顶层设计，按照产品—标准—技术—资本—服务“走出去”的实施路径，走出一条具有中国特色国际产能合作的新路子。

二是制定国际产能合作中长期规划。研究制定国际产能合作中长期规划（2016—2030）。使中国装备、中国技术、中国资本、中国品牌在全球“叫得响”“立得住”且“推得开”。

三是深化融资体制改革。引进财务投资者和战略投资者组成项目公司，鼓励企业采用“股权融资”和“债券融资”等方式进行融资；加强多边开发性金融机构对开展国际产能合作的融资支持。

四是组建产能合作促进组织和产能合作企业“产业联盟”。

3. 加快推动外贸优化升级

一是开拓国际市场中高端需求。增强外贸企业自主创新能力，巩固和提升外贸产品综合竞争力。

二是做好进口环节“补短板”。支持先进技术设备、关键零部件、能源资源产品等国内紧缺产品进口，把技术获取与自主创新相结合。

三是着力创新外贸发展模式。扩大跨境电子商务、市场采购贸易方式和外贸综合服务企业试点，大力发展服务贸易新业态。

4. 加快推进加工贸易转型升级

一是分类提高加工贸易增值率。对于附加值较高、符合我国资源要素禀赋变化趋势、国内产业处于发展期、对经济增长带动作用较大的技术知识密集型产业及装备制造等资本密集型产业等列入加工贸易允许类目录；对于技术含量不高、附加值不大、对经济增长仍有一定拉动作用的产业列入加工贸易限制类目录；对于“两高一资”行业列入禁止类目录，对不同类别产业继续实行差别化监管政策。

二是着力优化加工贸易区域布局。继续沿用东部地区和中西部地区在加工贸易允许行业目录、银行保证金台账管理模式上的政策落差，中西部地区要积极引入加工贸易龙头企业，带动一批配套企业入驻。

三是着力提升加工贸易价值链。对诚信守法的加工贸易企业购进目录内关键设备实行17%增值税的台账“空转”，对加工贸易企业进行研发、设计、检测等所需要的设备和料件等可享受保税政策，并按允许类产品实施保证金“空转”。对创立自主品牌和营销渠道等内资加工贸易企业给予一定的财税支持。

5. 多管齐下降低外贸企业成本

一是分类施策降低外贸企业进出口环节税费。尽快取消第一类收费，大幅降低第二类收费，精准降低第三类收费，该类项目费用可通过市场竞标和公开听证等方式进行调整。

二是着力提高通关便利化水平。最大限度上简化通关手续并提高通关效率，加强与美国、欧盟、日本以及“一带一路”沿线国家在执法管理、监管互认、技术互通、标准融合、风险防范等方面的合作。

三是更好地发挥外贸综合竞争优势。下调失业保险费率、工伤保险平均费率、生育保险费率、养老保险费率和基本医疗保险费率，降低外贸企业初始用地成本，最大限度地压低土地一级开发项目的交易成本；推动物流税目合并、完善增值税抵扣政策以及增加抵扣项政策，建立政府权责清单和市场负面清单，降低企业退出成本。

6. 有效发挥金融服务的支持作用

一是丰富融资产品和工具。鼓励各类金融机构对外贸企业执行优惠利率，最大限度地提高抵押物折扣率；对于经营业绩和社会信誉良好的外贸企业，优先给予贷款贴息、风险贷款补偿金以及担保费率补贴等政策扶持。

二是有序开放国内资本市场。重点发展多层次资本市场，提升资本市场直接融资能力；支持在沿海外贸发达地区发展区域性的股权市场，规范和引导私募行业健康发展。

三是推动签署双边本币互换协议。与“一带一路”沿线国家签署双边本币互换协议，择机引导开展外币自由互换业务。

四是继续推进人民币跨境使用。鼓励外贸企业和个人进行人民币跨境使用，允许自贸区内外贸企业在境外自由发行人民币债券；支持自贸区内银行类金融机构与境外机构和个人开展人民币贷款业务，研究并推动SDR计价债券发行。

五是发挥自由贸易试验区的制度优势。在确保不发生系统性风险的前提下，在我国（不包括香港）现有自贸试验区内鼓励企业探索利用境外低成本资金。

7. 积极发挥在全球经济治理中的重要作用

一是加强与主要经济体宏观经济政策规则的协调联动，增强彼此之间政策的透明性和可预期性；

推进国际金融治理结构优化，利用好 G20 等平台，将发展问题置于宏观经济政策框架的突出位置，强调短期政策和中长期政策并重，加强宏观经济政策协调和结构性改革，采取标本兼治、综合施策的经济治理药方。

二是增强参与决策、制定标准和设置议程的能力和水平，推动金砖国家银行、亚投行以及丝路基金等区域金融开发机构与现行国际金融体系协同联动，切实履行大国责任和担当。

三是推进中美、中欧双边投资协定（BIT）谈判，着力打造《中国-东盟自由贸易区升级版》，积极推动“10+3”和 RCEP 自贸区谈判，择机启动亚太自贸区、中欧自贸区谈判，创造条件与“一带一路”沿线重点国家开展双边投资协定谈判和自贸区谈判。

第四章　构建开放型经济新体制　打造高水平开放新格局

内容提要：在国际国内条件发生重大变化的形势下，构建开放型经济新体制，对于我国继续抓住和用好重要战略机遇期，打造互利共赢、多元平衡、安全高效的开放型经济新格局具有十分重要的意义，是新时期以开放促改革、促发展、促创新的关键一招。新时期的开放型经济新体制应具备更加开放、更加主动、更加高效、更加平衡和更加安全五个显著特征。

一、构建开放型经济新体制，是适应国际国内条件变化新趋势的客观要求

国际金融危机爆发以来，全球政治经济格局深刻调整，国内经济社会发展进入新常态，我国与世界的经济关系继续发生变化，加入 WTO 带来的开放红利已基本释放，迫切需要创新开放型经济体制，为我国经济长远发展再造“开放红利期”。

（一）全球经济形成三个梯队格局，我国与世界经济的“两竞争两互补”关系渐趋明朗

进入 21 世纪以来，全球经济格局最引人瞩目的变化是以金砖国家为代表的新兴经济体崛起，在传统的“发达国家”和“发展中国家”二元结构中开辟出第三极力量，使世界经济逐步形成发达经济体、新兴经济体和发展中国家的“三个梯队”格局。其中，我国经济保持中高速增长，基础设施比较完善，制造业实力雄厚，产业结构不断升级，经济发展迈向中高端，在第二梯队中最引人瞩目，与其他两个梯队及第二梯队其他国家逐步形成“两竞争两互补”关系。

一方面，劳动密集型产业与发展中国家仍存在较强竞争，而船舶、新能源、通信设备等资本和技术密集产业与发达经济体的竞争也日益显现。

另一方面，我国与发达经济体的产业结构总体仍呈互补态势，而充裕的资本、完整的工业体系、强大的制造能力和不断提升的人力资源水平，与发展中国家以自然资源和非熟练劳动力为主的要素禀赋形成明显互补。这要求我国既要打造国际化法治化营商环境，进一步扩大向发达经济体开放；又要实施更加积极主动的开放战略，拓展以发展中国家为主的经济合作新空间。

（二）经济全球化进入新旧动力转换期，国际经贸规则迈向高标准广覆盖

20 世纪 90 年代初，美国两轮创新带动世界经济进入长周期上行阶段，创造了巨大的需求增量；跨国公司对外投资和产业转移步伐加快；WTO 普遍大幅降低各成员国的关税和非关税壁垒。在这些因素共同推动下，经济全球化快速发展，国际贸易增速明显高于世界经济增速，我国成为经济全球化的最大受益国之一。国际金融危机爆发后，发达经济体经济复苏疲弱，长期潜在增长率下降，进口能力明显减弱；美国等推行再工业化，鼓励制造业回流，跨国公司对外投资意愿下降；加上多哈

回合谈判迟迟未能取得突破，经济全球化的传统动力明显弱化。

然而，新兴经济体和发展中国家经济继续快速增长，在全球进口、引进外资及对外投资中的地位上升，成为经济全球化重要的新动力源。同时，区域经济合作蓬勃发展，各类自由贸易协定大量涌现。国有企业、劳工、环境保护、电子商务等21世纪新议题谈判日益兴起，且各领域规则皆达到或接近发达经济体国内法的高标准。这要求我国既要抓住来自新兴经济体和发展中国家的机遇，提升经贸合作层次；又要应对来自发达经济体的挑战，加快构建开放型经济新体制，在新一轮全球化规则制定中赢得主动、赢得优势，进一步发挥以开放促改革、促发展的作用。

（三）全球经济治理体系继续重组重构，给我国带来更多机遇也带来更多责任

国际金融危机爆发以来，世界多极化趋势更加明朗，全球治理的理念和结构继续发生改变。以“华盛顿共识”代表的新自由主义影响力进一步下降，全球治理更加重视国家能力建设，更加强调促进平衡发展，更加注意防范系统性风险。二十国集团成为全球宏观政策磋商协调的核心机制。国际货币基金组织、世界银行的份额和投票权结构及高层管理人员构成进一步体现发展中国家的愿望和利益。金砖国家、上海合作组织等在国际和地区事务中的作用也进一步提升。美国国家情报委员会认为，未来15～20年，全球权力分散化趋势将更加明显，霸权治理更多让位于网络化和联盟化治理，美国面临如何与新兴伙伴合作重塑国际体系这一重大问题。

全球经济治理体系深刻变化，为我国参与塑造世界经济格局，提升话语权和影响力提供了历史性机遇。要抓住这些机遇，必须实施更加积极主动的开放战略，创新开放型经济体制，为全球经济治理体系改革注入更多活力。同时，要顺应国际社会对我国的新认知和新期待，在力所能及的范围内提供更多公共品，积极承担国际责任和义务，合作应对各种全球和区域性的挑战。

二、开放型经济新体制将具备五个显著特征

（一）更加开放

突出体现在对外商投资实施准入前国民待遇加负面清单管理模式，扩大服务业开放。过去，我国外商投资采取逐案审批加产业指导目录的方式，易出现自由裁量权过大和政策波动，不利于稳定外国投资者预期，也易导致腐败。与该方式相比，负面清单明确列明禁止或限制外资进入的领域，政府审批权力仅限于此。负面清单之外的领域，外资享有与内资平等进入的国民待遇，实行备案制管理。这有力地限制了对外资准入的自由裁量权，是当前发达经济体推动投资自由化便利化的主要模式。中美投资协定、中欧投资协定谈判皆以负面清单模式为基础，上海等自由贸易试验区外资准入也采取这一模式。

下一步，我国将以此为基础，在维护国家安全的前提下，分层次、有重点放开服务业领域外资准入限制，推进金融、教育、文化、医疗等领域有序开放，放开育幼养老、建筑设计、会计审计、商贸物流、电子商务等领域外资准入限制，进一步放开一般制造业，在交通、电信等基础设施以及矿业等

相关领域逐步减少对外资的限制。这将为境外投资者创造更加开放、稳定和可预期的政策环境。

（二）更加主动

一是更加主动走出去。我国已进入高水平引进来和大规模走出去并重的阶段。通过对外投资和工程承包，特别是通过国际产能合作，有利于化解钢铁、水泥、船舶等严重过剩产能，提升轨道交通、工程机械等中高端装备制造业国际竞争力，推动产业结构转型升级，也有利于更好地利用国外技术、品牌、市场和要素等资源，构建我国企业主导的分工链条，增强统筹国际国内两个市场、两种资源的能力。下一步，应从战略层面切实增强对走出去的统筹谋划和指导，将企业、个人自发性走出去与国家对外战略紧密结合，解决无序投资、恶性竞争等问题，建立管理、促进、服务“三位一体”新体制，提高走出去的自由便利程度、全球布局能力和风险防范水平。

二是更加主动推进“一带一路”建设。“一带一路”是新时期我国对外开放的重大战略，其主要合作伙伴是欧亚大陆新兴经济体和发展中国家。通过加快宏观政策沟通协调，基础设施互联互通，贸易投资金融合作及科技社会人文交流，将更好地发挥我国与沿线发展中国家要素禀赋和产业结构互补的优势，打造利益共同体、责任共同体和命运共同体，拓展对外合作新空间。下一步，应集中优势资源，加快推进“六廊多港”的标志项目建设，推动重点国别合作，加强对“一带一路”沿线国家的宣传，形成国内推进“一带一路”的合力。

三是更加主动参与全球经济治理。一方面，应在既有框架下促进以世界贸易组织为核心的国际贸易体系建设和国际货币基金组织为核心的国际货币体系改革，推动多哈回合谈判，增强我国在国际货币基金组织中的话语权和影响力。另一方面，应通过构建面向全球的高标准自贸区网络，稳步推进人民币国际化，以亚洲基础设施投资银行等为基础打造以我国为主的国际开发性金融体系，逐步形成新兴市场和发展中国家主导，我国在其中发挥更大作用的全球经济治理“第二轨”。同时，在应对气候变化、重大传染病防治、能源安全、粮食安全等领域承担更多责任，发挥更大作用。

（三）更加高效

突出体现在构建外贸可持续发展新机制。改革开放后很长时期，我国依靠低要素成本承接产业转移，参与国际分工和国际贸易，虽已成为第一货物贸易大国，但总体居于全球价值链中低端，大而不强、大而不优的问题突出。2011 年我国出口中的国内增加值占比仅 67.9%，远低于美国的 85%、日本的 85.1%，也低于德国的 74.5%。当前，我国外贸发展出现产业转入放慢，订单转出加快，要素成本上升，传统优势下降的“一慢、一快、一升、一降”态势，迫切需要转变外贸发展方式，提高在全球价值链的分工地位，提升质量和效益。

下一步，应着力破解制约外贸可持续发展和转型升级的体制机制障碍，加强贸易政策与产业政策协调，推动制造业和服务业融合发展，加快外贸转型升级基地、贸易平台和国际营销网络建设，大力培育技术、品牌、质量和服务等竞争新优势，提高贸易便利化水平，促进外贸体制增效升级。

（四）更加平衡

沿海开放和内陆沿边开放将更加平衡，形成陆海内外联动和东西双向开放新格局。重点是解决制约内陆沿边开放的体制机制和政策环境问题。从内陆看，不靠海、不沿边，历来是对外开放的薄弱地区。应加快“中欧班列”等国际运输通道建设，培育包括整机生产、零部件、原材料配套和研发结算在内的加工贸易产业集群，推进大通关体制改革，夯实内陆开放型经济发展基础；同时，应大力发展服务贸易、跨境电商、市场采购等“轻型贸易”，弥补内陆区位劣势，提升内陆开放层次。从沿边看，应着力推进重点开发开放试验区、边境经济合作区、跨境经济合作区等开放平台建设，在条件允许的地方设立跨境旅游合作区、进口加工区等新平台，允许沿边重点口岸、边境城市、边境经济合作区在人员往来、加工物流、旅游等方面实行特殊方式和政策。

对发达经济体开放和对发展中国家开放将更加平衡，形成“两个开放”新格局。对发达经济体开放的重点，应是继续进口先进技术和设备及引进高端产业资本，并将引资与引智、引技相结合；继续通过与其主导的新一轮全球化高标准规则接轨，倒逼国内体制机制改革深化。对发展中国家开放的重点，应是发挥我国商品、资本、技术和市场优势及改革开放成功经验，扩大机械设备等资本品出口，加大走出去的力度，帮助其改善基础设施、改进体制机制、推进工业化和城镇化进程，同时更多更好地利用其丰富的自然资源、充裕的劳动力和日益增长的市场需求，推动我国经济结构升级。

（五）更加安全

随着对外开放程度进一步提高，如何处理好开放和安全的关系，在开放中维护国家安全利益，是我国必须认真面对、积极探索并着力解决的问题，也是贯穿开放型经济新体制方方面面的问题。关键是要提高开放型经济治理能力，明确安全责任主体，构建完善的风险评估、防范和应对程序，依法维护和保障安全。其中，外商投资国家安全、走出去安全、经贸安全和金融安全是要重点解决的四个问题。

在扩大外资准入的同时，可通过明确审查范围、设置消危措施、提供“安全港”保证等，完善外商投资国家安全审查机制。在促进走出去的同时，应加快商签双边投资保护协定，健全领事保护机制，完善对外投资保险市场，增强走出去企业和个人抵御风险的能力；同时，应规范走出去秩序，特别是强化对国有和国有控股企业走出去经营活动的监督与管理，防止国有资产流失，防范假借走出去侵吞国有资产的行为。在提升外贸竞争力的同时，应加快出口管制立法，构建和实施设计科学、运转有序、执行有力的出口管制体系；加强对进口影响的评估，进一步完善产业安全预警机制。在扩大金融开放的同时，应重点健全系统性风险监测预警、评估处置及市场稳定机制，加强对短期投机性资本流动和跨境金融衍生品交易的监测，在国际国内金融市场波动性增大情形下，更加审慎推进资本项目开放，防范和化解金融风险。

第二篇　国际贸易研究

第五章　欧盟不支持中国市场经济地位的动因及未来取向[①]

内容提要：本文首先就市场经济地位的概念及欧美国认定市场经济地位的标准进行了分析和论述；其次，进一步分析了欧盟不支持中国市场经济地位的主要动因，以及欧盟对此的未来取向；最后，有针对性地提出了若干对策建议。

2016 年 5 月 12 日，欧洲议会在当天的全体会议中，以 546 名欧洲议员赞成、28 票反对、77 票弃权的结果，通过了一项非立法性决议，拒绝承认中国的市场经济地位，并呼吁欧盟委员会对中国产品采取反倾销措施。

一、欧美通常将"非市场经济"作为反倾销调查的一个重要筹码

"非市场经济"(Non-Market Economy，NME) 与"市场经济地位"(Market Economy Status，MES) 相对应，是反倾销调查确定倾销幅度时使用的一个重要概念和技术术语。根据我国 WTO 入世议定书第 15 条的规定，中国企业若不能够证明其是在市场经济条件下从事生产经营的，则反倾销调查时将可认定中国是非市场经济。长期以来，美欧等国分别采用各自的标准不承认我国的市场经济地位，在对我国出口产品实行反倾销调查时，不采用我国的国内价格，而是采用与我国经济发展水平大致相当的市场经济国家即"替代国"(Analogous Country)的成本数据来计算所谓的"正常价值"(Normal Value)，并据此确定相关产品的倾销幅度。实践中，按 NME 方法计算的倾销幅度比较高，往往要比按 MES 方法计算的高出 30%以上。

1995—2014 年，欧盟针对我国产品先后发起过 119 次反倾销案，共发布 85 项反倾销措施。欧盟在这方面主要采用以下四种模式。

一是当出口国是市场经济时，则采用 WTO 一般方法核查出口国的国内市场价格和成本。

二是当出口国是市场经济，但其国内价格或成本被认为受到国家干预而出现扭曲时，则采用成本调整方法，该方法涉及对出口国国内生产成本的调整。

三是当出口国是非市场经济时，则采用"替代国"方法，这里的"替代国"必须是市场经济国家。

四是当出口国是非市场经济，但出口企业的价格未受到国家干预，则按市场经济待遇处理，并采用 WTO 一般方法核查其国内市场价格和成本。

就市场经济地位问题，我国与欧盟先后进行过多次磋商和会谈。一段时间以来，欧盟在市场经济地位方面提出了 5 项必须同时满足的标准。

一是资源配置和企业决策中政府影响程度较小，包括直接影响和间接影响。企业有关成本、价格和投入，包括原材料、技术和劳工成本、产量、销售和投资方面的决策都是依据市场供求关系做出的。

---

① 本文曾刊载于《中国发展观察》2016 第 11 期。

二是企业生产经营不存在扭曲，生产成本和财务状况不受国家干预。

三是建立和实施透明的非歧视的公司法，采用国际会计标准，保护股东和公众可获取准确的公司信息。

四是建立和实施一套连贯、有效和透明的法律体系，以确保产权受到尊重，破产制度能够有效操作。

五是存在独立于政府运作的金融部门，货币汇率变化由市场决定。

自 1998 年起，欧盟开始对中国企业进行市场经济的个别观察，其标准是每家企业只要符合 5 项标准即可获得市场经济地位，享受 WTO 的一般规则。在 2006 年的一起案件中，最多有 26 家中国企业获得市场经济地位，但在“皮鞋案”发生后，欧盟基本上拒绝承认中国企业的市场经济地位。

2003 年 6 月，中国首次向欧盟提交市场经济地位申请书，并于同年 9 月提供相关标准的详细资料用于欧盟开展评估，但这次申请遭到了欧盟的拒绝。2004 年 6 月，欧盟发布了对中国市场经济地位的评估报告，强调了承认中国市场经济地位的五项标准，并认为中国只达到了其所提标准中的第二项，即不存在政府干预企业私有化和采取非市场的贸易及补偿机制导致的企业经营扭曲。但在满足其余的四项标准上仍存在不完善之处。2007 年 6 月，欧盟向中国提交了一份关于中国市场经济地位的新评估报告，再次否认了中国市场经济地位。2008 年，欧盟发布的评估报告认为，中国目前只满足了第二项标准，其余的四项仍未达标。第一项主要涉及存在政府继续直接或间接对进出口进行限制，对进口补贴和竞争条件及国内价格施加影响；第三项主要涉及存在政府对企业许可证的限制，政府继续影响公司的相关决策；第四项主要涉及不清楚中国私人财产的实际状况，以及产权法、破产法和竞争法的实施情况；第五项主要涉及存在政府支持给国有企业贷款问题，对金融机构影响过大而致使其执行审慎国际贷款准则和确定贷款利率上的作用发挥不够。2009 年，欧盟市场经济工作组与中方举行了会谈，肯定中国在建立市场经济体制方面取得的重大进展，并提出我国市场经济的相关法律在操作层面仍需要进一步提升实效。2010 年，双方工作组会议还专门就标准四——破产法操作层面的问题展开讨论。

二、欧盟不支持中国市场经济地位的主要动因

欧盟拒绝承认中国市场经济地位的原因应是多方面的，不仅与双方对相关法律条款解释存在分歧有关，也与欧盟的政治经济博弈和利益诉求以及对我国存有意识形态偏见等多方面因素有关。

（一）从法律文义看，欧盟与我在对 WTO 相关法律条款的具体解释上存在着明显的分歧

《中国入世议定书》第 15 条是关于确定中国产品补贴和倾销价格可比性的条款。第 15 条中的 a 款规定，WTO 成员对中国企业进行反倾销调查确定产品价格时分两种情况：（i）如果中国企业能证明其所处行业符合市场经济条件，则进口方应采用中国国内的成本和价格；（ii）如果中国企业不能证明所处行业具备市场经济条件，则进口方可以不采用中国的成本和价格。同时，第 15 条中的 d 款还专门作了以下规定说明：一是如果某 WTO 的成员国内法认定中国为市场经济国家，则整个 a 款终止；二是不论在何种情况下，a 款的（ii）项应在中国入世 15 年后到期终止；三是如果中国根据进口方国内法证实某一特定产业符合市场经济条件，则 a 款的非市场经济条款将不再适用。

目前，中欧双方对第 15 条的解释存在分歧，关键点在于 2016 年 12 月 11 日到期后中国是否可

以自动获得市场经济地位。中方认为，根据文义解释，2016 年期限届满后第 15 条 a 款应整体无效，即中国企业无须证明满足市场经济条件，自动获得市场经济地位。然而，欧盟方面反对中国自动获得市场经济地位。其主要理由如下。

一是认为无论 WTO 协议还是《中国入世议定书》均未规定中国届时可以自动获得市场经济地位。中国要获得市场经济地位，须依据 WTO 的成员国内法证明符合市场经济各项标准。

二是认为第 15 条到期的只是 a 款（ii）项，而 a 款（i）项仍然有效。（i）项保持有效，则意味着中国应当继续承担“证明”其符合市场经济条件的举证责任，即只有中国企业证明所处行业符合市场经济条件，进口方才会采用中国的成本和价格。而 a 款（ii）项失效只能推导出，到期后进口方不得继续对中国出口的产品以“替代国”价格计算正常价值，但这并不等同于中国自动获得市场经济地位。

在可以预见的未来，欧美等国可能会继续采用其他方法来确定中国出口产品的正常价值，而拒绝采用中国的国内价格。

（二）从经济影响看，主要担心中国商品大量涌入欧盟市场、威胁欧盟企业生存和影响欧盟就业

欧盟经济整体自 2014 年起进入温和复苏通道，2015 年实现 1.9%的较快增长，这对欧盟来说实属不易。目前，欧盟工业生产刚刚恢复至欧债危机前的水平，2015 年欧盟工业生产指数为 103.54，与 2011 年大体持平，但多年的市场需求疲弱导致工业复苏步履蹒跚。在此背景下，欧盟内部无论是政府层面还是行业层面，都对可能的冲击因素保持着高度警惕，并看重于维护本区域行业和企业的利益及就业市场的稳定。而在钢铁、机械、化工和陶瓷等产业层面，中国的出口品对欧盟本土产品具有较强的竞争优势。2016 年 11 月，欧美 9 家钢铁协会就曾把全球钢铁产能严重过剩归咎于中国，明确呼吁政府拒绝承认中国的市场经济地位。由于这些敏感领域对稳定就业市场作用较大，以至于相关行业内部施压中方的呼声越来越强烈。美国智库经济政策研究所 2015 年发布的一份研究报告认为，如果欧盟单方面承认中国的市场经济地位，将因丧失反倾销调查权力而令 170 万～250 万欧盟就业人口处于风险之中。而在此次欧议会投票前辩论中，更有议员认为，丧失反倾销调查权利将影响到 350 万就业人口。目前，我国钢铁等行业已经成为欧美发起反倾销的重灾区。据欧委会统计，欧盟已有 52 项针对中国的反倾销措施正在执行中，所涉商品占欧盟从中国进口总量的 1.38%。同时，欧盟正在进行的 28 项反倾销调查中，有 16 项同中国相关。

（三）从政治博弈诉求看，欧盟在是否承认中国市场经济地位这一问题上不可避免地会受到美方态度的影响

事实上，如何处理这一敏感问题不仅影响中欧关系，也影响欧盟与其他贸易伙伴的关系。如果欧盟单方面决定承认中国的市场经济地位，而不与美国沟通协调，不仅会影响欧盟与美国之间业已开展的 TTIP 谈判，也会影响与其他贸易伙伴如加拿大、日本等国之间的相关协定谈判。近些年来，欧美之间虽然在许多国际事务和问题上存在明显的矛盾和分歧，欧盟也一直试图摆脱美国的控制，但不管怎样，这种矛盾和分歧都是非对抗性的。这是由欧美之间存在着广泛的政治、经济和安全共

同利益以及密切的历史文化联系和相同的价值观所决定的。对于欧盟而言，欧美关系的重要性远胜于中欧关系的重要性。欧美在对华问题上往往会站在一边甚至联手对我国施压和制裁，这一点在对我国实行反倾销调查、高技术产品出口限制和军售禁令等问题上表现得尤为明显。作为我国的最大贸易伙伴，在我国出口持续承压的现实背景下，欧盟清楚在这一问题上的态度对中国的价值。另一方面，此次欧议会拒绝承认中国的市场经济地位，也有呼应或安抚美方的用意。事实上，美国一直反对欧盟承认中国市场经济地位，其实质原因还在于欧、美市场对我国具有较强的替代性，一旦中欧经贸关系发展进入快车道，我国不断加大对欧债购入，就会影响到美国的切身利益。而欧盟出于自身经济政治等方面的利益考虑，认为当下不支持中国市场经济地位并维持现状可能是一个相对稳妥的策略，关键是用好这一“筹码”，还可以提高与中方谈判的要价，从而实现自身利益的最大化。

（四）从意识形态方面看，欧盟对我的偏见致使在处理该问题上采用了明显的“双重”标准

欧盟等发达经济体一直不承认我国的市场经济地位，但却早在 2002 年 6 月就给予俄罗斯市场经济地位，由此不难看出，西方发达国家仍然在意识形态上对我国存有一定的歧视。正如欧盟一些官员坦承，所谓标准实质上也是“因国而异”。欧盟之所以承认俄罗斯而不承认中国的市场经济地位，是因为俄对欧的出口主要是能源原材料，中欧贸易及中国对欧洲的工业品出口额则要大得多，而并不是俄罗斯比中国更符合其所谓的五项标准。尽管德、法、英等欧盟成员国领导人都曾向我国领导人保证支持并推动欧盟承认中国的完全市场经济地位，但同时又将问题推向欧盟委员会。而欧盟委员会是一个以捍卫所谓欧盟整体利益为己任的超国家机构，受各成员国的影响很大。部分成员国出于自身利益或明里暗里对其施加压力和影响，要求放缓承认中国市场经济地位的步伐。这一现象，在国际金融危机特别是欧债危机爆发后更为明显，欧盟委员会贸易保护主义色彩似乎更浓，在承认中国市场经济地位问题上变得更为保守。在给予中国市场经济地位问题上，英国、德国和法国的态度较为温和而积极；意大利及西班牙等因担心其轻工业受到中国产品的冲击，均对给予中国市场经济地位持明确反对的态度；而其他小国出于自我保护的考虑，也多倾向于选择不支持。

三、未来欧盟对中国市场经济地位的可能取向

目前看，未来一段时期欧盟在是否给予中国市场经济地位这一问题上，除完全认同中国自动获得市场经济地位外，还存在以下四个可供选择的方案。

第一，否认中国自动获得市场经济地位，继续采用“替代国”方法。

第二，否认中国自动获得市场经济地位，但只能够在特定的条件下采用其“替代国”方法，在一般情况下应当停止使用“替代国”方法。不管怎样，欧盟必须对其相关法规和行政条例进行调整。

第三，承认中国市场经济地位，但在 2016 年 12 月 11 日期满前仍可对中国产品视同非市场经济予以处理。这意味着欧盟需要修改其现行相关法规条例，并将中国从其现有的非市场经济清单中予以去除。

第四，按照市场经济的五项标准，对中国产品逐案审查和评估后加以确定，并相应采取“成本

调整”的方法。目前，该方法主要用于俄罗斯、印度和阿根廷等国的特定案例中。

综合分析法律、经济、政治、意识形态等多方面因素，加之欧盟成员国众多，发展情况和自身利益诉求各异，以及欧盟整体提出意见和提呈议案流程繁杂等制度性影响，我们认为，欧盟下一步选择第二种方案的可能性较大，即在不违反 WTO 相关条款规定的前提下，仍坚持否认中国市场经济地位的立场，但会以承诺不使用“替代国”方法作出妥协让步。

四、主要对策建议

应该说，欧议会近期通过的关于中国市场经济地位的非立法性决议，实际上向国际社会传递了一个不赞成中国在 2016 年 12 月 11 日后自动获得市场经济地位的明确信号，这可能会引发其他 WTO 成员的效仿和跟随，同时也给我国带来了一定的压力和挑战。下一步，我们应当着眼于中欧全面战略伙伴关系的发展大局，理性看待并妥善处理这一敏感性问题，进一步增强双方战略政治互信，逐步消除或减少欧洲对我国的防范心理，努力保持和提升欧洲对我国的战略利益诉求及我国在处理中欧双边问题上的相对主动地位，着力推动事态朝着于我国有利的方向发展。具体措施主要如下。

一是全面落实《中欧合作 2020 战略规则》，务实推动我“一带一路”战略与欧洲容克投资计划的有效对接，加快中欧投资协定谈判进程，抓紧开展中欧自贸协定谈判的可行性研究，为推动我国市场经济地位问题的妥善解决创造有利的大环境。

二是有效发挥中欧领导人峰会等中欧现有双边机制的作用，并加强就该问题的双边外交谈判和磋商对话，力争与欧盟尽早就此达成谅解备忘录。

三是深入研究欧盟现有的决策机制和法律程序，适当的时候可重新向欧盟提交确认我国市场经济地位的申请书，同时严正提出欧盟起诉调查机构存在的一些不合理做法。

四是在必要的时候可考虑运用 WTO 争端解决机制，以获得对《中国入世议定书》第 15 条的合理有效解释，并在基础上平衡好双方利益诉求，力争形成共识并使该问题得到最终解决。

第六章　日本经济发展态势、中日经贸关系新特点及G20框架下中日合作建议

内容提要：自20世纪90年代以来，日本经济深陷低增长旋涡。2012年起，安倍政府试图以“积极财政政策、激进货币政策和结构性改革”的政策组合增强经济发展内生动力。目前看，“安倍经济学”效果有限，日本经济在持续疲弱中趋于停滞，中长期发展前景极为黯淡。中日建交以来，基于经济发展的战略需求，以互补性为主导，以东亚生产网络为依托，中日建立了紧密的贸易和投资关系。2008年金融危机后，在世界经济深度调整和转型发展的大背景下，在“购岛”事件的冲击下，中日经贸关系呈现出双边贸易震荡萎缩，日本对华投资规模正当增加比重大幅下降的新特点，中长期看，这些新特点可能逐渐演变为长期趋势。中日均为经济和贸易大国，在G20框架下，中日在创新增长方式、全球经济金融治理、国际贸易和投资、包容和联动发展等领域具有诸多利益契合点，可通过谋求共识、共同倡议、携手推进、经验分享等多种方式加强合作，为国内经济增长注入动力，为全球经济实现强劲、可持续和平衡增长作出贡献。

一、“安倍经济学”难挽颓势，日本经济在持续疲弱中趋于停滞

（一）日本经济深陷低增长旋涡，增速渐趋停滞

自1992年以来，日本实际GDP增速再未升至3%以上（2010年除外，当年GDP增长4.7%，在2009年萎缩5.5%的基础上反弹），2014年零增长，2015年增长0.5%。以10年期为一个阶段，2006—2015年实际GDP年均增长率为0.052%，1996—2005年为1.04%，1986—1995年为2.71%（见图6-1），日本经济在长期疲弱中趋于停滞的趋势非常明显。

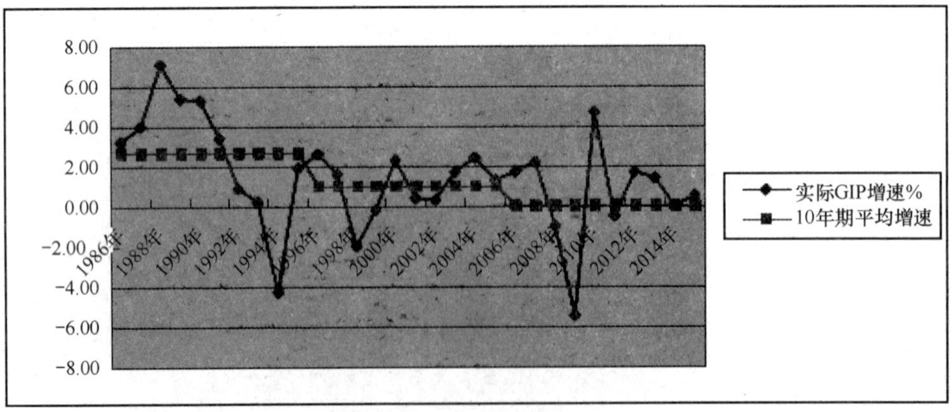

图6-1　日本经济增长趋势图

资料来源：日本统计局。

（二）“安倍经济学”短期对日本经济带来些许提振，总体成效不大

2013年年初，日本政府推出大规模财政刺激计划、宏伟的结构性改革框架，4月日本央行推出激进的“数量和质量双宽松”货币政策，上述政策组合被称为“安倍经济学”三支箭，日本官方概括为“激进的货币政策、灵活的财政政策和促进私人投资的增长战略”。“安倍经济学”对经济带来提振效应，2013年日本经济增长1.4%，CPI由上年的0.0%转为上涨0.4%，不包括食品的核心CPI由-0.1%转为0.4%（见图6-2）。然而，宏观政策带来的利好并未持续。受实际收入长期停滞甚至下降、消费税提高、产能过剩等因素制约，私人消费和投资表现疲弱。以2005年为基期，2015年占GDP约60%的私人消费支出较10年前仅增长4.1%，占GDP约14%的私人非住宅投资较十年前缩减1.3%。

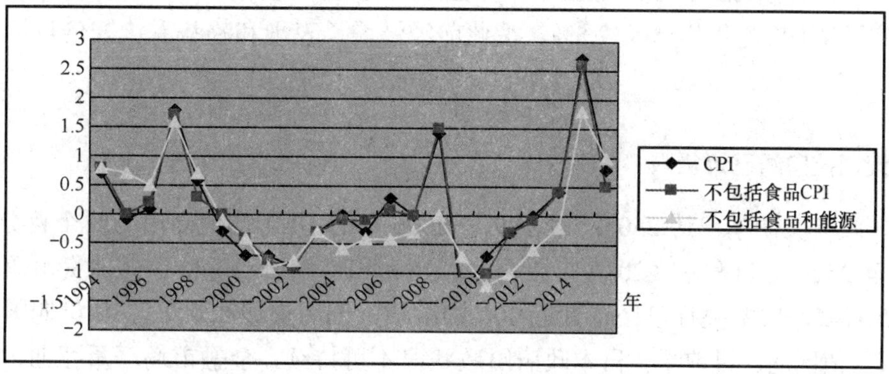

图6-2　日本CPI走势（同比，%）

资料来源：日本统计局。

从近两年经济运行情况看，距安倍政府的期望值相差甚远。

1. GDP增速

2013年6月日本政府设立了未来10年力争实现每年2%的实际GDP增速目标，然而，2013年实际GDP增长1.5%，2014年零增长，2015年仅增长0.5%。

2. 通胀

2013年初日本央行设立了“两年内实现2%”的通胀目标，2014年CPI（不包括食品的核心CPI）一度升至2.7%和2.6%，但2015年分别降至0.8%和0.5%，日本央行已将通胀目标推迟至2017财年上半年。

3. 结构性改革

安倍政府提出涵盖劳动力市场、放松管制、企业部门、贸易、金融部门、工资政策等广泛内容的结构性改革措施，旨在激发市场活力，刺激私人消费和投资，推动经济实现振兴。目前除降低企业税和电力系统改革外，其他进展缓慢。特别是安倍政府热切期待的企业加薪—消费扩张—物价上

涨的良性循环不见踪迹。内阁府调查显示，2016 年以来，日本家庭平均月收入同比仍呈现下降主流态势。总体看，结构性改革成效不大。

（三）日本经济增长动力缺失，中长期发展前景黯淡

1. 安倍政府“新三支箭”难有成效

2016 年年底，安倍新改组内阁提出了将经济发展作为最优先战略，以“经济发展、育儿支援、社会保障”为施政抓手（新三支箭），力争 2020 年实现 GDP 达到 600 万亿日元目标。为此，政府计划 2016 年将企业实际税率下调 2.14%，鼓励企业扩大投资和加薪；每年将最低工资标准提高 3%促进消费。从内容看，安倍政府的“新三支箭”并无新意，仍是延续此前结构性改革的内容和实施手段。按照安倍政府设立的 2020 年 GDP 达到 600 万亿日元的目标（较 2015 年 529 万亿日元增长 13.4%），未来 5 年日本实际 GDP 需年均增长 2.5%。从此前经济增长表现和趋势看，安倍目标实现的可能性基本为零。

2. 宏观政策调控空间已近极限

2015 年日本政府负债率已达 250%，较 1997—2006 年的 10 年均值高出 100 个百分点，IMF 预计 2017 年还将升至 252%。负利率（2016 年 1 月底推出）和“量质双宽松”促使货币政策步入困境。截至 2016 年 10 月底，日本央行已经持有近 40%的国债，创历史最高水平，10 年期国债收益率也于 2 月 9 日起步入负值区间。目前看，日本政府财政状况不可持续，金融市场严重扭曲，风险如何释放存在较大的不确定性，宏观调控对经济增长的作用空间接近极限。

3. 人口老龄化对供需两端带来长期制约

日本政府 2016 年 2 月公布的国情调查结果显示，日本总人口 2015 年减少 0.7%，是自 1920 年启动调查以来首次减少。65 岁以上人口占比 27%（远高于国际通行标准 7%），综合生育率降至 1.39，远低于 2.1 的更替水平。人口老龄化是日本需求乏力、产能过剩、创新动力不足的核心制约因素，在严格控制移民的情况下，日本老龄化还会加重，私人消费和投资长期萎靡的趋势仍将持续。

综上所述，日本经济增长动力难觅，前景黯淡。IMF 测算，2017—2021 年，日本投资占 GDP 的比重将呈现持续下降趋势，实际 GDP 年均增速为 0.47%，CPI 年均上涨 1.07%。可以预见，未来 5～10 年日本彻底摆脱经济停滞和通缩风险的可能性不大。

二、中日经贸关系新特点

中日建交以来，基于双方经济发展的战略需求，以互补性为主导，以东亚生产网络为依托，中日建立了紧密的贸易和投资关系。2008 年金融危机后，在世界经济深度调整和转型发展的大背景下，在“购岛”事件的冲击下，中日贸易和投资关系出现了一些新特点。中长期看，这些特点可能逐渐演变为长期趋势。

（一）中日双边贸易受金融危机和“购岛”事件的双重打击呈现震荡萎缩态势

2008年金融危机对中日两国的对外贸易均带来巨大冲击。中国货物贸易进出口额自2011年增速缓慢，2015年下降8%（按美元计值）。日本自2011年持续下滑，2015年大幅萎缩15.7%。在此大趋势下，2012年“购岛”事件进一步加大了中日双边贸易下滑幅度（见图6-3）。根据中方统计，2015年中日双边贸易额为2787亿美元，较2011年下降18.7%。其中，对日出口下降3.6%，从日本进口下降26.5%。

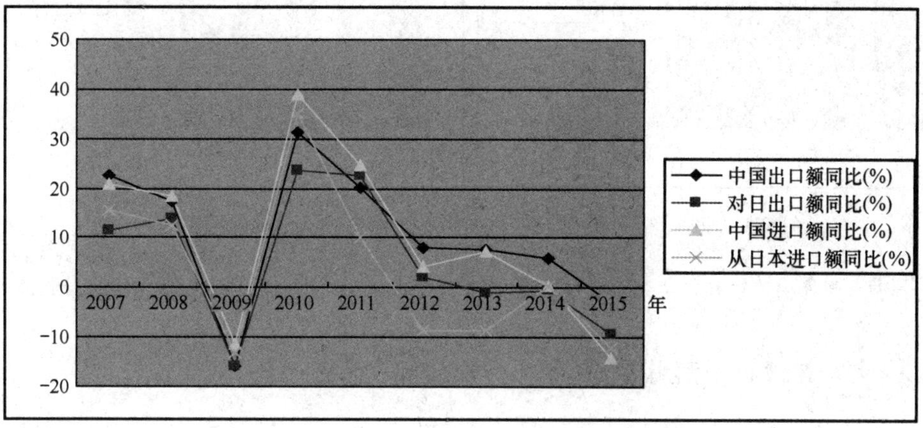

图6-3　中国进出口额变化及对日进出口变化情况

资料来源：中国海关统计。

（二）双边贸易在中国和日本对外贸易中的比重分别呈现持续下滑和基本稳定的不同趋势

对日贸易在中国对外贸易中所占比重自2011年降至10%以后持续下滑，2015年为7%。与此同时，对华贸易在日本对外贸易中所占比重则一直比较稳定，2012年曾跌下20%，2015年逐渐回升至21.2%（见图6-4）。

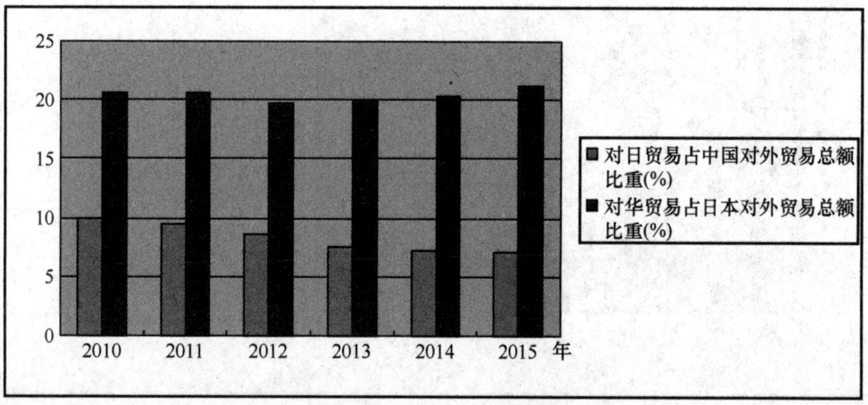

图6-4　双边贸易在两国对外贸易中的比重变化

资料来源：中国海关统计、日本统计局。

分进出口看，2011—2015 年，对日本出口占中国出口总额比重由 7.68%降至 5.97%，从日本进口占中国进口总额比重由 12.7%降至 8.51%。根据日方统计，对华出口占日本出口总额比重由 19.4%降至 17.5%，从中国进口占日本进口总额比重由 22.1%升至 24.8%（见图 6-5）。

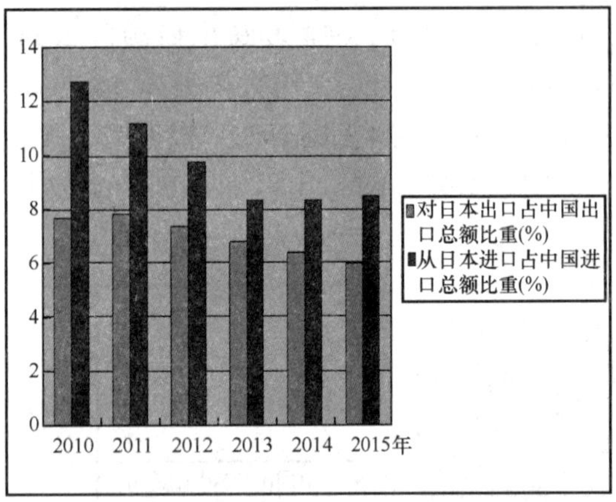

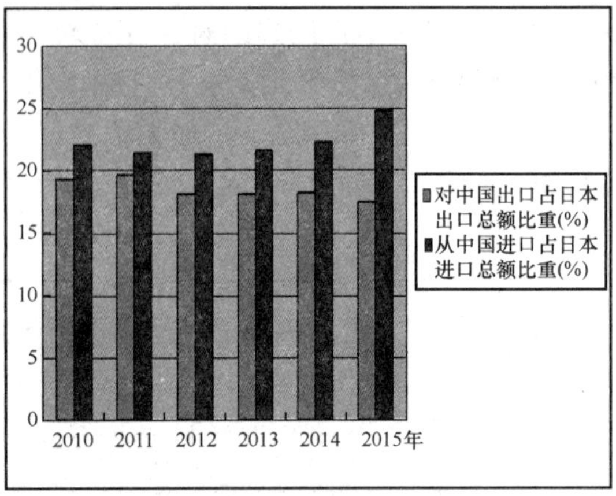

图 6-5 双边贸易在两国对外贸易中的比重变化（分进口和出口）

资料来源：中国海关统计、日本统计局。

（三）日本对华直接投资规模震荡增长，比重则大幅下降

自 2004 年起日本对华直接投资呈现缓慢增长态势，2008 年金融危机也未打破此趋势。2011 年和 2012 年对华投资大幅增长与当时中国经济率先复苏，日本大地震推动产能加快转移有关。2013 年日本对华直接投资大幅下滑，2015 年略微回升至 88 亿美元，较 2012 年低 35%，但较 2010 年仍高 21%。2008 年日本对外直接投资达到历史高点 1308 亿美元，经过两年大幅下滑后，2011 年大幅增长 90%至 1088 亿美元，此后一直维持在 1200 亿美元以上的水平，2015 年为 1321 亿美元。长期看，日本对华投资已步入缓慢增长的稳定期。与日本对外投资快速增长趋势相比，对华投资在日本对外投资中的比重较金融危机前已大幅下降，2014 年和 2015 年对华投资占日本对外直接投资净流量的比重分别为 5.6%和 6.7%，远低于 2004 年和 2005 年的 19%和 14.5%（见图 6-6）。

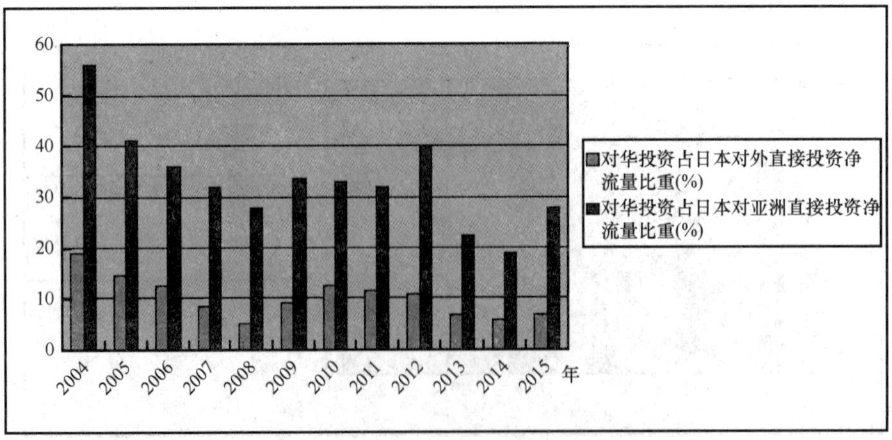

图 6-6 对华投资在日本对外投资及对亚洲地区投资净流量中的比重

资料来源：日本对外贸易振兴机构（JETRO）。

（四）日本加快对东盟投资，中国在日本亚洲直接投资中的份额缩减

与金融危机前相比，日本对亚洲投资在其对外投资中的比重并未发生根本变化，仍然维持在30%～35%。不同的是，日本加大了对越南、菲律宾、马来西亚、印尼和新加坡的投资力度（见图6-7），缩减了中国在亚洲地区的份额。2014年和2015年对华投资占日本对亚洲直接投资净流量比重分别为19%和27.7%，低于2006年和2007年的36%和32%。目前看，日本对外投资结构的变化是一个长期趋势，预示着东亚生产网络正在发生重大调整。

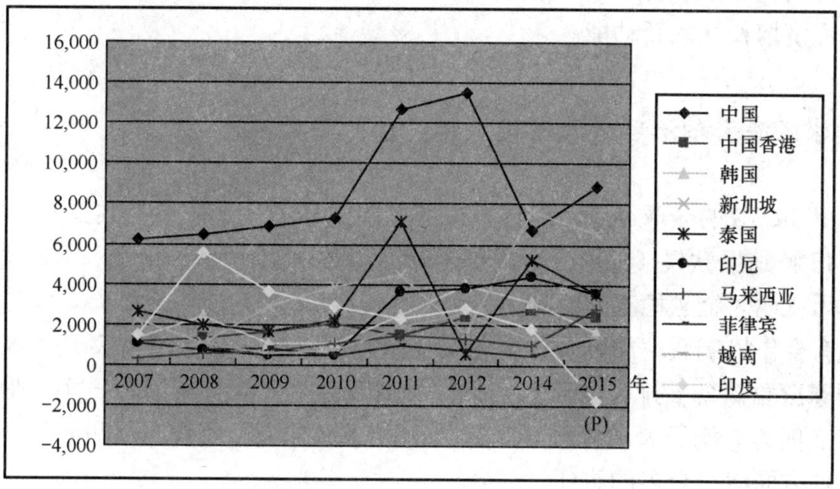

图6-7 日本对亚洲地区直接投资情况（净流量，百万美元）

资料来源：日本对外贸易振兴机构（JETRO）。

三、G20框架下中日合作重点及实施路径相关建议

中日均为经济大国和贸易大国，在G20框架下，中日在创新增长方式、全球经济金融治理、国际贸易和投资、包容和联动发展等领域具有诸多利益契合点，可通过谋求共识、共同倡议、携手推进、经验分享等多种方式加强合作，为国内经济增长注入动力，为全球经济实现强劲、可持续和平衡增长做出应有贡献。

（一）推动宏观经济政策协调和结构性改革

当前中国和日本均面临较高的金融风险，中国源于私人部门债务高企、地方政府债务负担过重，日本则源于政府债务已难以持续。在这种形势下，中日均需积极推动主要国家宏观政策协调，以降低外部冲击对国内金融稳定的负面影响。此外，中日均在大力推进国内结构性改革，为经济增长培育动力，两国可在大量共识基础上，在全球和地区层面携手推进结构性改革进程，为世界经济发展创新增长方式。具体实施路径如下。

一是宏观经济政策协调。约束主要大国采取负责任的宏观经济政策，维护本国金融稳定；提请

美联储高度关注其货币政策外溢效应；推动主要国家实施适当的财政刺激计划；在避免主要货币汇率大幅贬值方面达成共识。

二是结构性改革方面。中日在结构性改革方面的共识早已体现在2010年日本横滨APEC峰会达成的《APEC结构改革新战略》中，该战略虽于2015年年底按计划结束（第三阶段结构改革路线图正在筹划推出），但其核心精神即通过促进就业市场、竞争环境、中小企业及妇女发展、社会安全网络项目、金融市场有效性等领域的改革推动经济增长依然未变，只是更加突出创新对经济增长和企业效益的作用。中日可加强双边产业合作和联合创新，通过结构改革激发市场活力，建立利益共享的全球价值链。与此同时，在区域和全球层面将上述共识落实到具体实践中，推进世界经济结构调整进程，为世界经济增长注入新动能。

（二）在全球经济金融治理方面增进共识

在推动构建更加高效的全球经济治理体系方面，中日可力争达成更多共识。

一是增强IMF特别提款权（SDR）在提供全球流动性中的作用。

二是提升本币在地区金融稳定的影响力。

三是推动现有合作机制联动加强全球金融安全网建设方面。使IMF、双边互换协议、东亚外汇储备库、金砖国家应急储备安排、全球六大央行（美国、欧元区、英国、日本、加拿大和瑞士）货币互换永久协议之间建立沟通渠道持续开展灵活、自愿的对话，加强沟通和经验交流。敦促美联储在提供全球流动性方面承担更多的责任。

四是加强绿色金融合作，促进低碳技术的发展和普及。

（三）大力推进国际贸易和投资自由化

2014年，中日分列全球货物贸易第一和第四位，占全球贸易额的比重分别为12.7%和3.7%（WTO统计计算），近两年在对外直接投资中名列前茅。目前两国对外贸易均面临较大的下行压力，日本对外贸易自2011年以来持续下滑，中国对外贸易2015年出现萎缩。作为全球贸易和对外投资大国，大力推进国际贸易和投资自由化符合中日战略利益。为此，中期内中日应重点在以下领域加强合作。

一是支持多边贸易体制，尽早实施《贸易便利化协定》，落实《信息技术协定》扩围谈判，推进《环境产品协定》谈判。

二是反对各种形式的贸易保护主义，推动建立绿色壁垒、技术壁垒、知识产权保护等新型贸易保护主义的评价体系和防范机制。

三是积极推动RCEP、中日韩FTA等区域性自由贸易协定谈判。

（四）推动包容和联动式发展

中日在基础设施建设、开发性金融等领域均积累了丰富的经验和专业特长，可在基础设施互联互通、粮食安全、能源合作、减贫、推动非洲工业化等领域共享经验、加强合作，推动全球包容和联动式发展。具体实施路径如下。

一是加强两国开发性金融合作，协调与世界银行、亚洲开发银行、亚洲基础设施投资银行、金砖国家新开发银行等多边发展机构的作用，拓展基础设施建设空间。

二是加强能源领域合作，推动各国走上绿色、平衡、可持续的发展之路。

三是加强农业领域技术和投资合作，提高农业技术装备和信息化水平，促进农业科技创新，提高粮食产能。

四是加强第三方市场合作，支持非洲等发展中国家工业化。

主要参考文献

[1] 际货币基金组织. World Economic Outlook Databases.

[2] 日本内阁府数据库. http://www.cao.go.jp.

[3] 日本对外贸易振兴机构.（JETRO）https://www.jetro.go.jp/en/.

[4] Economic Policy Speech by Akira Amari. Minister of State for Economic and Fiscal Policy to the 190th Session of the Diet，Provisional translation by Cabinet Office.

[5] Impacts of Government Spending on Unemployment: Evidence from a Medium-scale DSGE Model，Tatsuyoshi Matsumae and Ryo Hasumi. March 2016 ，ESRI Discussion Paper Series No.329.

[6] Fiscal 2016 Economic Outlook and Basic Stance for Economic and Fiscal Management. January 22, 2016 Cabinet Decision.s.

第七章　中韩联合与第三方合作的国别研究

内容提要：中韩联合开拓第三方市场，是“一带一路”和“欧亚倡议”对接的重要方面，对中韩未来发展转型都具有重要意义，也具备现实可行性。本文从人口与经济的规模和潜力、经济互补性、投资合作基础、营商环境和政治稳定性、资源禀赋和科技创新能力等方面，选取了 8 类指标，对“一带一路”沿线 64 个国家进行了综合扫描，筛选出了中韩联合开拓第三方市场的重点国家（13 个）、中等重要国家（15 个）、关注推进国家（36 个）。从夯实基础、规避风险、扩大受益等方面，提出了加强中韩联合开拓第三方市场的若干建议。

一、引言

2013 年 9 月和 10 月，中国国家主席习近平在出访中亚和东南亚国家期间，先后提出共建“丝绸之路经济带”和“21 世纪海上丝绸之路”（以下简称“一带一路”）的国际倡议，旨在通过加强沿线国家间的政策沟通、设施联通、贸易畅通、资金融通、民心相通，打造政治互信、经济融合、文化包容的利益共同体、命运共同体、责任共同体。同年 10 月，韩国总统朴槿惠提出“欧亚倡议”，旨在通过加强欧亚大陆国家的基础设施建设、文化交流、和平合作，把欧亚大陆建成团结大陆、创新大陆、和平大陆。“一带一路”和“欧亚倡议”在战略方向、重点领域、推进方式等方面高度契合，近来中韩双方已在推动两大战略多层次、多领域对接上做出积极努力。

中韩联合开拓第三方市场，是“一带一路”和“欧亚倡议”对接的重要方面，对中韩未来发展转型具有重要意义，也具备现实可行性。

第一，伴随着内外部发展环境和条件的变化，中韩两国都进入了发展转型的新阶段，联合开拓发展潜力巨大的欧亚大陆市场，提升广大新兴经济体的发展能力，有利于拓展中韩外需市场空间、促进两国产业转型升级。

第二，中韩两国都致力于维护周边环境的和平稳定，共同加强与欧亚大陆国家经济、贸易、技术、人文等领域合作，构建多种形式的机制安排，改善广大新兴经济体民生条件，有利于维护欧亚大陆的和平稳定。

第三，中韩两国在全球价值链中的位势不同，中国相对较低、韩国相对较高，但总体看两国要高于欧亚大陆的广大新兴经济体，中韩联合开展与第三方的投资合作，共同构建区域性生产网络，既具备现实可行性，也有利于两国提升在全球价值链中的位势，实现协同发展。

第四，韩国对外投资起步相对较早、经验丰富，拥有三星、现代等一批大型跨国企业，具有技术、人才、金融等方面优势；中国对外投资起步相对较晚，具有资金、工程施工等方面优势，中韩优势高度互补，联合开拓第三方市场基础扎实、前景光明。

本文的目的在于，通过对相关指标的综合比较，筛选出中韩两国在“一带一路”和“欧亚倡议”框架下，联合开拓第三方市场的重点国家，并提出相关政策建议。本文分为五个部分，引言之后的方法论将阐明筛选重点国家的主要指标及理由；第三部分是主要指标的基本情况；第四部分将采用综合打分法对指标进行赋值，并对结果进行分析；第五部分将在前文分析基础上提出若干政策建议。

二、方法论

关于研究的国别范围。根据中方发布的“推动共建‘一带一路’愿景与行动”，中方将与沿线国家共同打造新亚欧大陆桥、中蒙俄、中国－中亚－西亚、中国－中南半岛等国际经济合作走廊，以及中巴、孟中印缅两个经济走廊，畅通从中国沿海港口过南海到印度洋、南太平洋，延伸至欧洲的海上丝绸之路。据此，同时考虑韩方“欧亚倡议”重点涵盖欧亚大陆国家，本文的研究范围包括东南亚、南亚、中亚、西亚和中东欧，详见表 7-1。

表 7-1 本文研究的国别范围

区 域	数 量	国 家 名 称
东南亚	11	越南、老挝、柬埔寨、泰国、缅甸、马来西亚、新加坡、印度尼西亚、文莱、菲律宾、东帝汶
南亚	8	印度、巴基斯坦、孟加拉国、阿富汗、斯里兰卡、马尔代夫、尼泊尔、不丹
中亚	5	哈萨克斯坦、乌兹别克斯坦、土库曼斯坦、吉尔吉斯斯坦、塔吉克斯坦
西亚	18	伊朗、伊拉克、格鲁吉亚、亚美尼亚、阿塞拜疆、土耳其、叙利亚、约旦、以色列、巴勒斯坦、沙特阿拉伯、巴林、卡塔尔、也门、阿曼、阿拉伯联合酋长国、科威特、黎巴嫩
中东欧	20	俄罗斯、乌克兰、白俄罗斯、摩尔多瓦、阿尔巴尼亚、波黑、保加利亚、捷克、爱沙尼亚、克罗地亚、匈牙利、立陶宛、拉脱维亚、黑山、马其顿、波兰、罗马尼亚、塞尔维亚、斯洛文尼亚、斯洛伐克
其他	2	蒙古、埃及

中韩联合开拓第三方市场是一个比较复杂的问题，沿线国家发展现状、资源禀赋、增长潜力、面临风险，以及中韩与沿线国家的比较优势与合作基础，都会对此产生重要影响。综合考虑，本文拟从以下 5 个方面展开分析和选取指标，对沿线国家情况进行综合扫描。

第一，人口与经济的规模和潜力。人口与经济规模越大，发展空间也就越大，越有利于承接中韩的资金、产业、技术等，越有利于中韩在联合开拓市场中共同获益。同时，增长潜力也是影响中韩联合开拓市场的重要因素。本文将对沿线国家人口、劳动人口数量、GDP、GDP 增长率等指标展开分析。

第二，经济互补性。这是中韩联合开拓市场的基础。一般来讲，国际贸易是对两国比较优势的外在反映，国际贸易规模越大说明两国比较优势互补性越高。本文将对中韩与沿线国家贸易情况进行深入分析。

第三，投资合作基础。投资合作是中韩联合开拓市场的重要形式。那么，相对而言两国已经投资较多的国家，与两国经济更加互补，未来扩大投资合作规模的可能性越大。因此，本文将对中韩对沿线国家直接投资情况展开分析。

第四，营商环境和政治稳定性。这对中韩联合开拓市场的风险和收益有着重要影响。若一国营商环境很差或政治非常动荡，则中韩联合开拓市场的风险会很高，这些国家则不应列入优先考虑范围。本文将根据世界银行统计的相关营商环境和政治稳定性指数以及相关情况展开分析。

第五，资源禀赋和科技创新能力。要素禀赋事关一国的发展潜力和转型方向，对中韩联合开拓市场有重要影响。一般来讲，一国矿产资源越丰富、科技创新能力越强，越有利于中韩联合开拓市场。本文将重点分析沿线国家石油、天然气等矿产资源和PCT专利数量。

三、主要指标的基本情况

（一）人口与经济的规模和潜力

2014年，沿线国家人口总计31.1亿，占全球总人口的42.5%；其中，人口超过1亿的国家包括印度、印度尼西亚、巴基斯坦、孟加拉国、俄罗斯和菲律宾，见表7-2。同样，全球劳动力人口较多的国家也都集中在欧亚大陆，主要包括印度（4.8亿）、印度尼西亚（1.2亿）、俄罗斯（7700万）、孟加拉国（7700万）、巴基斯坦（6500万）、越南（5400万）等。2014年，沿线国家人均GDP平均为4191.5美元，大体上相当于全球平均水平的39.2%，未来发展潜力巨大。

表7-2 “一带一路”沿线国家人口规模分布

人口数量	国家数量	国家名称
1亿人以上	6	印度、印度尼西亚、巴基斯坦、孟加拉国、俄罗斯、菲律宾
5000万～1亿	6	越南、埃及、伊朗、土耳其、泰国、缅甸
1000万～5000万	15	乌克兰、波兰、伊拉克、阿富汗、乌兹别克斯坦、马来西亚、沙特阿拉伯、尼泊尔、也门、叙利亚、斯里兰卡、罗马尼亚、哈萨克斯坦、柬埔寨、捷克
1000万以下	37	匈牙利、白俄罗斯、阿塞拜疆、阿联酋、塔吉克斯坦、以色列、保加利亚、塞尔维亚、老挝、约旦、吉尔吉斯斯坦等

资料来源：世界银行。

2014年，沿线国家GDP合计130789.7亿美元，占全球GDP的17.7%；其中，GDP超过1万亿美元的国家包括俄罗斯、印度，超过5000亿美元的国家包括印尼、土耳其、沙特阿拉伯和波兰，见表7-3。根据国际货币基金组织预测，2016—2021年，经济增长速度超过5%的沿线国家主要集中在东南亚和南亚，包括缅甸（7.8%）、印度（7.6%）、越南（6.2%）、印度尼西亚（5.6%）等。

表7-3 “一带一路”沿线国家GDP分布

GDP总量	国家数量	国家名称
1万亿美元以上	2	印度、俄罗斯
5000万～1万亿美元	4	印度尼西亚、土耳其、沙特阿拉伯、波兰
1000亿～5000亿美元	19	伊朗、阿联酋、泰国、马来西亚、新加坡、以色列、埃及、菲律宾、巴基斯坦、伊拉克、哈萨克斯坦、卡塔尔、捷克、罗马尼亚、越南、孟加拉国、科威特、匈牙利、乌克兰
100亿～1000亿美元	32	斯洛伐克、阿曼、白俄罗斯、阿塞拜疆、斯里兰卡、缅甸、乌兹别克斯坦、克罗地亚、保加利亚、斯洛文尼亚、立陶宛、土库曼斯坦、黎巴嫩、塞尔维亚、也门、叙利亚、约旦、巴林、拉脱维亚、爱沙尼亚、阿富汗、尼泊尔、波黑、文莱、柬埔寨、格鲁吉亚、阿尔巴尼亚、巴勒斯坦、蒙古、老挝、马其顿、亚美尼亚
10亿～100亿美元	7	塔吉克斯坦、摩尔多瓦、吉尔吉斯斯坦、黑山、马尔代夫、不丹、东帝汶

资料来源：国际货币基金组织。

（二）经济互补性

2005—2014年，中国对沿线国家贸易由2631亿美元增加到11251亿美元，韩国由1381亿美元增加到3647亿美元，相对而言，中国对沿线国家贸易规模更大。同期，中国对沿线国家贸易占贸易总值比重由18.5%提高到26.2%，韩国由25.3%提高到33.2%，都呈上升趋势，说明中韩两国与沿线国家经济互补性逐步提高。相对而言，韩国与沿线国家贸易联系比中国还要紧密，这也为中韩联合开拓第三方市场奠定了良好基础。有关情况见表7-4。

表7-4　中韩两国对沿线国家贸易基本情况

类别	指　标	单　位	中　国			韩　国		
			2005年	2010年	2014年	2005年	2010年	2014年
出口	对沿线国家出口	亿美元	1221	3660	6426	572	1209	1677
	出口总值	亿美元	7620	15 778	23 423	2844	4664	5731
	对沿线国家占比	%	16.0	23.2	27.4	20.1	25.9	29.3
进口	对沿线国家进口	亿美元	1410	3225	4825	809	1440	1971
	进口总值	亿美元	6600	13　962	19 592	2612	4252	5256
	对沿线国家占比	%	21.4	23.1	24.6	31.0	33.9	37.5
进出口	对沿线国家贸易	亿美元	2631	6885	11 251	1381	2649	3647
	贸易总值	亿美元	14 219	29 740	43 015	5457	8916	10 986
	对沿线国家占比	%	18.5	23.2	26.2	25.3	29.7	33.2

资料来源：UNCOMTRADE数据库。

2014年，中韩两国对沿线国家前15位出口市场基本一致，只有中国与巴基斯坦、哈萨克斯坦，韩国与斯洛伐克、埃及，不是彼此共同的重要出口市场，且这四个市场的排名比较靠后。同年，中韩两国对沿线国家前15位进口市场也基本一致，只有中国与缅甸、韩国与卡塔尔，不是彼此共同的重要进口市场。有关情况见表7-5。

表7-5　中韩两国对沿线国家出口和进口市场分布

排名	出口市场（亿美元）				进口市场（亿美元）			
	中　国		韩　国		中　国		韩　国	
	国家	金额	国家	金额	国家	金额	国家	金额
1	越南	637	新加坡	239	马来西亚	557	沙特阿拉伯	367
2	印度	542	越南	223	沙特阿拉伯	485	卡塔尔	257
3	俄罗斯	537	印度	128	俄罗斯	416	科威特	169
4	新加坡	489	印度尼西亚	114	泰国	383	阿联酋	162
5	马来西亚	464	俄罗斯	101	新加坡	308	俄罗斯	157
6	印度尼西亚	391	菲律宾	100	伊朗	275	印度尼西亚	123
7	阿联酋	390	沙特阿拉伯	83	印度尼西亚	245	新加坡	113
8	泰国	343	泰国	76	阿曼	238	马来西亚	111

（续表）

排名	出口市场（亿美元）				进口市场（亿美元）			
	中　国		韩　国		中　国		韩　国	
	国家	金额	国家	金额	国家	金额	国家	金额
9	土耳其	249	马来西亚	76	菲律宾	210	越南	80
10	伊朗	243	阿联酋	72	伊拉克	208	伊拉克	67
11	菲律宾	235	土耳其	67	越南	199	泰国	53
12	沙特阿拉伯	206	斯洛伐克	43	印度	164	印度	53
13	波兰	143	伊朗	42	阿联酋	158	阿曼	46
14	巴基斯坦	132	波兰	38	缅甸	156	伊朗	46
15	哈萨克斯坦	127	埃及	24	科威特	100	菲律宾	33

资料来源：UNCOMTRADE 数据库。

（三）投资合作基础

2006—2014 年，中国对沿线国家直接投资由 11.8 亿美元增加到 136.5 亿美元，占对外直接投资总额比重由 5.6%增加到 11.1%。2006 年，韩国对沿线国家直接投资达 64.9 亿美元，占对外直接投资比重为 33.5%，均远高于中国。韩国对沿线国家直接投资于 2008 年达到 140.3 亿美元的峰值，2014 年降至 70.1 亿美元，占比由 37.9%降至 20%。当前，虽然韩国对沿线国家直接投资规模远小于中国，但其在韩国对外直接投资中的比重仍高于中国。有关情况见表 7-6。

2014 年，在中韩两国对沿线国家直接投资前 15 位目的地中，有 11 个是相同的，在 2006—2014 年累计直接投资目的地中，也有 11 个是相同的，这为两国联合开展对外投资奠定了良好基础。有关情况见表 7-7。

表 7-6　中韩两国对沿线国家直接投资概况

年份	中　国			韩　国		
	对沿线国家直接投资	对外直接投资总额	沿线国家占对外投资比重	对沿线国家直接投资	对外直接投资总额	沿线国家占对外投资比重
	（亿美元）	（亿美元）	（%）	（亿美元）	（亿美元）	（%）
2006	11.84	211.64	5.59	64.88	193.88	33.47
2007	32.40	265.06	12.22	94.95	304.29	31.20
2008	45.19	559.07	8.08	140.28	369.89	37.92
2009	45.20	565.29	8.00	89.05	310.09	28.72
2010	77.41	688.11	11.25	85.25	344.42	24.75
2011	99.34	746.54	13.31	80.99	457.38	17.71
2012	150.95	878.04	17.19	69.14	396.53	17.44
2013	126.16	1078.44	11.70	62.29	356.35	17.48
2014	136.54	1231.20	11.09	70.14	350.00	20.04

资料来源：CEIC 数据库、韩国进出口银行。

表 7-7　中韩两国对沿线国家直接投资目的分布

排名	2014 年流量（亿美元）				2005—2014 年合计流量（亿美元）			
	中　国		韩　国		中　国		韩　国	
	国家	金额	国家	金额	国家	金额	国家	金额
1	新加坡	28.14	越南	21.00	新加坡	142.64	越南	160.98
2	印度尼西亚	12.71	新加坡	8.74	俄罗斯	56.00	印度尼西亚	80.07
3	老挝	10.27	沙特阿拉伯	8.64	印度尼西亚	55.49	马来西亚	63.66
4	巴基斯坦	10.14	印度尼西亚	8.10	哈萨克斯坦	53.69	新加坡	60.68
5	泰国	8.39	缅甸	4.62	老挝	39.02	缅甸	45.68
6	阿联酋	7.05	印度	3.41	马来西亚	35.03	柬埔寨	44.39
7	俄罗斯	6.34	马来西亚	2.79	缅甸	33.88	伊拉克	37.02
8	伊朗	5.93	哈萨克斯坦	2.22	伊朗	33.46	印度	34.53
9	马来西亚	5.21	俄罗斯	1.35	蒙古	32.86	菲律宾	33.16
10	蒙古	5.03	泰国	1.29	泰国	32.10	哈萨克斯坦	32.89
11	柬埔寨	4.38	菲律宾	1.10	巴基斯坦	31.26	俄罗斯	26.39
12	缅甸	3.43	土耳其	1.06	柬埔寨	30.33	泰国	19.24
13	越南	3.33	波兰	1.03	阿联酋	20.95	沙特阿拉伯	17.14
14	印度	3.17	老挝	0.91	越南	20.53	阿联酋	16.26
15	菲律宾	2.25	柬埔寨	0.89	沙特阿拉伯	14.14	捷克	14.11

资料来源：CEIC 数据库、韩国进出口银行。

（四）营商环境和政治稳定性

总体上看，沿线国家营商便利性较差，基础设施状况落后，部分国家政治稳定性差，腐败程度严重，金融市场不发达。据统计，营商便利性、基础设施状况、政治稳定性、腐败程度、金融市场状况排名全球前 100 位的沿线国家分别有 37 个、40 个、20 个、37 个、39 个，这五项指标均排名全球前 100 位的国家仅有 13 个，主要是中东欧国家和海合会国家及新加坡。有关情况见表 7-8。

表 7-8　“一带一路”沿线国家基础设施和营商环境情况

指　标	排名全球前 50 位的国家	排名全球前 51～100 位的国家	排名全球 100 名之后的国家	排名缺失的国家数量
营商便利性	20	17	26	1
基础设施状况	18	22	17	7
政治稳定性	7	13	43	1
腐败程度	17	20	20	7
金融市场状况	18	21	18	7

资料来源：世界银行、全球经济论坛（WEF）

（五）资源禀赋和科技创新能力

沿线国家矿产资源丰富。2013 年，沿线国家探明原油、天然气、煤炭、铁矿石、铜、铝土矿、黄金储量分别在 9389.7 亿桶、1140718.6 亿立方米、3360.9 亿吨、238 亿吨、1.1 亿吨、40 亿吨和 9700

吨以上，约占全球探明储量的55.6%、61.4%、37.7%、27.4%、15.7%、14.3%、17.6%。

沿线国家科技创新能力差距显著。2013年，PCT专利数量超过1000件的国家有以色列、印度、俄罗斯三国，处于世界领先水平；而PCT数量在50件以下的国家多达48个。

四、指标赋值和结果分析

（一）指标赋值

前文对5大类指标进行了简要的扫描，下面将5大类指标进一步拆分成8类指标（A～H），并考虑在中韩联合开拓市场中的重要性，对其进行赋值。8类指标大体分为三类，第一类包括经济互补性和投资合作基础，分别赋16分；第二类包括人口潜力、经济潜力、政治稳定性、营商便利性，分别赋12分；第三类包括资源充裕度和科技创新力，分别赋10分，合计100分。

1. 人口潜力

该指标包括人口数量（A1）和16～65岁劳动力数量占总人口比重（A2）两个子指标，每个子指标的分值为6分。对于一国，若A1大于1亿，计6分；在5000万～1亿，计4分；在1000万～5000万，计2分；在500万～1000万，计1分；小于500万，计0分。对于一国，若A2大于50%，计6分；在40%～50%，计5分；在30%～40%，计4分；小于30%，计2分。

2. 经济潜力

该指标包括2016—2021年GDP年均增速（B1）和2014年GDP总量（B2）两个子指标，每个子指标的分值为6分。对于一国，若B1大于5%，计6分；处于3%～5%，计4分；处于1%～3%，计2分；小于1%，计0分。对于一国，若B2大于1万亿美元，计6分；处于5000万～1万亿美元，计4分；处于1000亿～5000亿美元，计2分；处于500亿～1000亿美元，计1分；小于500亿美元，计0分。

3. 经济互补性

该指标包括2014年沿线国家对中国贸易额（C1）和2014年沿线国家对韩国贸易额（C2）两个子指标，每个子指标的分值为8分。对于一国，若C1、C2在中、韩对沿线国家进出口贸易中排名前10位，计8分；排名11到20位，计6分；排名21到30位，计4分；排名31到40位，计3分；排名41到50位，计2分；排名51到60位，计1分；排名60位以下，计0分。

4. 投资合作基础

该指标包括2005—2014年中国对沿线国家累计直接投资额（D1）和2005—2014年韩国对沿线国家累计直接投资额（D2）两个子指标，每个子指标的分值为8分。对于一国，若D1、D2大于100亿美元，计8分；处于50亿～100亿美元，计6分；处于10亿～50亿美元，计5分；处于5亿～

10 亿美元，计 4 分；处于 1 亿～5 亿美元，计 3 分；处于 0.5 亿～1 亿美元，计 2 分；处于 0.1 亿～0.5 亿美元，计 1 分；小于 0.1 亿美元，计 0 分。

5. 政治稳定性

综合各方面情况，将沿线国家分为以下三类：正处于地缘政治冲突的焦点，或国内局势严重动荡的国家，计 0 分；与周边存在一定地缘冲突，或国内局势存在诸多不稳定因素但尚未失控的国家，计 6 分；参与地缘冲突程度较轻，且国内局势较为稳定的国家，计 12 分。

6. 营商便利性

根据世界银行公布的营商便利性指数，在 64 个国家中，第 1 名计 12 分，第 2 名计 11.5 分，第 3 名计 10 分，以此类推，第 25 名及排名更加靠后的国家计 0 分。

7. 资源充裕度

本文将各国石油、天然气、煤炭储量折算成标准煤，并与铁、铜、铝、黄金储量加总，作为测度指标。在 64 个国家中，第 1 名计 10 分，第 2 名为 9.5 分，以此类推，第 20 名及排名更加靠后的国家计 0 分。

8. 科技创新力

本文按 PCT 专利数量测算。对于一国，若 H 大于 1000，计 10 分；处于 500～1000，计 8 分；处于 100～500，计 6 分；处于 50～100，计 4 分；处于 10～50，计 2 分；小于 10，计 0 分。

（二）结果分析

表 7-9 给出了打分结果。60 分以上的有 7 个国家，分别是新加坡、印度尼西亚、印度、俄罗斯、马来西亚、阿联酋、波兰；50～60 分的有 6 个国家，分别是沙特阿拉伯、土耳其、越南、泰国、卡塔尔、斯洛伐克；40～50 分的有 15 个国家，30～40 分的有 14 个国家，30 分以下的有 22 个国家。

考虑到得分分布情况，以及每个国家的得分分布（见附表），这里将 64 个沿线国家分成三类，第一类为重点国家，50 分以上，计 13 个；第二类为中等重要合作国家，40～50 分，计 15 个；第三类为关注推进国家，40 分以下，计 36 个国家。

重点国家主要分布在东南亚（新加坡、印度尼西亚、马来西亚、越南、泰国，共计 5 个）、西亚（阿联酋、沙特阿拉伯、土耳其、卡塔尔，共计 4 个）、中东欧地区（俄罗斯、波兰、斯洛伐克，共计 3 个）、南亚（印度，共计 1 个），其中虽然俄罗斯是传统的欧洲国家，但也是中韩两国共同的邻国。这些国家的共同特点是，与中韩两国经济互补性强，是中韩两国重要的经贸合作伙伴，具有一定的经济和人口潜力；同时政治稳定性相对较好，没有一个国家得分为 0；当然这些在资源禀赋、创新能力、营商环境上差别比较大，这也预示着中韩两国联合开拓第三方市场应当对不同国家采取不同策略。因此，重点国家在中韩联合开拓市场中具有第一优先级，是各方研究推动的重点。

表 7-9 "一带一路"沿线国家人口规模分布

类 别	得分标准	数量	国 家 名 称
重点国家	大于 50	13	新加坡、印度尼西亚、印度、俄罗斯、马来西亚、阿联酋、波兰、沙特阿拉伯、土耳其、越南、泰国、卡塔尔、斯洛伐克
中等重要国家	40～50	15	哈萨克斯坦、伊朗、菲律宾、捷克、科威特、以色列、匈牙利、保加利亚、埃及、孟加拉国、柬埔寨、乌克兰、巴基斯坦、缅甸、爱沙尼亚
关注推进国家	小于 40	36	蒙古、拉脱维亚、老挝、阿曼、立陶宛、罗马尼亚、尼泊尔、格鲁吉亚、土库曼斯坦等

资料来源：根据附表整理。

中等重要国家也主要分布在东南亚、西亚、中东欧、南亚地区，增加了北非的埃及和中亚的哈萨克斯坦，事实上在地理上通常将西亚北非视作一个区域。由此可以看出，中韩两国在这些地区联合开拓第三方市场的前景比较明朗。相对于重点国家，中等重要国家经济体量要小一些，与中韩经济互补性要弱一些，但其中不乏一些人口大国，包括菲律宾、巴基斯坦、孟加拉国这样人口过亿的大国，同时一些国家的资源丰富，如哈萨克斯坦、伊朗、科威特等。因此，对于中韩联合开拓市场而言，中等重要国家也可作为目的地，只是相对重要性较低。

关注推进国家得分相对较低，说明在不少方面都存在"短板"。比如，蒙古人口规模、经济规模、营商便利性、资源充裕度、科技创新力的得分均为 0。又如，排名最后 4 位的叙利亚、阿富汗、黎巴嫩、巴勒斯坦的政治稳定性、营商便利性、科技创新力、经济规模得分均为 0。因此，本文将这类国家列为关注推进国家，也就是说，对于中韩联合开拓市场而言，这些国家目前还不是重点。

五、政策建议

（一）研究制订行动计划

本文是一个初步的研究，还有很多不完善的地方，促进中韩联合开拓市场，科研机构需要发挥重要作用。建议根据不同行业对外投资特点，组织中韩两国科研机构，继续对沿线国家有关情况和开拓市场的机制、收益、风险等展开研究，在此基础上，围绕中韩两国共同利益，制定联合开拓第三方市场的行动计划。

（二）积极发展投资贸易

沿线国家多为新兴经济体，自身发展能力偏弱，对中韩两国产品的购买力不强。因此，中韩两国应立足当前、着眼长远，鼓励和支持本国企业以绿地投资为主要模式，投资于沿线国家的基础设施、制造业等领域，提升沿线国家的发展能力和居民收入水平，进而扩大沿线国家对中韩两国产品的需求。

（三）多元化合作模式

建议中韩两国制定一份联合开拓第三方市场的项目清单，按照政府推动、企业主体的原则，组成共同领导小组，统筹两国力量加以推进。可以参考"两国双园"模式，推动实行"多国多园"模式，由中韩和东道国共同出资，在彼此适宜的地区建立产业园区，吸引彼此间和外部其他的投资。

（四）妥善解决融资问题

沿线国家投资需求巨大，但目前无论是中国的“一带一路”，还是韩国的“欧亚倡议”融资机制都不健全。建议以联合开拓第三方市场为契机，研究设立中韩联合开拓第三方市场合作基金，可以由中韩双方共同出资、共同管理，为中韩联合开拓市场提供融资支持。同时，也要发挥好亚投行的作用。

（五）共同推动 RCEP 建设

在本文筛选的 13 个重点国家中，新加坡、印度尼西亚、印度、马来西亚、越南、泰国都是 RCEP 成员，达到 6 个。也就是说，中韩共同推动 RCEP 谈判，促进成员间要素自由流动、市场深度融合、资源优化配置，对中韩联合开拓第三方市场大有裨益。因此，建议两国政府加强合作，争取早日签署 RCEP 协议。

附　表

赋值打分结果

排名	指标分类	人口潜力		经济潜力		经济互补性		投资合作基础		政治稳定性	营商便利性	资源充裕度	科技创新力	合计
	分值分布	12		12		16		16		12	12	10	10	
	指标编码	A1	A2	B1	B2	C1	C2	D1	D2	E	F	G	H	
1	新加坡	1	6	2	2	8	8	8	6	12	12	0	8	73
2	印度尼西亚	6	5	6	4	8	8	6	8	12	0	7	2	72
3	印度	6	4	6	6	8	8	5	3	6	0	9.5	10	71.5
4	俄罗斯	6	6	0	6	8	8	6	5	6	0	10	10	71
5	马来西亚	2	5	4	2	8	8	5	5	12	10.5	0	6	67.5
6	阿联酋	1	6	4	2	8	8	5	0	12	9	6	4	65
7	波兰	2	5	4	4	6	6	3	4	12	8	4	6	64
8	沙特阿拉伯	2	4	2	4	8	8	5	1	6	5	8.5	6	59.5
9	土耳其	4	4	4	4	6	6	4	5	6	1.5	4.5	8	57
10	越南	4	6	6	2	8	8	5	4	6	0	3.5	2	54.5
11	泰国	4	6	4	2	8	6	5	0	6	8.5	0.5	4	54
12	卡塔尔	0	6	2	2	4	8	3	4	12	4	6.5	2	53.5
13	斯洛伐克	1	6	4	1	4	6	2	5	12	7	0	2	50
14	哈萨克斯坦	2	6	2	2	6	4	6	5	6	0	8	2	49
15	伊朗	4	4	4	2	8	6	5	1	6	0	9	0	49

（续表）

排名	指标分类	人口潜力		经济潜力		经济互补性		投资合作基础		政治稳定性	营商便利性	资源充裕度	科技创新力	合计
	分值分布	12		12		16		16		12	12	10	10	
	具体指标	A1	A2	B1	B2	C1	C2	D1	D2	E	F	G	H	
16	菲律宾	6	5	6	2	6	6	4	6	6	0	0	2	49
17	捷克	2	6	2	2	4	4	2	5	12	3	0	6	48
18	科威特	0	5	2	2	6	8	3	2	12	0	5.5	0	45.5
19	以色列	1	5	2	2	4	4	2	3	6	6	0	10	45
20	匈牙利	1	5	2	2	4	4	4	3	12	0.5	1	6	44.5
21	保加利亚	1	5	2	1	2	2	3	3	12	6.5	2.5	4	44
22	埃及	4	4	4	2	4	6	4	4	6	0	2	4	44
10	越南	4	6	6	2	8	8	5	4	6	0	3.5	2	54.5
23	孟加拉国	6	5	6	2	6	4	3	5	6	0	0	0	43
24	柬埔寨	2	6	6	0	3	3	5	6	12	0	0	0	43
25	乌克兰	2	6	4	2	4	3	1	1	6	0	7.5	6	42.5
26	巴基斯坦	6	4	6	2	6	3	5	0	6	0	3	0	41
27	缅甸	4	6	6	1	6	4	5	3	6	0	0	0	41
28	爱沙尼亚	0	6	4	0	2	3	0	0	12	11	0	2	40
29	蒙古	0	5	6	0	4	3	5	4	12	0	0	0	39
30	拉脱维亚	0	6	4	0	2	2	0	1	12	10	0	2	39
31	老挝	1	5	6	0	3	2	5	5	12	0	0	0	39
32	阿曼	0	5	2	1	6	6	2	5	12	0	0	0	39
33	立陶宛	0	6	4	0	2	2	1	0	12	9.5	0	2	38.5
34	罗马尼亚	2	5	4	2	3	3	3	0	12	2.5	0	2	38.5
35	尼泊尔	2	6	4	0	3	1	3	5	12	0	0	0	36
36	格鲁吉亚	0	6	4	0	1	2	3	0	6	11.5	0	2	35.5
37	土库曼斯坦	1	5	6	0	4	2	3	3	6	0	5	0	35
38	斯洛文尼亚	0	5	2	0	2	4	0	0	12	3.5	0	6	34.5
39	乌兹别克斯坦	2	6	6	1	3	4	3	3	6	0	0	0	34
40	斯里兰卡	2	5	6	1	3	3	3	1	6	0	0	2	32
41	吉尔吉斯斯坦	1	5	4	0	4	2	4	4	6	0	0	0	30
42	文莱	0	5	6	0	2	4	2	5	6	0	0	0	30
43	马其顿	0	5	4	0	1	0	0	0	12	7.5	0	0	29.5
44	白俄罗斯	1	5	0	1	2	1	3	1	12	1	0	2	29
45	克罗地亚	0	5	2	1	2	2	1	0	12	0	0	2	27
46	巴林	0	6	2	0	2	3	1	5	6	2	0	0	27
47	伊拉克	2	2	4	2	6	6	3	1	0	0	0	0	26
48	不丹	0	6	6	0	0	0	0	2	12	0	0	0	26
49	塔吉克斯坦	1	5	4	0	3	1	4	0	6	0	0	0	24
50	亚美尼亚	0	6	4	0	1	1	0	1	6	4.5	0	0	23.5
51	塞尔维亚	1	5	4	0	1	2	1	1	6	0	0	2	23

（续表）

排名	指标分类	人口潜力		经济潜力		经济互补性		投资合作基础		政治稳定性	营商便利性	资源充裕度	科技创新力	合计
	分值分布	12		12		16		16		12	12	10	10	
	具体指标	A1	A2	B1	B2	C1	C2	D1	D2	E	F	G	H	
52	也门	2	2	4	0	3	6	3	3	0	0	0	0	23
53	摩尔多瓦	0	4	4	0	1	1	0	0	12	0	0	0	22
54	马尔代夫	0	5	4	0	0	0	0	1	12	0	0	0	22
55	约旦	1	2	4	0	3	4	1	1	6	0	0	0	22
56	黑山	0	5	4	0	1	0	0	0	6	5.5	0	0	21.5
57	阿塞拜疆	1	6	2	1	1	2	1	0	6	0	1.5	0	21.5
58	阿尔巴尼亚	0	5	4	0	1	1	0	0	6	0	0	0	17
59	东帝汶	0	2	6	0	0	1	1	1	6	0	0	0	17
60	波黑	0	4	4	0	1	1	0	0	6	0	0	0	16
61	叙利亚	2	2	0	0	2	3	0	5	0	0	0	0	14
62	阿富汗	2	2	4	0	1	1	3	1	0	0	0	0	14
63	黎巴嫩	0	4	2	0	3	3	0	1	0	0	0	0	13
64	巴勒斯坦	0	2	0	0	0	1	0	1	0	0	0	0	4

资料来源：作者计算。

主要参考文献

[1] World Bank. Global Economic Prospects. 2015-6.
[2] IMF. World economic outlook. 2016-1.
[3] UNCTAD. World Investment Report 2013. 2016-2.
[4] WTO. World Trade Report 2013. 2016-2.
[5] United Nations. World Economy Situation and Prospects. 2015-12.

第八章　英国脱欧对我国外贸的影响

内容提要：英国脱欧给欧洲乃至全球政治经济格局带来新变数。但英国脱欧主要是政治事件而非经济危机，且英欧间有望形成新的制度来对冲贸易投资壁垒上升的影响，对世界经济的破坏力预计远逊于美国次贷危机和欧债危机。综合判断，英国经济短期将受重创，但中长期有望恢复正常增长；英国脱欧的负外溢效应主要集中在欧盟，但对英贸易投资在德法等核心国家 GDP 中占比不高，欧盟经济整体受到的影响预计不大；同时，鉴于英国经济的重要性和影响力有限，加上主要经济体正在加强政策协调应对英国脱欧影响，世界经济预计不会遭受持久深入的拖累。相应地，我国对英出口短期将明显受制，中长期有望恢复正常；对欧盟出口将受到一定影响但预计有限；整体出口受到的影响较小，扩大自英国和欧盟进口反而会面临新机遇。因此，不需为应对英国脱欧出台新的外贸刺激措施，应保持定力、加快既有政策落实，坚定不移地推动外贸稳增长和调结构。

一、我国对英国和欧盟出口将受到不同程度阻碍但影响不宜高估，扩大自英国和欧盟进口面临的新机遇

（一）对英出口短期明显受制，中长期有望恢复正常

公投给英国经济带来的影响，在接下来两年退欧谈判期间最为明显，将沉重打击英经济复苏进程，压低英镑对人民币的汇率，通过需求效应、汇率效应和贸易保护效应使我国对英出口短期受到抑制，萎缩程度加深。但劳动密集型生活必需品和加工贸易产品在我国对英出口中占据重要地位，其受经济波动和汇率变化影响较小，可一定程度缓解我国对英出口下滑的趋势。同时，对英出口占我国出口额比重不到 3%，对我国整体出口影响有限。中长期看，退欧谈判结束后英欧关系调整到位，不确定性减少，英国经济将逐步回归正轨；在退欧倒逼下英国将加快调整对外经济合作布局，与包括我国在内的非欧盟经济体的贸易投资关系预计提升，我国对英出口有望恢复正常。

英国经济短期下滑降低进口能力，但随着中长期经济复苏，其进口需求有望增加。英国公投后两年内需要与欧盟就退欧问题展开复杂谈判，英欧关系、英国与欧盟域外国家关系前景充满不确定性，这将显著影响企业家预期和消费者信心，导致投资受到遏制、消费被迫延后。退欧将使英国企业无法继续享受在欧盟自由经营业务的“护照”权利，不少跨国公司尤其是金融机构预计在两年谈判期间撤离英国重新布局欧洲，这将给服务业增加值占 GDP 80%的英国经济短期带来重创。英国财政部预测，在公投冲击下，近期英国经济或出现连续 4 个季度的负增长。国际货币基金组织预计，退欧将导致 2016 年英国经济仅增长 1.1%～1.7%，较 2015 年增速下降 0.5～1.1 个百分点；2017 年经济增速进一步下滑，甚至可能出现 0.8%的衰退。这将显著削弱英国短期进口能力。相关测算显示，

英国经济增速下降 1 个百分点将拉低我国对英出口增速 1.5～2 个百分点。不过，纺织、服装、家具等劳动密集型生活必需品在我国对英出口中占据较大比重，其需求收入弹性较低，英国居民收入减少对这些产品消费量的影响有限，这可以在一定程度上缓解我国对英出口遭受的冲击。

中长期看，退欧后英国与欧盟关系有欧洲经济区（EEA）成员、双边自由贸易协定和 WTO 成员等三种可能。虽然三种关系下英国货物、服务、资本和人员流向欧盟的壁垒都将不同程度增加，但随着英欧新关系得以确立，英国际国内政策开始有序调整，之前退欧前景不确定性带来的冲击渐次消退，投资者和消费者预期将趋于稳定，英国经济有望恢复正常增长，带动进口需求增加。国际货币基金组织预计，若英国保留欧洲经济区成员身份，2019 年起实际 GDP 增速将恢复至留欧情境下的水平（见表 8-1）；若英国与欧盟关系退回到 WTO 成员模式，2020 年起实际 GDP 增速将恢复并超过留欧情境下的水平。

表 8-1　英欧关系不同情境下英国实际 GDP 增速预测值（%）

年份	留欧情境	欧洲经济区成员情境	WTO 成员情境
2016	1.9	1.7	1.1
2017	2.2	1.4	-0.8
2018	2.2	1.8	0.6
2019	2.1	2	1.7
2020	2.1	2.1	2.6
2021	2.1	2.1	2.9

资料来源：国际货币基金组织。

人民币兑英镑短期升值抑制我国对英出口，但中长期英镑汇率有望趋稳，利于我国对英出口恢复正常。英国公投给全球外汇市场带来剧烈扰动。退欧派胜出后，人民币兑英镑汇率由 6 月 23 日的 9.7242∶1 迅速升至 6 月 28 日的 8.7992∶1，升值幅度达 9.5%。目前，英镑币值虽略有回升，但公投对英国经济的负面影响正在持续发酵，国际市场看空英镑的趋势短期不会改变，2016 年下半年至 2017 年人民币兑英镑汇率预计很难回到公投前水平，甚至可能进一步升值。英国财政部预测，两年退欧谈判期间英镑指数较之留欧将贬值 12%～15%。这将提高用英镑计价的进口产品价格，挤压英国进口企业利润空间，降低英国居民实际收入，一定程度抑制英国自我进口需求。测算结果表明，在其他条件不变的前提下，人民币兑英镑升值 8%将导致我国对英出口额下降 2%。不过，我国对英出口以加工贸易为主，进出口皆用外币结算，对汇率变化的敏感性较弱；同时，在全球价值链背景下，由于跨区域上下游分工和产业内贸易普遍存在，某经济体币值变动对进出口的影响，将快速正向传导至链内其他经济体，货币升值对出口的负面效应会被分摊弱化。因此，不宜高估人民币兑英镑短期升值对我国出口的抑制作用。

中长期看，英国经济有望恢复正常增长，且英镑作为国际储备货币的地位是长期形成的，不会因英国退欧而从根本上动摇，国际市场对英镑的信心将逐步回调、趋稳并增强，英镑进入长期贬值通道的可能性不大，我国对英出口受到的抑制作用也将趋于减弱。

英国贸易保护短期可能抬头将干扰我国出口，但中长期英国对我国贸易开放前景仍比较乐观。历史经验表明，经济景气下行阶段贸易保护主义往往比较活跃。接下来两年，随着英国经济受到退欧冲击、失业率上升，其加强贸易保护的可能性趋升。特别是，退欧本身标志着保守主义和内顾倾向在英国渐成气候，将给英国实施贸易保护提供思想土壤和舆论环境。一旦英国加强贸易保护，我国作为英国第三大贸易伙伴和第二大进口来源国，对英出口必将受到干扰和损害，其中与英国内产业竞争较强的电子设备、化工等产品恐频繁遭遇贸易摩擦。但是，英国一直是贸易高度开放的国家。自我国加入 WTO 以来，英国对其贸易伙伴从未实施过反倾销或反补贴，仅发起过 3 项卫生和植物检疫措施（SPS）及 27 项技术性贸易壁垒（TBT），且这些措施没有一项专门针对我国。中长期看，随着英国经济恢复正常增长，英国企业对我国市场倚重增加，英国对我国市场开放的前景依然乐观。

（二）英国退欧带来的负外部效应主要集中在欧盟，我国向欧盟出口短期将受到一定影响

欧盟经济与英国联系比较紧密，受英国退欧拖累最为明显（见表 8-2）。国际货币基金组织预计，2018 年英国退欧谈判完成时，欧盟其他成员国的实际产出较英国留欧时将下降 0.2%～0.5%。欧盟是我国第一大出口市场，其经济复苏受阻将对我国出口产生不利影响。不过，英国退欧对欧盟经济的影响不宜高估。欧盟成员中受影响较大的是爱尔兰、马耳他、塞浦路斯、比利时、卢森堡等与英国贸易投资联系比较紧密的小经济体，德国、法国、意大利、西班牙等大经济体受到的影响有限。相关测算显示，英国脱欧带给除爱尔兰外欧盟其他经济体的经济损失，累计不超过英国自身损失的 1/3。我国对德、法、意、西等四大经济体出口占我国对欧盟出口的 1/4，其中德国是我国在欧盟的第一大出口市场。这意味着欧盟经济不致因英国脱欧而从根本上偏离持续复苏轨道，我国对欧盟出口受到的影响也将是有限的和短期的。

表 8-2　欧盟若干经济体与英国的贸易投资联系（%）

国　家	对英出口占本国 GDP 比重	英国直接投资占本国 GDP 比重	2015 年 GDP 占欧盟比重
德国	3.0	2.5	20.7
法国	2.2	4.5	14.9
意大利	1.7	1.0	11.2
西班牙	3.1	5.5	7.4
比利时	7.5	3.3	2.8
塞浦路斯	7.6	31.5	0.1
爱尔兰	11.2	15.0	1.5
卢森堡	5.0	201.2	0.4
马耳他	8.4	16.5	0.1
荷兰	6.7	32.5	4.6

资料来源：国际货币基金组织。

（三）英国退欧为我国扩大自英国和欧盟进口创造了新机遇

英国经济和欧盟经济受英国退欧冲击将出现不同程度下滑，双方都亟待扩大向域外市场出口以促进经济增长，英国这方面需求将尤为突出。我国市场空间广阔，对英欧先进技术设备、优质消费品和优良教育等服务的需求旺盛，必将成为英国和欧盟重点开拓的市场。同时，英国退欧导致人民币兑英镑和欧元短期呈升值态势，以人民币计价的自英欧进口商品价格下降，特别是一般消费品可替代性强、需求价格弹性较高，进口价格下降将推动消费量更快增长。此外，英国脱欧将一定程度

降低国际投资者对英镑和欧元资产的偏好，人民币作为替代货币的需求趋升、国际化进程加快，也有利于促进人民币计价结算的进口贸易。

二、坚持稳增长和调结构两手抓，沉着应对英国脱欧对我国外贸的影响

近两年，面对日益严峻的外贸发展环境和日益加大的外贸下行压力，国务院及相关部门已陆续出台一系列促进外贸回稳向好的政策措施，涵盖财税、融资、保险、汇率、通关、知识产权等多个方面。英国脱欧对我国整体出口影响有限，不需要为应对这一事件专门出台新的刺激措施，应保持战略定力、加快既有政策落实，坚持稳增长和调结构两手抓，为外贸持续健康发展奠定既利当前又惠长远的坚实基础。

（一）短期尽快落实相关措施，形成外贸稳增长的政策合力

优化出口退税率结构，确保及时足额退税，提高出口退税一类企业比例。坚决清理和规范进出口环节收费。加大对有订单、有效益企业的融资支持，鼓励金融机构推出更多汇率避险工具，扩大面向外贸企业的金融产品宣传推介力度。进一步降低短期出口信用保险费率，对大型成套设备出口融资应保尽保。推进通关便利化，进一步降低海关出口平均查验率，2016 年年底前将国际贸易“单一窗口”建设从沿海地区推广到有条件的中西部地区。同时，抓住英国脱欧给我国扩大进口带来的机遇，通过扩大优惠利率进口信贷覆盖面，调整进口贴息政策支持范围，完善消费品进口相关政策等措施，继续加强进口工作。

（二）中长期加快外贸供给侧结构性改革，培育竞争新优势

我国应紧紧抓住转变外贸发展方式这一主线，依靠创新驱动，加快培育以技术、品牌、质量、服务为核心的竞争新优势，提高外贸发展的质量和效益。在对英出口短期明显受制，对欧盟出口受到一定影响，对美日等其他发达经济体出口也持续疲软的形势下，加快挖掘“一带一路”沿线国家市场潜力，着力将电视、冰箱、洗衣机、空调等家电产品及自主品牌的大飞机、汽车、摩托车等运输工具培育成向“一带一路”沿线出口的大宗商品。推动外贸转型升级与扩大对外投资紧密结合，以“一带一路”沿线国家和非洲地区为重点大力发展投资贸易，加快布局我国企业主导的产业链，提高机器设备、零部件等高附加值中间品在我国出口中的比重，推动我国外贸迈向国际分工中高端。同时，抓住英国和欧盟与我国贸易投资合作意愿增强的机遇，适时启动中英自贸区和中欧自贸区谈判，完善我国面向全球的高标准自贸区网络。

第九章　深化我国同中东欧国家经贸合作的策略研究

内容摘要：中东欧国家地处亚洲和欧洲两大经济板块交汇处，以占“一带一路”沿线国家 3.8%的人口，创造了占“一带一路”沿线国家 12.15%的国内生产总值和 17.19%的贸易额，是“一带一路”战略的重要组成部分，是我国在欧洲地区的重要经济贸易伙伴，更是我国同欧洲国家开展陆路经贸合作的纽带和桥梁。发展至今，我国同中东欧国家经历了冷战、缓和发展、稳步发展、机制化合作四个时期并取得了阶段性的成就，主要表现为双边贸易快速增长，投资日趋活跃，合作领域不断拓宽。通过贸易潜力、产业互补性、投资环境三方面的分析发现，我国同中东欧双边合作仍存在着较大的发展空间，以我国同“一带一路”沿线国家贸易引力模型为参照，我国与中东欧 12 个国家的贸易表现为潜力开拓型和潜力巨大型，与中东欧各国在农产品和汽车等运输设备、服装纺织产品和办公通信设备等领域具有双向互补性，加之中东欧国家综合投资环境在“一带一路”沿线国家中处于中等偏上水平，十分有利于保持双边贸易投资平衡，实现经贸合作的长期可持续发展。未来，我国同中东欧国家之间的经贸合作必将继续朝着更广领域、更深层次方向迈进，双边应继续巩固完善“16+1 合作”，推动“一带一路”战略与欧洲发展战略对接，积极落实《中国－中东欧国家合作中期规划》，以国际产能合作等为优先领域和突破口，通过加强各方战略协调，搭建经贸合作平台，全面开展产能合作，提高互联互通水平，加强便利化合作等具体措施，进一步释放合作潜力，拓展合作空间，深化合作层次，推动“16+1 合作”提质增效，促进双边关系全面发展。

一、引言

“一带一路”战略是新时期我国扩大对外开放的重要举措。2013 年 9 月和 10 月，习近平主席在出访中亚和东南亚国家期间，先后提出共建“丝绸之路经济带”和“21 世纪海上丝绸之路”的倡议，得到国际社会高度关注和有关国家积极响应。2013 年 11 月，中共十八届三中全会《全面深化改革若干重大问题的决定》，要求“加快同周边国家和区域基础设施互联互通建设，推进丝绸之路经济带、海上丝绸之路建设，形成全方位开放新格局”，标志着推进“一带一路”建设上升为国家战略。2015 年 3 月，国家发改委、外交部、商务部联合发布了《共建丝绸之路经济带和 21 世纪海上丝绸之路的愿景与行动》，全面阐述了推动共建的原则、框架思路、合作重点等，是指导“一带一路”共建的纲领性文件。“一带一路”战略旨在促进经济要素有序自由流动、资源高效配置和市场深度融合，推动沿线各国实现经济政策协调，开展更大范围、更高水平、更深层次的区域合作，共同打造开放、包容、均衡、普惠的区域经济合作架构，沿线覆盖了亚洲、欧洲、非洲三大洲 64 个国家（见图 9-1）。

中东欧国家是“一带一路”战略的重要组成部分，地处亚洲和欧洲两大经济板块交汇处，是我国在欧洲地区的重要经济贸易伙伴，更是我国同欧洲国家开展陆路经贸合作的纽带和桥梁。广义上，中东欧国家泛指欧洲大陆地区受苏联控制的前社会主义国家，冷战时期的东欧国家以及波罗的海三国等 20 个欧洲中部和东部国家。狭义上，中东欧国家指我国开展外交和经贸合作所涵盖的 16 个国家，分别是波兰、罗马尼亚、捷克、匈牙利、保加利亚、塞尔维亚、斯洛伐克、克罗地亚、波黑、立陶宛、阿尔巴尼亚、马其顿、斯洛文尼亚、拉脱维亚、爱沙尼亚、黑山，与广义中东欧国家相差的分别是俄罗斯、白俄罗斯、乌克兰和摩尔多瓦。

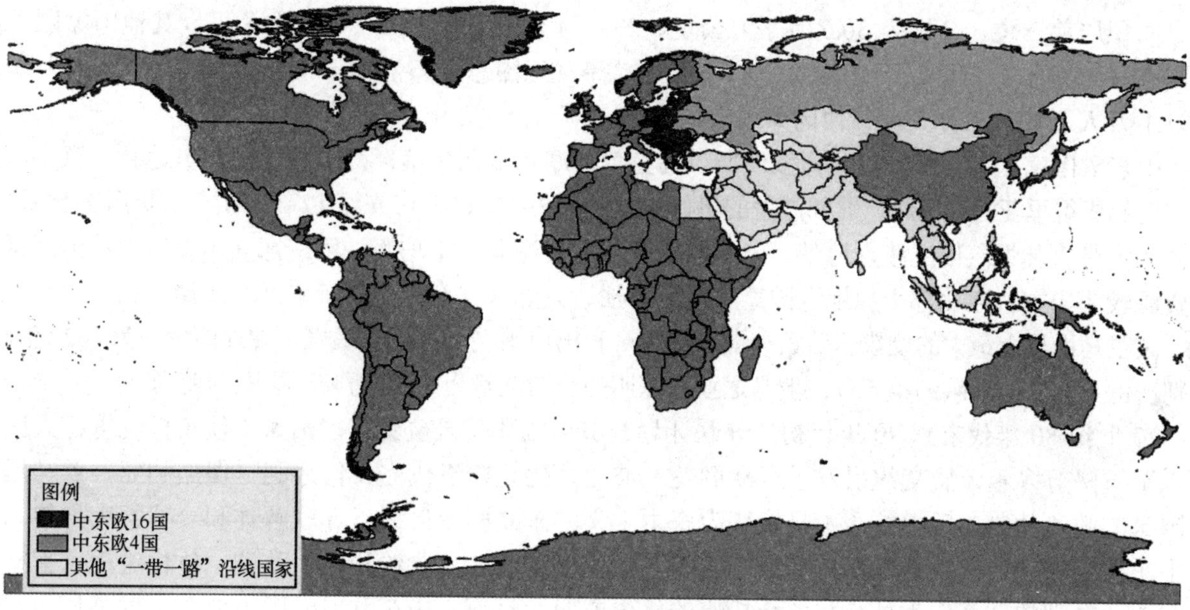

图 9-1　“一带一路”沿线及中东欧国家

2014 年，中东欧 16 国以占“一带一路”沿线国家 3.8%的人口，创造了占“一带一路”沿线国家 12.15%的国内生产总值和 17.19%的贸易额。但是，受“一带一路”战略和我国同中东欧“16+1 合作”实施时间较短的影响，现有研究文献多局限于我国同中东欧国家贸易合作领域，对中东欧国家经济发展特征以及我国同中东欧国家双边经贸合作系统分析不足。为此，以中东欧16国为研究对象，在分析中东欧国家经济发展特征，总结我国同中东欧国家经贸合作进展的基础上，系统测算我国与中东欧国家贸易投资潜力、产业竞争优势并有效判别中东欧国家的投资风险具有一定的理论价值和较强的实践意义，将有助于深化我国同中东欧国家的经贸合作，为“一带一路”战略的加快实施提供实证依据和政策参考。

二、我国同中东欧国家双边合作情况

中东欧国家经济发展水平相对较高，与我国传统友谊深厚，在“一带一路”战略中具有独特的区位优势。近年来，我国同中东欧国家双边关系总体稳定，多领域经贸合作不断深化，为进一步密切双边关系奠定了坚实的基础。

（一）中东欧国家经济社会基本情况

1. 中东欧国家简况

中东欧16国位于"一带一路"战略中的新亚欧大陆桥经济走廊，国土面积合计130.9万平方公里，人口总数 1.2 亿人，多数信奉伊斯兰教、东正教和天主教。其中，波兰、罗马尼亚、保加利亚国土面积居前三位，分别为30.6万平方公里、23.0万平方公里、10.9万平方公里，其他国家国土面积则在 10 万平方公里以下；波兰、罗马尼亚、捷克三国总人口居前三位，分别为 3799.6 万人、1991.1万人、1051.1万人，其他国家人口均在1000千万人以内。

中东欧国家东部与俄罗斯、白俄罗斯、乌克兰、摩尔多瓦接壤，西部与德国、奥地利、意大利接壤，南邻亚得里亚海和黑海，北邻波罗的海，地处北纬39°～60°、东经12°～30°，属于温带海洋性气候和温带大陆性气候过渡性地带。中东欧国家自然资源分布不均衡，西南部阿尔卑斯山脉地区国家水资源较为丰富，东北部平原地区国家煤炭、石油、天然气、有色金属等矿产资源储量相对较大。其中，波兰是世界上最大的硬煤、硫黄、铜、银生产和出口国之一；捷克褐煤和硬煤储量约为132亿吨，分别居世界第3位和欧洲第5位；罗马尼亚已探明的石油储量为5880万吨，居欧洲前列。

20世纪80年代末到90年代初，苏联计划经济体制弊端日益暴露，国家外债负担沉重、人民生活水平下降等多重矛盾交织引发了东欧剧变，波兰、捷克斯洛伐克、匈牙利、保加利亚、罗马尼亚等国家的政治体制先后由社会主义转变为资本主义。东欧剧变最终以苏联解体和冷战结束告终，此后中东欧国家国内政局基本保持稳定，各国开始积极谋求加入北约和融入欧洲一体化进程，把密切与美国、欧洲的关系作为外交与安全战略的优先方向。目前，中东欧 16 国中波兰、罗马尼亚、捷克、匈牙利等11国已经成为欧盟成员，其余国家也在积极争取入盟。从地缘风险来看，中东欧国家的不稳定因素主要存在于巴尔干半岛地区。巴尔干半岛地处欧亚非三大陆之间，南临地中海重要航线，东有博斯普鲁斯海峡和达达尼尔海峡，地理位置极为重要，是英法美俄等大国必争之地，素有"欧洲火药库"之称，曾经爆发过两次俄土战争、两次巴尔干战争等，其中最近一次为1999年以美国为首的北约轰炸南联盟。

2. 中东欧国家经济特征

一是经济发展水平相对较高，人均 GDP 呈西高东低分布。2014 年，中东欧 16 国 GDP 总额为1.5万亿美元，三次产业比重为4.3∶33.2∶62.5，以产业结构判断，中东欧经济已进入后工业化发展阶段，第三产业占比在世界范围内处于较高水平（见图9-2）。其中，拉脱维亚、立陶宛、黑山第三产业占比相对较高，分别为 79.4%、72.0%、71.4%；罗马尼亚和塞尔维亚第三产业占比较低，分别为50.4%和59.0%；其余国家占比分布在60%～70%。从人均 GDP 来看，按照世界银行分类标准，中东欧16国全部为中等偏上收入国家，2014年16国平均人均GDP为12911美元，大约是我国同期人均GDP的1.7倍。其中，人均GDP居前5位国家均临近欧洲经济核心地区，包括斯洛文尼亚、爱沙尼亚、捷克、斯洛伐克、立陶宛，2014 年人均 GDP 分别为 23963 美元、19720 美元、19554 美元、18417美元、16445美元；相比之下，16国中临近亚洲和非洲的国家人均GDP相对稍低，最低的阿尔巴尼亚，2014年为4619美元。

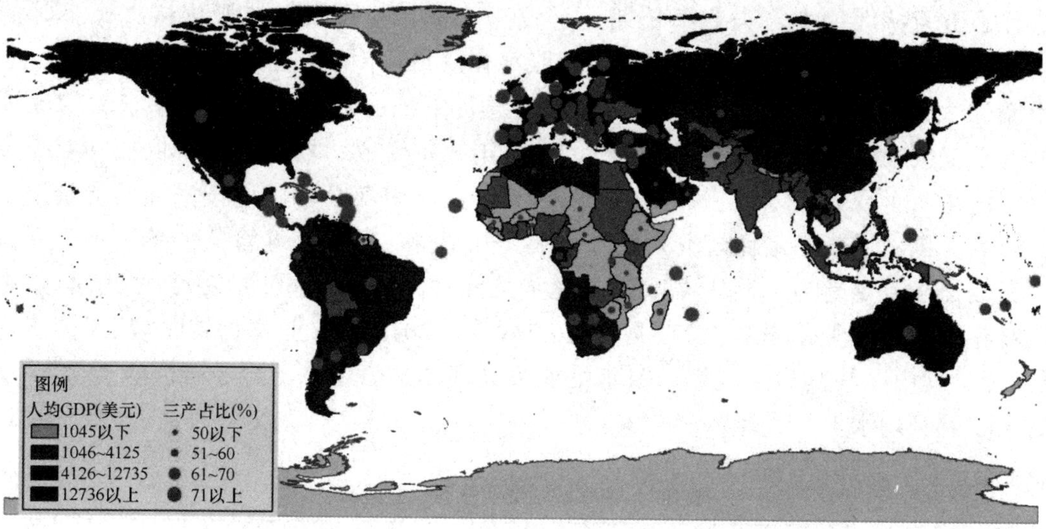

图 9-2　中东欧国家人均 GDP 和第三产业占比

二是受国际金融危机和欧洲债务危机冲击，经济增速明显放缓。继 2008 年的国际金融危机，2011 年欧洲债务危机爆发，从希腊蔓延至意大利、法国等欧元区核心国家，对欧洲乃至世界经济复苏形成了巨大的挑战。中东欧国家与欧元区经济联系紧密，自然难以免受危机冲击，随着欧债危机的不断恶化，经济增速大幅放缓。2012 年欧洲复兴开发银行曾发布《中东欧经济前景报告》，将当年对中东欧国家经济增速的预期由 3.7%大幅调低至 1.6%左右。近两年来，尽管中东欧国家经济呈现一定的复苏势头，但各国经济增速仍显著低于 2005 年的水平（见图 9-3）。2014 年，马其顿、匈牙利、波兰、立陶宛、斯洛文尼亚 5 国经济增速相对较高，分别为 3.8%、3.6%、3.4%、2.9%、2.6%，较 2005 年下降了 1.0 个百分点、0.6 个百分点、0.2 个百分点、4.3 个百分点、1.4 个百分点。而经济增速降幅最大的拉脱维亚、爱沙尼亚、塞尔维亚 3 国，2014 年经济增长率则分别比 2005 年下降了 7.8 个百分点、7.4 个百分点、7.4 个百分点。

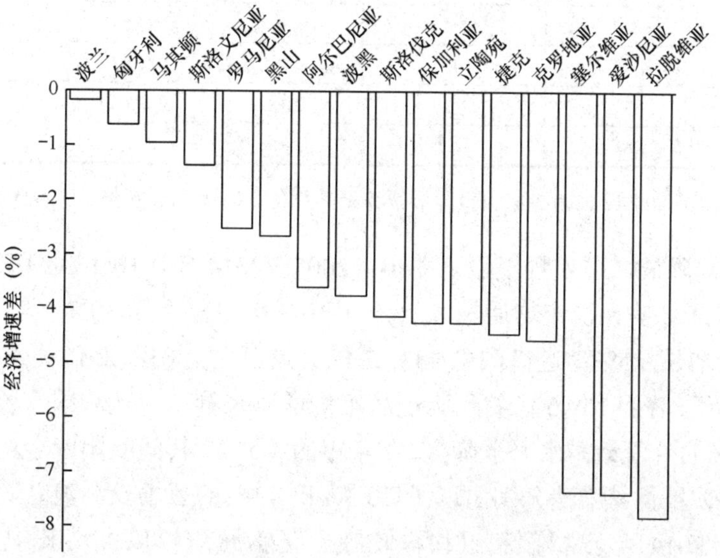

图 9-3　中东欧国家 2005 年与 2014 年经济增速差

三是通缩压力持续加大，失业率长期处于较高水平。受食品和能源价格大幅下降的影响，近年来欧洲消费者价格指数增速明显放缓，通胀率由 2005 年的 2.3%跌至 2014 年的 0.5%，通缩压力在不断加大。在国内经济增速放缓和输入型通货紧缩的双重作用下，中东欧国家通胀率在这一时期也出现大幅回落。与 2005 年相比，2014 年塞尔维亚、罗马尼亚、保加利亚等国家通胀率下降程度均在 7 个百分点以上（见表 9-1），16 个国家中 7 个已出现技术性通货紧缩，其中保加利亚、波黑、黑山通胀率最低，分别为-1.6%、-0.9%和-0.7%。这将从债务负担上升、资产价格下降、有效需求不足等方面对中东欧国内经济形成挑战。与此同时，2005—2014 年中东欧国家就业状况有所好转，失业率由 13.7%降至 10.7%，但 2014 年失业率仍较欧盟 28 国平均水平高 0.5 个百分点。其中，马其顿、波黑、塞尔维亚失业率高达 28.0%、27.5%和 19.7%，9 个国家的失业率高于欧盟平均水平。

表 9-1　中东欧国家通胀和就业情况

中 文 名	通胀率（%）			失业率（%）		
	2005 年	2014 年	变化	2005 年	2014 年	变化
阿尔巴尼亚	2.4	1.6	-0.8	14.1	17.5	3.4
爱沙尼亚	4.1	0.5	-3.6	8.0	7.4	-0.6
保加利亚	6.0	-1.6	-7.6	10.2	11.5	1.3
波黑	3.6	-0.9	-4.5	31.1	27.5	-3.6
波兰	2.1	0.0	-2.1	17.7	9.0	-8.7
黑山	3.4	-0.7	-4.1			
捷克	1.8	0.4	-1.4	7.9	6.1	-1.8
克罗地亚	3.3	-0.2	-3.5	13.1	17.1	4.0
拉脱维亚	6.9	0.7	-6.2	10.1	10.8	0.7
立陶宛	2.7	0.2	-2.5	8.3	10.7	2.4
罗马尼亚	9.0	1.1	-7.9	7.2	6.8	-0.4
马其顿	-0.6	-0.1	0.5	37.3	28.0	-9.3
塞尔维亚	16.3	2.1	-14.2	21.8	19.7	-2.1
斯洛伐克	2.8	-0.1	-2.9	16.4	13.2	-3.2
斯洛文尼亚	2.5	0.2	-2.3	6.5	9.7	3.2
匈牙利	3.6	-0.2	-3.8	7.2	7.8	0.6

资料来源：如无特殊说明，本章使用数据均由作者根据世界银行、国际货币基金组织和联合国统计资料等整理计算。

四是贸易增速大幅降低，逆差规模显著缩小。2005—2014 年，中东欧国家进出口总额由 7969.1 亿美元上升为 16 612.9 亿美元，年均增长 8.5%。其中，出口额由 3630.4 亿美元上升至 8226.7 亿美元（见图 9-4），年均增长 9.5%；进口额由 4338.7 亿美元上升至 8386.2 亿美元，年均增长 7.6%；贸易逆差由 708.3 亿美元下降为 159.5 亿美元。但从年均增速来看，中东欧国家贸易增速总体呈下降走势，由 2006 年 28.1%的阶段最高水平下降至 2014 年的 4.5%，其间受国际金融危机和欧洲债务危机冲击，2009 年和 2012 年贸易增速分别出现了 26.3%和 4.9%的负增长。波兰、捷克和匈牙利是中东欧地区的贸易大国，2014 年出口额和进口额均在千亿美元规模以上。其中，波兰进出口总额为 4311.6 亿美元，占中东欧国家总额的 26%，主要出口产品为机电产品、运输设备和贱金属及制品，主要进口产品为机电产品、矿产品和贱金属及制品，主要出口贸易伙伴是德国、英国、捷克，占其出口总额的 26.1%、6.4%、6.3%，主要进口伙伴是德国、俄罗斯、中国，分别占其进口总额的 26.8%、10.4%、6.4%。

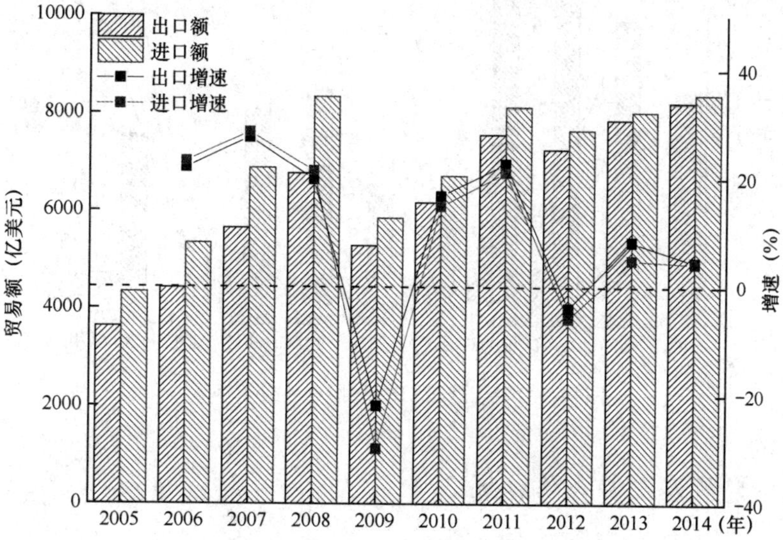

图 9-4　中东欧对外贸易额及增速情况

五是利用外资规模远高于对外投资，增速出现明显反弹。20 世纪 90 年代的体制转轨促使中东欧国家掀起“私有化”浪潮，国际直接投资开始进入中东欧国家市场。尤其是欧盟东扩以来，由于地缘与文化相近和劳动力成本较低，欧洲先进国家的企业持续向中东欧市场转移，进一步提高了中东欧国家利用外资的规模和增速，2005 年中东欧国家吸引外资存量达到 3289.1 亿美元，占当年 GDP 的 35.1%。2005—2014 年，中东欧国家利用外资继续保持增长，外资存量增加了 4568.0 亿美元，占 GDP 的比重上升至 50.7%。与利用外资相比，中东欧国家的对外投资仍处于起步阶段，长期处于较低水平，2005—2014 年对外投资存量仅由 252.2 亿美元上升至 1555.7 亿美元，年均增加 144.8 亿美元，较利用外资少 362.7 亿美元。从增速来看，受世界经济增速放缓和国内经济不景气影响，近年来中东欧国家利用外资和对外投资增速出现较大波动（见图 9-5）。2005—2014 年，中东欧国家利用外资增速总体呈 W 形走势，2009 年和 2013 年外资流入量分别出现了 52.1%和 55.8%的负增长，2014 年吸引外资 406.6 亿美元，增速反弹至 99.7%；对外投资增速波动较为剧烈，9 年间 5 次出现负增长，2009 年和 2013 年增长率分别跌至-39.7%和-76.2%，2014 年增速大幅反弹为 263.5%。从利用外资分布来看，德国、法国、卢森堡、荷兰等欧洲国家以及美国、日本、韩国和中国等国家和地区是中东欧外资的主要来源地；波兰、捷克、匈牙利是主要目的地，2014 年外资存量分别为 2451.6 亿美元、1215.3 亿美元和 983.6 亿美元，合计占中东欧国家外资存量的 59.2%；外资进入的行业领域涵盖了汽车、电子等制造业及零售、金融、通信等服务业。

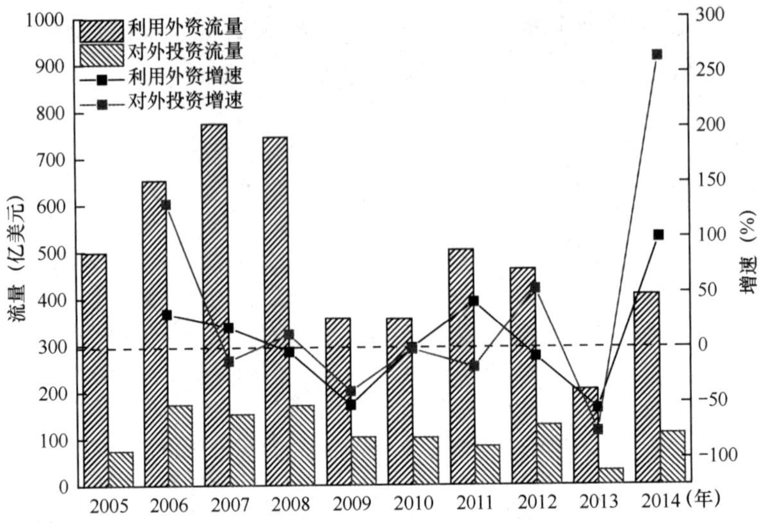

图 9-5 中东欧吸引外资和对外投资情况

（二）双边关系发展及经贸合作成就

1. 我国同中东欧国家双边关系发展历程

新中国成立之初，中东欧国家是较早与我国建立外交关系的一批国家。发展至今，双边关系大体经历了四个发展阶段。

第一阶段是复杂多变的冷战时期（1949—1988 年）。共同的社会主义理想和无产阶级国际主义精神，使双边政府以及人民之间具有天然的认同感和亲近感，结下了早期深厚的传统友谊。但受“苏修”等意识形态变化的冲击，我国同中东欧国家关系发展一度进入低谷，如 20 世纪 60 年代波兰、捷克斯洛伐克等东欧五国在中苏论战中为支持苏联，曾公开谴责中共中央的理论路线和各种政策，致使双边的高层往来出现中断。辩证来看，在双边关系跌宕起伏的发展过程中，我国和中东欧国家积累诸多有益经验，为此后的关系缓和与进一步发展奠定了极为重要的基础。如我国与波兰高层往来中断期间，波兰仍坚持反对“两个中国”并要求恢复中国在联合国合法席位的立场，我国也十分关心波兰维护主权的斗争并支持波兰反对修改奥得尼斯河边界的立场。

第二阶段是若即若离的缓和发展时期（1989—2001 年）。1989 年起中东欧各国国内政局相继发生剧烈变化，历经十多年的变革后，普遍建立了多党议会民主制和以私有制为基础的市场经济，并将“回归欧洲”作为内政外交的优先战略，对华关系则居于中东欧国家外交发展的次要地位。从有利方面来看，伴随双边意识形态争论的前提不复存在以及中东欧国家发展重心的转移，我国同中东欧国家关系总体呈现逐步理顺和稳步缓和的发展趋势，各领域交往合作明显增多，级别不断提高。据不完全统计，仅 1991 年当年双边副部长级以上的访问便有 65 次，其中中东欧国家来访 33 次。1994 年，我国提出对中东欧国家外交政策的四项基本原则，对全面推动双边友好合作产生了深远影响。1999 年，我国同罗马尼亚、保加利亚、波兰等国建交 50 周年，双边举行了一系列庆祝活动。在政治关系顺利发展的同时，我国与中东欧各国的经贸、科技、文化、教育等领域的交流与合作也不断扩大，截至 2000 年双边进出口规模增长至 31.6 亿美元，是 1991 年的 3.5 倍。但从不利方面来看，个别中东欧国家为加快融入欧盟和北约，有意强调与中国在政治制度上的差异，追随西方民主、人权等标准，在涉台、涉藏等问题上给双边关系发展制造了一定的矛盾，如1999年马其顿同我国台湾地区建立了所谓的“外交关系”，导致我国一度终止同马的外交关系。

第三阶段是重新平衡的稳步发展时期（2002—2011 年）。进入新世纪，随着经济全球化不断深化和中国经济快速发展，中东欧国家对外政策从专注“向西发展”转向更加注重区域平衡，在继续优先发展与欧美关系的同时，越来越重视同包括中国在内的其他国家的其他国家的关系。在此阶段，我国同中东欧国家之间的伙伴关系更加紧密，签订了一系列标志着双边关系取得重大进展的政策文件（见表 9-2），分别与塞尔维亚（2009 年）、波兰（2011 年）建立了战略伙伴关系，与罗马尼亚（2004 年）建立了全面友好合作伙伴关系，与克罗地亚（2005）建立了全面合作伙伴关系，与匈牙利（2004 年）建立了友好合作伙伴关系，与阿尔巴尼亚（2009 年）建立了合作伙伴关系，并且与中东欧各国的经贸领域合作也取得了突飞猛进的发展。

表 9-2　2002—2011 年我国同中东欧国家间签订的重要政策文件

国　家	重要双边文件
阿尔巴尼亚	中华人民共和国和阿尔巴尼亚共和国联合公报，2004 年 中国和阿尔巴尼亚发表深化传统友好合作联合声明，2009 年
保加利亚	中华人民共和国政府和保加利亚共和国政府联合声明，2006 年
波兰	中华人民共和国和波兰共和国联合声明，2004 年 中华人民共和国政府和波兰共和国政府经济合作协定，2004 年 中华人民共和国和波兰共和国关于建立战略伙伴关系的联合声明，2011 年
捷克	中华人民共和国政府和捷克共和国政府联合声明，2005 年
克罗地亚	中国和克罗地亚关于深化互利合作关系的联合声明，2002 年 中华人民共和国和克罗地亚共和国关于建立全面合作伙伴关系的联合声明，2005 年
罗马尼亚	中华人民共和国与罗马尼亚联合声明，2003 年 中华人民共和国和罗马尼亚关于建立全面友好合作伙伴关系的联合声明，2004 年
马其顿	中华人民共和国和马其顿共和国关于巩固和促进友好合作关系的联合声明，2002 年 中华人民共和国和马其顿共和国关于深化互利合作关系的联合声明，2007 年
塞尔维亚	中华人民共和国和塞尔维亚共和国关于建立战略伙伴关系的联合声明，2009 年
斯洛伐克	中华人民共和国与斯洛伐克共和国联合声明，2003 年
匈牙利	中华人民共和国政府和匈牙利共和国政府联合声明，2003 年 中华人民共和国和匈牙利共和国联合声明，2004 年

资料来源：作者根据外交部等网站整理。

第四阶段是全面推进的机制化合作时期（2012 年至今）。2012 年，我国国家领导人出席第一次中国-中东欧国家领导人会晤，提出了关于促进与中东欧国家友好合作的十二项举措，标志着我国与中东欧 16 国迈进了机制化合作的新时期。经过 4 年的发展，这一常态化合作机制取得了丰硕的成果。

在机构设置方面，成立了中国-中东欧国家合作秘书处，负责落实双边合作成果、谋划未来合作重点方向和领域；搭建了“中国-中东欧国家合作”中英双语官方网站，以促进双边政府、企业和民间增进了解、密切合作；在中东欧国家建立了专业秘书处或联合会，包括投资常设秘书处、农业合作促进联合会等。

在推动合作方面，先后召开了 4 次国家领导人会晤，签订了《布加勒斯特纲要》《贝尔格莱德纲要》《苏州纲要》以及《中国-中东欧国家合作中期规划》等方向性文件；召开了 5 次协调员会议，确定了七大优先合作领域；召开了两次地方领导人会议并签署了《关于加入中国-中东欧国家地方省州长联合会的意向书》；召开两次高级别智库研讨会，对未来双边在基础设施建设、制造业和旅游业等多领域合作进行探讨。

在互联互通方面，被称作第三条亚欧大陆桥的“渝新欧”铁路正式投入运营，该线路是连接中欧的第一条国际铁路货运专线，从重庆西站始发，经西安、兰州、乌鲁木齐，再经哈萨克斯坦、俄罗斯、白俄罗斯、波兰，最终到达德国的杜伊斯堡，全程 11179 千米，实行一站式通关运营模式，并且继“渝新欧”后，“汉新欧”“蓉欧快铁”“郑新欧”等国际货运班列也相继开行。

2. 我国同中东欧国家经贸合作成就

一是双边贸易快速增长。伴随我国加入世界贸易组织以及同中东欧国家关系迈入稳步发展时期，我国与中东欧 16 国贸易规模开始快速上升，2002—2014 年双边贸易额由 56 亿美元上升至 601.6 亿美元，年均增长率高达 21.9%，较同期我国对世界进出口总额增速高 4.4 个百分点，较中东欧国家对世界进出口总额增速高 13.4 个百分点。其中，我国对中东欧国家出口额由 45.2 亿美元增长为 437.1 亿美元，年均增长 20.8%，较同期我国出口总额增速高 2.9 个百分点；我国对中东欧国家进口额由 10.8 亿美元增长为 164.5 亿美元，年均增长 25.5%，较同期我国进口总额增速高 8.4 个百分点；我国对中东欧国家贸易顺差由 34.4 亿美元扩大至 272.6 亿美元。2014 年，我国在中东欧的主要贸易伙伴为波兰、捷克和匈牙利，进出口总额分别为 171.9 亿美元、109.8 亿美元、90.2 亿美元，占我国同中东欧国家贸易总额的 61.8%。其中，对波兰出口增长 13.4%，自波兰进口增长 31.4%，贸易顺差 113.2 亿美元，是波兰第三大进口来源地和第 21 位出口目的地，对波兰出口的主要产品为机电产品、纺织品及原料和贱金属及制品，自波兰进口的主要产品为贱金属及制品、机电产品和塑料橡胶。此外，近两年双边贸易产品还出现了一些新的亮点，我国物美价廉的日用消费品越来越受到中东欧国家市场的认可，中东欧国家的牛羊肉、奶制品、葡萄酒等优质农副产品在我国市场上的知名度也在不断提高。

表 9-3　2002—2014 年我国同中东欧国家贸易规模及增速

年份	进出口总额	出口增速	进口增速	顺差
2002	56.0	25.9	71.4	34.4
2003	85.3	50.4	60.2	50.7
2004	107.6	28.1	18.5	66.6
2005	129.5	23.9	5.4	86.3
2006	244.4	97.4	45.4	181.6
2007	298.1	17.6	51.6	202.9
2008	385.4	30.7	21.8	269.4
2009	324.0	-19.5	4.3	203.0
2010	438.9	31.3	53.7	252.9
2011	529.1	16.1	37.1	274.1
2012	520.6	-3.4	4.0	255.4
2013	550.9	4.4	9.9	259.5
2014	601.6	7.9	12.9	272.6

二是双边投资日趋活跃。我国与中东欧国家双边投资起步较晚，当前以我国对中东欧国家直接投资为主，尤其是在近年来双边合作逐步密切，欧洲国家优势资产价格下降以及吸引外资提振经济意愿上升等有利因素推动下，我国对中东欧国家投资实现了较快发展。2002—2014 年，我国对中东欧国家年投资规模从不足千万美元不断增长，在 2010 年首次突破亿美元大关，12 年累计直接投资 11.5 亿美元，占 2014 年我国对中东欧国家直接投资存量的 67.8%。匈牙利、波兰、捷克、罗马尼亚和保加利亚是我国对中东欧国家投资的主要目的地，截至 2014 年我国对其投资存量分别为 5.6 亿美元、3.3 亿美元、2.4 亿美元、1.9 亿美元和 1.7 亿美元，占我国对中东欧国家直接投资存量的 32.8%、19.4%、14.3%、11.3%和 10%。2012 年以来，在我国同中东欧国家合作机制以及《布加勒斯特纲要》和《贝尔格莱德纲要》等文件的推动下，双边将投资作为合作重要领域，我国对上述 5 个主要投资目的地投资保持较快增长的同时，对立陶宛和马其顿投资实现了近10年来零的突破，对塞尔维亚的年投资规模由百万美元上升为千万美元级别。目前来看，我国对中东欧国家投资已经形成了两方面主要特征：①基于我国优势产能的特色产业规模不断壮大，主要包括能源化工、机械制造、信息与通信技术以及生产生活服务等行业，例如万华实业集团有限公司投资 12.6 亿欧元收购了匈牙利宝思德化学公司 96%的股权，创我国对中东欧国家单项投资规模新高；三环集团并购波兰最大的轴承制造企业 FLT 轴承公司；柳工集团并购波兰 HSW 公司工程机械部。②投资领域分布广泛且注重产业链配置，得益于国内企业以往“走出去”过程中积累的经验，我国对中东欧国家投资布局整体性较强，重视投资产业的多样化和价值链开发，广泛分布于生产、销售、物流、研发等领域，有意识地将中东欧作为产品本地化研发中心和区域销售中心，通过产品的中东欧本土化为进入欧盟核心市场做出铺垫。

三是合作领域不断拓宽。除贸易投资合作，近年来我国同中东欧国家在工程承包、金融合作等领域也取得了诸多成就。相比西欧国家，中东欧国家不仅存在老旧基础设施改造需求，而且为适应经济发展还有大量的新建桥梁、铁路、公路、能源等工程项目，工程承包市场较为广阔。而我国企业经过多年的世界市场工程承包经验积累，在资金、技术、施工等各方面均已形成竞争优势，使得我国同中东欧国家在工程承包领域互补性较强并完成了一系列合作项目。例如，2013 年东方电气集团成功签订波黑斯坦纳瑞 30 万千瓦燃煤电站承包合同，是当时波黑最大的工程承包项目；2014 年中交二航局四公司承建的塞尔维亚跨多瑙河大桥实现主跨合龙，是我国建筑企业在欧洲承建的首个大桥项目，其设计与施工均由我国企业主导完成，在依据塞尔维亚和欧盟规范标准的同时部分采纳了我国标准。在金融合作方面，我国同中东欧国家机制化合作初期便十分重视金融对经贸投资的推动作用，2012 年提出的十二项举措中包括中方出资 100 亿美元设立中国-中东欧投资合作基金，2013 年第二次领导人会晤进一步提出支持相关金融机构适时启动基金第二期，鼓励更多金融机构、企业参与基金，支持双边金融机构互设分支机构、发展业务，支持双边签署本币互换协议。同年，人民银行与匈牙利中央银行签署了规模为 100 亿元人民币/3750 亿匈牙利福林的中匈双边本币互换协议。2015 年，中国银行成为匈牙利的人民币清算行，也是中东欧首家人民币清算行；工商银行与波兰信息与外国投资局、波兰国家开发银行签署《跨境电商和贸易融资合作协议》和《金融和国际产能合作协议》，将开展互联网金融、跨境电商、PPP 融资等创新服务。

三、我国同中东欧国家经贸合作潜力

通过前文分析可以看到，当前我国同中东欧国家多领域合作均取得了积极进展，同时也存在着进一步深化的空间。为此，本文在这一部分将从贸易潜力、双边产业互补性、投资环境三个方面挖掘我国同中东欧国家未来经贸合作的发展方向。

（一）双边贸易发展潜力

1. 模型建立

贸易引力模型源于牛顿的万有引力定律，即两物体之间的作用力与两物体的质量成正比，与物体间的距离成反比。Tinbergen（1962）和 Poyhonen（1963）最早将该模型运用到国际贸易领域的研究，提出两国双边贸易流量的规模与两国各自的经济总量正相关，与相互距离负相关，其中出口国的经济总量反映了潜在的供给能力，进口国的经济总量反映了潜在的需求能力，双边距离所衡量的运输成本则是两国之间的贸易阻力因素。由此得到贸易引力模型的基本形式为：$T_{ij}=\frac{AY_iY_j}{Di_j}$，其中，$T_{ij}$表示国家 i 和国家 j 的双边贸易额；A 是常数项；Y_i和 Y_j代表国家 i 和国家 j 的经济总量，一般使用 GDP 表示；D_{ij} 表示两国之间的距离，通常用两国首都或经济中心之间的距离来表示。在贸易引力模型被广泛应用的过程中，国内外学者从不同的角度对贸易引力模型进行了改进和扩展，均取得了较好的效果，除用于研究双边贸易流量，还被广泛应用于预测贸易潜力、分析贸易集团的效果和确定贸易模式等诸多领域。

根据数据特征及计算需要，本文首先对基本贸易引力模型进行简单变换，如式（1）所示。

$$T_{ij}=\frac{A\cdot Y_i\cdot Y_j}{D_{ij}}=\frac{A\cdot\frac{Y_i}{P_i}\cdot P_i\cdot\frac{Y_j}{P_j}\cdot P_j}{D_{ij}}=\frac{A\cdot PGDP_i\cdot PGDP_j\cdot P_i\cdot P_j}{D_{ij}} \tag{1}$$

为减小回归过程中数据可能存在的异方差，对式（1）两侧取自然对数，并引入虚拟变量向量 Ω，最后转化为待估计方程（2），其变量参数符号预期及含义见表 9-4。

$$LT_{ij}=\alpha+\beta_1 LPGDP_i+\beta_2 LPGDP_j+\beta_3 LP_j+\beta_4 LP_j-\beta_5 LD_{ij}+\sum\Omega \tag{2}$$

表 9-4 变量参数符号预期及含义

解释变量	预期符号	说 明
人均 GDP 对数（LGDP）	+	收入水平代表着一国的供给和消费能力，人均收入水平越高经济越发达，贸易开放程度和进出口规模应相应提高
人口总数对数（LP）	+	同等国内外条件下，人口越多生产能力和消费需求越高，进出口规模也应越大
距离对数（LD）	-	距离反映了运输成本大小，同等情况下，运输成本越高对贸易的阻碍作用越大

2. 回归结果

中东欧国家是“一带一路”战略的重要组成部分，使用覆盖“一带一路”国家的面板模型有利于对我国与中东欧国家的双边贸易位势进行比较判断，基于这样的考虑本文选取2001—2014年我国和“一带一路”沿线国家相关数据对回归模型估计，数据来源为联合国贸发会和世界银行，统计软件为Stata13。回归结果如表9-5所示。

方程（1）和方程（2）是引入不同虚拟变量情况下的回归结果，各参数T统计量以及调整后的R平方、F统计量均十分显著，但是方程（1）中是否接壤虚拟变量与经验判断不符，通常情况下国家接壤对双边贸易的作用应为正向，因此确定回归结果为方程（2）。通过缩小样本数据时间跨度对回归结果进行稳健性检验，分别剔除2001年、2008年和2014年数据后的回归结果为方程（3）至方程（5），结果显示各参数取值均落在方程（2）的误差范围之内，且方程各统计量显著性均比较稳定。

表9-5　引力模型回归结果

	（1）	（2）	（3）	（4）	（5）
$LPGDP_i$	0.494***	0.478***	0.452***	0.476***	0.470***
	[7.649]	[7.405]	[6.541]	[7.288]	[6.657]
$LPGDP_j$	1.362***	1.389***	1.371***	1.395***	1.399***
	[30.57]	[32.13]	[30.59]	[30.92]	[31.04]
LP_i	0.311***	0.232***	0.232***	0.224***	0.234***
	[4.751]	[4.080]	[3.911]	[3.818]	[3.923]
LP_j	1.132***	1.123***	1.120***	1.125***	1.127***
	[41.15]	[41.04]	[39.59]	[39.49]	[39.49]
LD_{ij}	−2.199***	−2.007***	−1.959***	−1.995***	−2.023***
	[−14.71]	[−15.82]	[−14.90]	[−15.15]	[−15.29]
是否接壤	−0.294**				
	[−2.407]				
是否为中东欧国家	−0.290**	−0.322***	−0.318***	−0.332***	−0.336***
	[−2.430]	[−2.711]	[−2.590]	[−2.678]	[−2.708]
Observations	609	609	568	565	564
Adjusted R-squared	0.998	0.998	0.998	0.998	0.998
Prob>F	0	0	0	0	0

注：方括号内为T统计量，***、**、*分别为1%、5%、10%水平显著。

从回归结果看，我国与包括中东欧国家在内的“一带一路”国家双边贸易受对方人均收入（$LPGDP_j$）和人口总数（LP_j）的影响更大，弹性分别为1.389和1.132，即对方国家人均GDP每增加1%，双边贸易额将增加1.389%，人口每增加1%，双边贸易额将增加1.123。同时，国家间距离与双边贸易规模表现出较强的负相关性，双边距离每增加1%，贸易规模将下降2%。

更为重要的是，回归结果揭示出我国与中东欧国家之间的贸易低于“一带一路”国家的平均水平，未来双边贸易仍有较大的深化空间。

3. 贸易预测

贸易引力模型的一个重要应用是估算国家间双边贸易流量的潜力，即用实际贸易流量与用引力模型模拟的理论上的贸易流量相比较，以估算国家间双边贸易流量发展的潜力。通常情况下，实际双边贸易额与理论双边贸易额比值大于 1.2 的称为“潜力再造型”，这种类型的贸易伙伴间的贸易潜力非常有限，双边贸易只有在出现新积极影响因素的条件下，才会有进一步发展空间；实际双边贸易额与理论双边贸易额比值在 1.2～0.8 的称为“潜力开拓型”，这种类型的贸易伙伴间仍然存在一定的贸易潜力，可在继续发挥原有积极因素的基础上，培养新的积极影响因素以促进贸易发展；实际双边贸易额与理论双边贸易额比值小于 0.8 的称为“潜力巨大型”，这种类型的贸易伙伴间的贸易潜力很大，可尽量排除双边贸易障碍以推动贸易的正常发展。

根据引力模型回归结果方程（2），参照中东欧国家平均水平和“一带一路”沿线国家平均水平，可以分别计算出当前我国同中东欧 16 国的贸易潜力（见表 9-6）。在中东欧国家内部看，我国与半数中东欧国家均表现为潜力再造型，与拉脱维亚、立陶宛、波黑 3 国表现为潜力开拓型，与马其顿、克罗地亚、波兰、罗马尼亚、塞尔维亚 5 国表现为潜力巨大型。但是，若将参照范围拓展至“一带一路”沿线国家，我国与中东欧国家的贸易潜力则进一步扩大，此时仅与黑山、阿尔巴尼亚、匈牙利、斯洛伐克 4 国表现为潜力再造型，与斯洛文尼亚、保加利亚、捷克、爱沙尼亚、拉脱维亚 5 国以及其他 7 国分别表现为潜力开拓型和潜力巨大型。

表 9-6　引力模型下我国同中东欧各国贸易潜力

国　家	中东欧国家贸易潜力	“一带一路”国家贸易潜力	国　家	中东欧国家贸易潜力	“一带一路”国家贸易潜力
黑山	2.39	1.73	拉脱维亚	1.18	0.86
阿尔巴尼亚	2.36	1.71	立陶宛	0.93	0.67
匈牙利	1.87	1.35	波黑	0.91	0.66
斯洛伐克	1.74	1.26	马其顿	0.77	0.56
斯洛文尼亚	1.45	1.05	克罗地亚	0.68	0.49
保加利亚	1.45	1.05	波兰	0.66	0.48
捷克	1.36	0.99	罗马尼亚	0.65	0.47
爱沙尼亚	1.26	0.92	塞尔维亚	0.46	0.33

总体来看，我国与中东欧16国间的贸易仍存在一定的发展空间，未来应针对各种类型的国家，积极培育新的发展领域、拓展合作空间、协调制度安排，以促进双边贸易进一步发展。

（二）双边产业互补性

产业互补性是开展贸易投资合作的基础和前提条件，国内外学者在该领域研究较为广泛，成果覆盖了理论体系、指标选择、实证检验等各个方面。综合来看，以进出口数据为基础来分析产业竞争力的指标和方法比较多，是一类代表性研究路径。理论依据主要是国际贸易理论，认为比较优势、竞争优势同产业竞争力密切相关，如 Markusen（1992）认为“在一个自由贸易的环境中：①如果某一产品占出口比重下降或占进口比重上升，且该产品进口额在国内市场上占生产和消费总额比例缩小，则该产品缺乏竞争力；②如果某一产品在世界市场上的出口份额下降或进口份额上升，则该产业缺乏国际竞争力”。因此，比较优势和竞争优势评价指标和方法可以作为产业竞争力的评价指标和方法。借鉴现有研究成果，本文选取显示性比较优势指数，使用 WTO 统计数据库 2004 年、2009 年、2014 年相关数据，对我国同中东欧国家产业互补性进行评价。

显示性比较优势指数（RCA）由巴拉萨在 1965 年提出，与其他贸易竞争力指数相比，该指数剔除了国家总量波动和世界总量波动对产品竞争力指数的影响。从指数取值分布来看，RCA<1 意味着

产品具有比较劣势，数值越小比较劣势越明显；RCA>1 代表产品具有比较优势，数值越大优势越明显。按照习惯做法，实际研究中一般把显示性比较优势划分为四个水平：RCA>2.5 表示具有很强的竞争优势；1.25<RCA<2.5 表示具有较强的竞争优势；0.8<RCA<1.25 具有一般的竞争优势；0<RCA<0.8 则表示不具有竞争优势。显示性比较优势指数计算方法如公式（3）所示，其中 t、i、j 分别代表时期、国家和产品，EX 为出口额。

$$\mathrm{RCA}_{ij}^{t}=\left(\frac{EX_{ij}^{t}}{EX_{i}^{t}}\right)\bigg/\left(\frac{EX_{j}^{t}}{EX^{t}}\right) \tag{3}$$

1. 产品竞争力总体分布

从农产品看，2014 年我国和中东欧国家 RCA 指数分别为 0.34 和 1.23，均不具有较强的国际比较优势，但是双边发展形势略有差异。2004—2014 年，中东欧国家农产品出口竞争力呈逐步上升走势，2009 年 RCA 指数较 2004 年提高了 0.15 个点，由不具有竞争优势转变为一般竞争优势；我国农产品出口竞争优势则随着国家出口战略的调整呈现长期下降走势，由 2004 年的 0.48 降为 2014 年的 0.34，整个时期均表现为不具有竞争优势。

从燃料和矿产品看，尽管我国和中东欧国家某些类别的能源和矿产品禀赋相对丰富，但总体上人均占有量并不具有优势，加之世界能源战略和版图的不断调整，燃料和矿产品不是我国和中东欧国家的优势出口产品，2004—2014 年 RCA 指数均下降了 0.16 个点，目前我国燃料和矿产品出口规模已经降至非常低的水平（见表 9-7）。

表 9-7　双边 RCA 指数分布情况

产　品	中东欧			中　国		
	2004	2009	2014	2004	2009	2014
农产品	0.95	1.10	1.23	0.48	0.36	0.34
食品	0.88	1.10	1.22	0.51	0.37	0.35
燃料和矿产品	0.59	0.44	0.43	0.30	0.16	0.14
燃料	0.45	0.34	0.33	0.22	0.12	0.09
制造业	1.16	1.21	1.22	1.27	1.41	1.46
钢铁	1.53	1.15	1.12	0.80	0.76	1.24
化学制品	0.63	0.66	0.78	0.42	0.44	0.53
制药	0.47	0.59	0.80	0.20	0.21	0.20
机械及运输设备	1.13	1.36	1.35	1.18	1.47	1.42
办公和通信设备	0.75	1.23	0.99	2.33	2.74	2.69
电子数据处理设备	0.58	0.91	1.08	3.15	3.56	3.31
电信设备	1.38	2.23	1.55	2.75	3.08	3.20
集成电路和电子元件	0.22	0.21	0.16	0.76	1.19	1.40
运输设备	1.38	1.66	1.63	0.28	0.49	0.45
汽车及零部件	1.39	2.19	2.07	0.11	0.25	0.30
纺织	1.07	0.87	0.84	2.67	2.96	2.88
服装	1.73	1.07	0.88	3.69	3.53	3.13

从制造业看，我国平均竞争力高于中东欧国家，2014年双边RCA指数分别为1.46和1.22，较2004年分别提高0.19个点和0.06个点，均表现为长期上升走势，其中我国RCA指数表现为较强竞争力，中东欧国家RCA指数仍处于一般竞争力区间。根据世界各国普遍关注的重点行业，WTO统计数据又分别给出了制造业的5个二级行业、3个三级行业以及4个四级行业。在二级行业中（见图9-6），除化学制品外，我国各类产品RCA指数均高于中东欧国家，根据2014年双边RCA指数分布，竞争力可以分为三类情况。

一是双边均不具有较强的国际竞争力，产品包括钢铁和化学制品两类。

二是我国具有很强竞争优势但中东欧国家不具有竞争优势，产品包括纺织和服装两类。

三是双边均具有竞争优势的机械及运输设备类产品。比较2004年和2014年RCA指数，中东欧国家的机械及运输设备竞争力上升明显，提高了0.22个点，由一般竞争优势转变为较强竞争优势；我国除服装产品外，RCA指数均有不同程度上升，其中机械及运输设备竞争力提高了0.24个点，也由一般竞争优势转变为较强竞争优势，纺织品竞争力提高了0.21个点，强竞争优势得到进一步巩固。

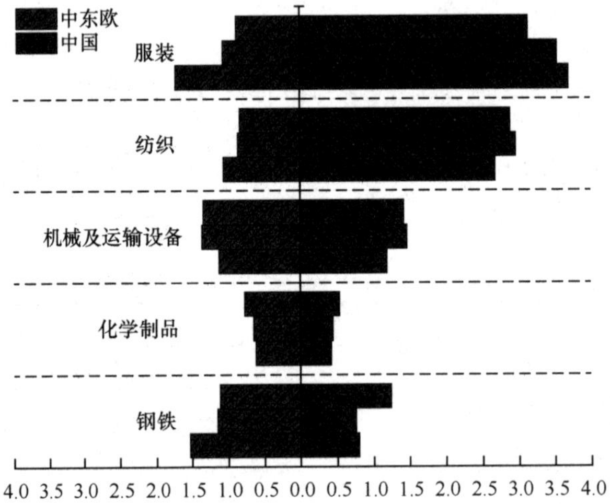

图9-6　我国和中东欧国家制造业二级行业竞争力情况

归纳来看，我国与中东欧国家整体存在普遍的产业互补性且各自均具有优势产品，如中东欧国家农产品和汽车等运输设备，我国的服装纺织产品和办公通信设备。这种双向互补有利于保持贸易投资平衡，实现经贸合作的长期可持续发展。

2. 产品竞争力国别比较

为更加明确我国同中东欧国家的经贸合作潜力，接下来本文将从产品视角对中东欧各国的RCA指数进行进一步分析。

从产业层面看，2014年农产品RCA指数在1.25（较强竞争优势）以上的国家有11个（见表9-8），主要是东北部平原地区国家和临近亚非两洲的国家，其中农产品RCA指数最高的国家是黑山和拉脱维亚，分别为3.94和3.31；燃料和矿产品RCA指数在1.25以上的国家是黑山、阿尔巴尼亚和保加利亚，分别为2.37、1.68、1.38；制造业RCA指数在1.25以上的国家有4个，分别为捷克（1.36）、斯洛伐克（1.36）、匈牙利（1.32）、斯洛文尼亚（1.28）。产业竞争力分布表现出三方面特征。

表 9-8　2014 年中东欧各国产业 RCA 指数分布情况

	农产品	燃料和矿产品	制造业
阿尔巴尼亚	0.81	1.68	0.81
爱沙尼亚	1.80	0.64	1.08
保加利亚	1.93	1.38	0.82
波黑	1.52	0.98	0.99
波兰	1.50	0.40	1.18
黑山	3.94	2.37	0.26
捷克	0.66	0.24	1.36
克罗地亚	1.93	0.88	0.97
拉脱维亚	3.31	0.50	0.91
立陶宛	2.29	0.96	0.93
罗马尼亚	1.37	0.45	1.21
马其顿	1.42	0.35	1.24
塞尔维亚	2.32	0.47	1.05
斯洛伐克	0.54	0.35	1.36
斯洛文尼亚	0.82	0.51	1.28
匈牙利	1.05	0.26	1.32
中东欧	1.23	0.43	1.22
中国	0.34	0.14	1.46

一是与经济发展水平表现出较高的一致性，农产品、燃料和矿产品具有竞争力的主要是中东欧国家中收入相对较低的国家，如 2014 年人均 GDP 最低的阿尔巴尼亚和波黑。

二是欧洲核心国家对中东欧国家产业拉动作用十分显著，制造业竞争力较强的国家均毗邻德法等欧洲工业强国，其中捷克和斯洛伐克曾经是二战前世界第七大工业强国。

三是中东欧国家出口较为集中，尽管多数国家具有农产品出口竞争优势，但中东欧整体并未呈现竞争优势，既受初级产品增加值较低的影响，同时也表明了这些国家出口规模占比较低。

从制造业的 5 个二级行业看，钢铁产品具有较强竞争优势的国家是斯洛伐克和斯洛文尼亚，RCA 指数分别为 2.04 和 1.58（见表 9-9）；化学制品具有较强竞争优势的国家是斯洛文尼亚，RCA 指数为 1.53；机械及运输设备具有较强竞争优势的国家为斯洛伐克、捷克和匈牙利，RCA 指数分别为 1.78、1.70 和 1.67；纺织品具有较强竞争优势的国家为斯洛伐克，RCA 指数为 1.29。按照二级行业形成构成互补的数量来看，与我国合作潜力从高至低分别为斯洛文尼亚（4 个行业）、斯洛伐克（3 个行业）、捷克和匈牙利（2 个行业）。

表 9-9　2014 年我国同中东欧国家制造业行业 RCA 指数分布

	中国	捷克	斯洛伐克	斯洛文尼亚	匈牙利
钢铁	1.24	1.16	2.04	1.58	0.46
化学制品	0.53	0.58	0.45	1.53	1.05
机械及运输设备	1.42	1.70	1.78	1.17	1.67
纺织	2.88	0.94	0.66	1.29	0.54
服装	3.13	0.34	0.77	0.37	0.27

除上述国家外，近年来我国同波兰经贸合作也呈现较快发展态势，与双边产业较强的互补性密不可分。2014 年，波兰农产品以及制造业内部的电信设备和汽车及零部件产品具有较强的竞争优势，RCA 指数分别为 1.50、1.41 和 1.58（见表 9-10）。结合我国具有竞争优势的产品，除电信设备外，双边在多个领域均表现为较强的产业互补性。

表 9-10　2014 年我国和波兰 RCA 指数分布

项　目	波兰	中国	项　目	波兰	中国
农产品	1.50	0.34	机械及运输设备	1.16	1.42
食品	1.61	0.35	办公和通讯设备	0.80	2.69
燃料和矿产品	0.40	0.14	电子数据处理设备	0.69	3.31
.燃料	0.25	0.09	电信设备	1.41	3.20
制造业	1.18	1.46	集成电路和电子元件	0.11	1.40
钢铁	0.91	1.24	运输设备	1.46	0.45
化学制品	0.83	0.53	汽车及零部件	1.58	0.30
制药	0.56	0.20			

（三）投资环境风险评估

1. 对外投资的风险形式

根据现有文献资料和对外投资实践，企业进行境外投资时会遇到各种各样的风险，特别是东道国市场的风险，如政治风险、经济风险、文化风险、法律风险和企业并购风险等。这些风险因素伴随于企业境外投资的整个过程，直接影响着企业的投资效益。

一是政治风险。政治风险是指东道国政府在商业运作中非预期地改变游戏规则进而损害投资者利益或权益的可能性。政治风险具有政府行为特征，在一定程度上影响着经济风险、文化风险、法律风险等其他风险因素，是对外投资面临的最大、最不可预期的风险。政治风险主要包括东道国政体、政权风险，政治意识形态风险，政策干预风险和官僚主义风险四个方面。其对境外投资企业的影响可能是经营成本的上升、营业收入的降低、经济活动的限制甚至资产损失和经营终结。

二是经济风险。经济风险是指企业在东道国进行经济活动时，东道国宏观经济波动、经济政策调整等因素导致投资的未来收益不确定，即东道国经济发展形势给企业海外经营带来的风险。通常情况下，东道国的经济发展状况越好，企业直接投资的风险就越小；相反，如果东道国的经济发展态势较差，则境外投资企业面临的风险就会相应增大。衡量一国经济发展状况的指标有很多，常用的主要有国内生产总值、人均国内生产总值、对外贸易额等。

三是其他风险。对外投资风险存在于东道国市场的各个方面，不同的投资形式和投资领域面临着不同的风险因素，除政治和经济外，通常还包括文化、法律、宗教等多个方面。其中，文化风险是指不同的文化背景影响着人们的消费模式、消费偏好、生活价值观和工作努力程度等，给企业境外投资收益带来的不确定性。法律风险则是指境外投资企业因经营活动不符合东道国法律规定或者东道国法律体系发生重大变化，给企业投资带来的损失。

2. 指标体系和数据处理

综合考虑对外投资风险因素和数据的可获得性，本文选用 3 类共 10 项指标（见表 9-11），从经济实力、要素供给、营商环境三个方面对包括中东欧国家在内的“一带一路”沿线国家投资环境进行评价。其中，经济实力类指标包括 GDP、人均 GDP 和贸易占比，分别衡量东道国综合经济水平、收入和消费能力、经济开放程度；要素供给包括劳动力数量、金融市场发展指数和研发人员占比，用以反映劳动力、资本、技术三大主要生产要素供给能力；营商环境包括政治稳定性指数、营商便利指数、投资者保护指数和知识产权保护指数。

表 9-11 投资风险评估指标体系

一级指标	二级指标
经济实力	GDP
	人均 GDP
	货物贸易占 GDP 比重
要素供给	劳动力
	金融市场发展指数
	R&D 研究人员占比
营商环境	政治稳定性指数
	营商便利指数（法律法规）
	投资者保护指数
	知识产权保护指数

为保证指标数据口径统一、测算结果准确可靠，本文使用 2014 年世界银行经济发展数据库、政治发展数据库和世界经济论坛营商环境数据库。首先采用离差标准化方法对数据进行无量纲标准化处理。离差标准化是线性变换，处理后的数据取值范围在[0，1]，公式为 $x' = (x - \mathrm{Min}\,x)/(\mathrm{Max}\,x - \mathrm{Min}\,x)$。为使整理后的数据更为直观，本文在[0，10]对数据进行离差标准化，计算公式为：

$$x' = 10(x - \mathrm{Min}\,x)/(\mathrm{Max}\,x - \mathrm{Min}\,x)$$

对于原始数据中包含的部分缺失值，如果个别年份缺失则使用其余年份平均值代替，如果全部年份无数据则记为 0。将处理后的数据按照一级指标分类进行分类汇总，可分别得到各国经济实力、要素供给、营商环境得分，理论取值范围分别为[0, 30]，[0, 30]，[0, 30]。最后，对各国经济实力、要素供给和营商环境指标得分进行加权汇总得到综合投资风险，权重以此为 0.3、0.3、0.4，综合得分越高代表投资环境越好。

3. 环境风险评估结果

从经济实力看，得分较高的捷克、斯洛伐克、斯洛文尼亚、匈牙利、立陶宛 5 国分别位居“一带一路”沿线国家的第 6、8、9、10、13 名；塞尔维亚、黑山、阿尔巴尼亚 3 国是中东欧国家经济实力最低的 3 个国家。

从要素供给看，爱沙尼亚、捷克、斯洛伐克、拉脱维亚、波兰 5 国得分较高，分别位居“一带一路”沿线国家的第 4、6、7、9、10 名；塞尔维亚、波黑、阿尔巴尼亚 3 国得分最低。

从营商环境看，爱沙尼亚、斯洛文尼亚、马其顿、立陶宛、波兰 5 国得分较高，分别位居“一带一路”沿线国家的第 4、6、7、8、9 名；克罗地亚、塞尔维亚、波黑 3 国得分最低。

结合各项因素，中东欧 16 国综合投资环境在“一带一路”沿线国家中总体处于中等偏上水平，按照综合投资环境由好至差大致可以划分为三组：综合投资环境较好的国家有 7 个，分别是爱沙尼亚、捷克、斯洛文尼亚、斯洛伐克、立陶宛、波兰和拉脱维亚，在“一带一路”沿线国家中分别位居第 6、7、8、9、10、11、12 位；综合投资环境一般的国家有 5 个，分别是马其顿、匈牙利、保加利亚、黑山、罗马尼亚，分别位居“一带一路”沿线国家的第 15、17、20、21、22 位；综合投资环境较差的国家有 4 个，分别是克罗地亚、阿尔巴尼亚、塞尔维亚、波黑，分别位居“一带一路”沿线国家的第 30、33、38、44 位（见表 9-12）。

表 9-12　中东欧国家在“一带一路”国家中投资环境排名

中文名	经济实力	要素供给	营商环境	综合风险
爱沙尼亚	15	4	4	6
捷克	6	6	14	7
斯洛文尼亚	9	17	6	8
斯洛伐克	8	7	15	9
立陶宛	13	11	8	10
波兰	18	10	9	11
拉脱维亚	24	9	11	12
马其顿	28	21	7	15
匈牙利	10	14	25	17
保加利亚	25	16	24	20
黑山	47	26	16	21
罗马尼亚	29	25	22	22
克罗地亚	37	20	32	30
阿尔巴尼亚	49	50	19	33
塞尔维亚	38	32	36	38
波黑	31	49	46	44

四、深化双方合作的对策建议

中东欧国家是“一带一路”战略的重要组成部分，是我国在欧洲地区的重要经济贸易伙伴，更是我国同欧洲国家开展陆路经贸合作的纽带和桥梁。经过多年发展，我国与中东欧国家合作已经迈入机制化发展轨道，双方在经贸合作多个领域均取得了积极进展，并且存在着广泛的产业互补性和巨大的贸易潜力，加之中东欧国家的独特地理位置以及在“一带一路”国家中相对较好的投资环境，我国同中东欧国家之间的经贸合作将继续朝着更广领域、更深层次方向迈进。

但同时也要看到，金融危机爆发以来，世界经济增速放缓、国际贸易规则重构、新科技革命继续孕育、世界能源版图调整、地缘风险加剧等一系列因素也给我国同中东欧国家的交流合作带来了一些不确定性。此外，我国与中东欧国家之间还存在着贸易投资规模仍然较低，政治制度存在差异性，双边合作受大国博弈影响较大等一系列风险和挑战。

未来，我国与中东欧国家应继续巩固完善“16+1 合作”，推动“一带一路”战略与欧洲发展战略对接，积极落实《中国-中东欧国家合作中期规划》，以国际产能合作等为优先领域和突破口，进一步释放合作潜力、拓展合作空间、深化合作层次，推动“16＋1 合作”提质增效，促进双边关系全面发展。具体措施包括以下几个方面。

一是加强各方战略协调。对“16+1”框架外，要继续提高我国在世界上的地位，积极发挥世界大国作用，加强中欧全面战略伙伴关系，推进“一带一路”战略与俄罗斯欧亚经济联盟建设对接，积极应对美国主导的 TPP 和 TTIP 等战略。在“16+1”框架内，要加快落实中欧合作 2020 战略规划、中国和中东友好合作 12 项举措等政策机制，加快建设“丝绸之路经济带”合作机制，加快构建专项投资合作机制，增进双方经济战略互信，推动双边务实合作，提升双边经贸合作水平。

二是搭建经贸合作平台。双方政府要在合作中充分发挥规划引导作用，提高经贸合作服务能力，通过定期举办洽谈会、展会等方式增强双向投资宣传力度，提高公共和企业项目信息传递效率，同时也要充分调动民间力量和积极性，通过搭建文化、教育等民间交流平台，依托各领域资源优势互补实现区域合作。更要大力完善双边经贸合作的实际载体，实现透明、开放的市场和各国公平的竞争环境，加快双边合作园区建设，实行国民待遇，提供有针对性的优惠政策及专项配套政策。

三是全面开展产能合作。结合中东欧地区交通、电力等基础设施和工业设备面临升级改造的任务，以及双边产业互补性，切实加强各领域优势产能合作。加强中东欧国家对我国农产品贸易、农业可持续生产、农产品深加工、农业科技等项目合作，鼓励建设农产品基地。加强双边在办公通信设备、运输设备等产品的研发合作，巩固并增强汽车、钢铁、造船、工程机械及成套机械设备等产品的优势，共同开拓欧盟市场，开展三方合作。

四是提高互联互通水平。依托我国企业丰富的项目建设经验和海外工程承包经验，加强区域交通基础设施建设，提高互联互通水平，共同推进匈塞铁路、中欧陆海快线等项目建设，使中东欧成为中国同欧洲贸易联系的快捷通道。结合我国网络装备技术和性价比高的优势与中东欧国家需求，广泛开展互联网基础设施建设合作，促进网络互联互通。

五是加强便利化合作。加强海关信息共享和情报交换，推动中东欧国家参与海关合作战略，提高通关效率、降低通关成本，解决中东欧国家普遍存在的劳动签证、工作许可和居留难等经营问题，创新金融合作模式，支持实体经济合作和优质合作项目，推进本币互换、本币结算、金融监管等合作，在中东欧国家建立人民币清算。

主要参考文献

[1] 冯敏，宋彩萍. 运用“一带一路”发展中国与中东欧关系对策[J]. 经济问题，2016（1）：56-29.
[2] 鞠维伟. 美国与中东欧国家的贸易投资关系现状及对中国的启示[J]. 欧亚经济，2015（6）：54-67.
[3] 林玲，王炎. 贸易引力模型对中国双边贸易的实证检验和政策含义[J]. 世界经济研究，2004（7）：54-58.
[4] 刘作奎. 中国与中东欧合作:问题与对策[J]. 国际问题研究，2013（05）：73-82.

[5] 刘作奎. 新形势下中国对中东欧国家投资问题分析[J]. 国际问题研究，2013（1）：108-120.
[6] 龙静. 中国与中东欧国家关系:发展、挑战及对策[J]. 国际问题研究，2014（5）：37-50.
[7] 芦睿珺，鞠维伟. 中国和中东欧国家关系:把握机遇、扩大共识——“中国与中东欧国家关系国际会议暨中国欧洲学会中东欧研究分会成立大会”综述[J]. 欧洲研究，2012（6）：149-154.
[8] 尚宇红，高运胜. 中国与中东欧 10 国出口产品竞争力及结构效应研究: 2002—2011 年——基于 CMSA 模型的实证分析[J]. 世界经济研究，2014（4）：32-38.
[9] 孙晓青，王莉. 中东欧国家的外交政策:定位、取向及影响[J]. 欧洲研究，2004（2）：33-47.
[10] 徐刚. 中国与中东欧国家关系:新阶段、新挑战与新思路[J]. 现代国际关系，2015（2）：，39-45.
[11] 于军. 中国-中东欧国家合作机制现状与完善路径[J]. 国际问题研究，2015（2）：112-126.
[12] 张丹，张威. 中国与中东欧国家经贸合作现状、存在问题及政策建议[J]. 中国经贸导刊，2014（27）：36-38.
[13] 张秋利. 中国与中东欧国家货物贸易互补性研究[J]. 山西大学学报(哲学社会科学版)，2013(3)：111-115.
[14] 赵蓓文. 转型国家外国直接投资的宏观经济效应——关于俄罗斯、中东欧八国和中国的比较[J]. 世界经济研究，2009（8）：50-57.
[15] 尚宇红. 中国与中东欧国家货物贸易结构特点分析[J]. 理论探索，2012（6）：76-79.
[16] 蒋冠宏，蒋殿春. 中国对外投资的区位选择:基于投资引力模型的面板数据检验[J]. 世界经济，2012（9）：21-40.
[17] 孔庆峰，董虹蔚. “一带一路”国家的贸易便利化水平测算与贸易潜力研究[J]. 国际贸易问题，2015（12）：158-168.
[18] 谭秀杰，周茂荣. 21 世纪“海上丝绸之路”贸易潜力及其影响因素——基于随机前沿引力模型的实证研究[J]. 国际贸易问题，2015（2）：3-12.
[19] 吴丹. 东亚双边进口贸易流量与潜力：基于贸易引力模型的实证研究[J]. 国际贸易问题，2008（5）：32-36.
[20] 阎大颖. 中国企业对外直接投资的区位选择及其决定因素[J]. 国际贸易问题，2013(7)：128-135.
[21] 赵雨霖，林光华. 中国与东盟 10 国双边农产品贸易流量与贸易潜力的分析——基于贸易引力模型的研究[J]. 国际贸易问题，2008（12）：69-77.

第三篇　国际投资与产能合作研究

第十章　中欧BIT谈判的进展、难点及策略

内容摘要：中欧双边投资尚有巨大的发展潜力。推动中欧BIT谈判不仅可深化中欧经济合作的大市场、大格局，也有助于提升亚欧乃至全球经济的增长潜力。从制度层面看，中欧BIT谈判可能引导国际投资规则的新发展，提高我国在国际投资新规则中的参与度和话语权。当前中欧BIT协定已进入文本谈判的实质性阶段，实现对等的市场准入是谈判的核心与难点。推进中欧BIT谈判应推动高水平的双向开放，达成符合我国实际的高标准协定；落实90%谈判准备工作在国内原则，实现第二次WTO式开放的效果；建立中欧投资合作机制，落实投资开放和便利化。

一、中欧投资关系不断深化

近年来，欧洲对我国直接投资保持稳步增势，我国对欧洲直接投资显著增长。欧盟作为中国的第一大进口市场和第二大贸易伙伴，不断受到中国投资者的青睐。在欧债危机的影响下，欧洲企业需要更多资金运营，并购成为中国投资欧洲的重要方式，中国企业在欧洲的并购涉及银行业、汽车零部件和工业4.0等领域。

中欧达成共识将“容克投资计划”与“一带一路”倡议相接轨，创造了中欧互联互通的平台。在该平台下中国正式加入欧洲复兴开发银行，中方与该行在欧洲地区进行多种形式的项目投资与合作。中欧相互间投资显示出更大的发展潜力。我国对欧投资更趋多元化，投资重点逐步由以制造业、采矿业为主转移到全产业链投资，房地产、食品业和金融业等领域投资增长迅速。随着中欧企业双方的合作意愿增强，中国企业对欧盟投资仍将不断扩大和深化。

我国对欧盟直接投资在2011年和2014年超过了欧盟对华投资（见图10-1）。截至2015年年末，中国对欧盟投资存量为644.4亿美元，占存量总额的5.9%。欧盟是我国第二大投资目的地，仅次于我国香港地区。其后是东盟占5.7%，美国占3.7%、澳大利亚占2.6%，俄罗斯占1.3%。

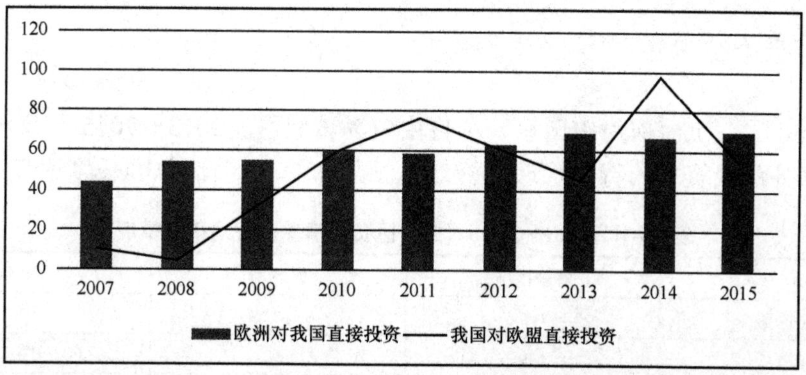

图10-1　2007—2015年我国对欧盟直接投资及欧盟对我国直接投资（单位：亿美元）

资料来源：《中国对外直接投资统计公报》，国家统计局。

据商务部公布数据，2016 年前三季度欧盟对华投资实现大幅度增长。欧盟 28 国对华实际投资金额 83.6 亿美元，同比增长 41.5%。9 月欧盟 28 国对华实际投资金额 12.2 亿美元，同比增长 223.5%。截至 2016 年 10 月底，欧盟 28 国累计对华投资设立企业 42657 家，实际投资金额达 1390.8 亿美元，占中国吸收外资（实际投入金额）比重的 7.3%。据荣鼎集团数据，2016 年前三季度中国对欧盟直接投资为 160 亿美元，其中二、三季度分别为 38 亿美元和 75 亿美元。

二、中欧双边投资协定（BIT）进入文本谈判的实质性阶段

2013 年 11 月，在北京举行第 16 次中欧领导人会晤，中国国务院总理李克强与欧洲理事会主席范龙佩、欧盟委员会主席巴罗佐共同宣布，正式启动中欧 BIT 谈判，同时表示双方将积极探讨中欧自贸区（FTA）建设可行性。

中欧 BIT 谈判启动以来已展开十余轮谈判。目前中欧双边投资协定（BIT）进入文本谈判的实质性阶段。2016 年 1 月第九轮中欧投资协定谈判取得了启动以来的重大进展。一是双方在协定议题范围问题上取得重大进展；二是双方就制作合并文本达成共识，基本实现第 17 次中欧领导人会晤设定的“争取在 2015 年年底前就协定范围达成一致，并形成合并文本”的目标，为下一阶段的谈判奠定了良好基础。9 月底，中欧投资协定第十二轮谈判在比利时布鲁塞尔举行，双方继续围绕文本展开谈判。

根据谈判进展，目前欧盟与中国达成以下共识。首先，中欧投资协定将切实保障投资权利，确保双边投资者不受对方企业的歧视，进一步完善双边市场准入；其次，着重完善投资监管环境，包括透明度、执照发放等问题，为投资者提供高水平的保护；最后，协定将针对外资涉及的劳务和环境问题制定规则。

三、我国外资管理制度的改革取得较大进展

中欧 BIT 谈判是推进我国外资管理制度的有效外部力量。近年来，在对外进行中美、中欧 BIT 谈判的同时，我国国内的自贸区负面清单、准入前国民待遇、外商投资便利化等制度也在不断深化改革。

（一）负面清单不断简化

2013 年 9 月 30 日，上海成为中国第一个自由贸易试验区。2013—2015 年连续发布了三版《上海自由贸易试验区外商投资准入特别管理措施（负面清单）》，负面清单的长度逐步缩短（见表 10-1）。

表 10-1　2013—2015《自贸区负面清单》管理措施情况

	管理措施	限制类	禁止类
2013 版	190	152	38
2014 版	139	110	29
2015 版	122	85	37

资料来源：根据 2013—2015 各版《自贸区负面清单》整理。

2015 版《自贸区负面清单》共 122 项特别管理措施，划分为 15 个门类、50 个条目。制造业限制措施显著减少，由 2013 年的 63 条减为 17 条，取消对食品饮料、建筑业、交通运输、仓储和邮政及房地产业的限制措施。

2015 版《自贸区负面清单》在限制措施总体缩减的前提下，也对部分行业的限制措施进行了细化和扩充限制，主要是金融业和文化娱乐业。金融业的负面清单从 2013 年的 5 条扩展为 10 大类 26 小条，新增了两项禁止类措施：不得成为证券交易所的普通会员和期货交易所的会员；不得申请开立 A 股证券账户以及期货账户。非经中国保险监管部门批准，外资保险公司不得与其关联企业从事再保险的分出或分入业务。文化娱乐行业的负面清单，从 2013 年的 12 条扩充至 24 条，包括禁止投资设立通讯社、报刊社、出版社以及新闻机构；外国新闻机构在中国境内设立常驻新闻机构、向中国派遣常驻记者，应当经中国政府批准；外国通讯社在中国境内提供新闻的服务业务须由中国政府审批等。电影行业新增禁止投资电影制作公司、发行公司、院线公司；中国政府对中外合作摄制电影片实行许可制度；电影院的建设、经营须由中方控股。放映电影片应当符合中国政府规定的国产电影片与进口电影片放映的时间比例。放映单位年放映国产电影片的时间不得低于年放映电影片时间总和的 2/3。新增痊愈非物质文化遗产的限制，禁止投资和经营文物拍卖的拍卖企业、文物购销企业；禁止投资和运营国有文物博物馆等。

（二）由上海自贸区拓展为七个自贸区

1. 由上海自贸区拓展到广东、天津、福建自贸区

2015 年 4 月 20 日，中国国务院批准成立广东、天津、福建三个自贸区，同时公布了《自由贸易试验区外商投资准入特别管理措施（负面清单）》，简称“负面清单”，该负面清单列明了四大自贸区内不符合国民待遇等原则的外商投资准入特别管理措施。这次扩容把负面清单的适用范围从上海自贸区拓展到了广东、天津、福建自贸区。

2. 2016 年新设七个自贸区

2016 年 9 月，在上海、广东、天津、福建自贸试验区建设取得成效的基础上，在辽宁省、浙江省、河南省、湖北省、重庆市、四川省、陕西省新设立 7 个自贸试验区。新设立的 7 个自贸试验区将进一步对接高标准的国际经贸规则，在更广领域、更大范围形成各具特色、各有侧重的试点格局。新设的七个自贸区表明内陆地区成为新一轮开放的主阵地。自贸试验区制度模式的复制推广和扩围，将释放出新的开放红利。

3. 负面清单将在全国范围推广

在我国发布负面清单之前，对于外资的市场准入按照《外商投资产业指导目录》进行管理，分为鼓励类、限制类和禁止类，不属于这三类的为允许类。鼓励类即鼓励外商投资，有政策优惠，意在充分利用外资引入资金技术人才；限制类限合资合作或中方控股，禁止类即禁止外商投资，意在保护本国经济命脉、敏感领域等。目前在四大自贸区适用的《负面清单》是从《外商投资产业指导目录》发展演变而来。

目前在四大自贸区之外，我国对于外资企业仍依照《中华人民共和国外资企业法》《中华人民共和国中外合资经营企业法》《中华人民共和国中外合作经营企业法》（简称“外资三法”）等外资三法，以及《外商投资产业指导目录》、《中西部地区外商投资优势产业目录》进行管理。

自 2013 年在上海自贸区推行负面清单以来，试点取得了显著成效，具备了复制推广的条件。准入前国民待遇加负面清单的模式已经在自贸试验区取得了良好的效果。从上海自贸区的实施经验看，将审批改为备案后，审批材料节省了 90%，审批时间从 20 个工作日变成 3 个工作日。未来在全国范围内采用这种模式，将为外商提供稳定、透明、可预期的法律环境。

2016 年 9 月全国人大常委会授权决定对外资三法进行修订，意味着负面清单管理模式将由自贸区试点的改革措施上升为法律。国务院提请第十二届全国人大常委会第二十二次会议审议，修改外资三法及《台湾同胞投资保护法》有关行政审批的规定，将负面清单以外领域外商投资企业设立及变更的审批调整为备案管理。本次法律修改改变了运行 30 多年的外商投资逐案审批管理模式。这是我国外商投资管理体制的一次重大变革。意味着中国在上海、广东、天津、福建四大自由贸易试验区内试行的吸收外资的措施，将扩展到全国，上升为中国吸收外资的法律。

修正案草案拟在 4 部法律中分别增加一条规定：对不涉及国家规定实施准入特别管理措施的，将相关审批事项改为备案管理；国家规定的准入特别管理措施由国务院发布或者批准发布 9 月 3 日，十二届全国人大常委会第二十二次会议通过了修改外资企业法等四部法律的决定，决定在全国推广四大自贸试验区的负面清单投资准入模式。修改的内容引入了准入前国民待遇加负面清单管理方式，即外商投资企业在负面清单以外的行业投资不需要审批，备案即可。

4. 投资便利化改革不断深入

在自贸试验区内，对于负面清单以外领域的外商投资，已经由核准制改为备案制。中国对自由贸易试验区内的外商投资企业实行以负面清单为主的“有限准入许可”制，只有其中的限制性领域才需要审批，其他的投资要求和内资企业一样，实行备案制。

目前在上海自贸区内，有90%的外商投资项目可以实行备案制。在过去的核准制下，外商需要拿着申请、报告、股东决议、合同章程等诸多材料到政府部门的窗口当面提交，逐项审批。实行备案制后，外商只需要通过网站提交材料，后台进行负面清单对比。对于负面清单领域以外的外资项目一律通过，直接把备案清单提供给外商。

备案制下，外商投资企业或其投资者通过备案系统在线填报和提交备案信息及材料，商务主管部门（以下简称备案机构）将在 3 个工作日内完成备案，并通过备案系统发布备案结果。外商投资企业设立的备案在营业执照签发前或营业执照签发后 30 日内办理，外商投资企业变更的备案在变更事项发生后 30 日内办理，备案不是企业进行工商登记的前提条件。备案完成后，企业可自行选择是否领取备案回执。这项改革大幅精简了外资企业办理流程，切实提高了投资便利化水平。

四、实现对等的市场准入是中欧 BIT 谈判的难点

中欧 BIT 是欧盟作为整体谈判的第一份投资协定，是关系到中欧贸易战略升级的谈判。欧盟倾向于采取高水平投资规则。中欧双边投资协定谈判的最大难点是市场准入这一核心问题。作为对市

场准入规则附加条件，传统上欧洲习惯在人权、知识产权、环境保护、劳工福利等方面提出更严格标准。

欧盟提出中欧应建立“对等市场关系”，即欧洲和中国企业应在对方市场拥有对等的市场准入，希望中国进一步开放市场，尤其是减少在交通、通信、医疗、物流和商业服务等行业的限制，减少市场准入壁垒和对外资的差别待遇。中欧双边投资协定谈判要解决的首要问题是欧盟市场在多大程度上对中国投资者开放，以及中国市场应开放到何种程度。作为中国投资自由化改革的新概念，准入前国民待遇原则和负面清单备受欧盟关注。其中“负面清单”谈判更是中欧BIT谈判的重中之重，中欧双方确定负面清单的范围面临极大挑战。

我国自2013年在上海自贸区推行负面清单以来，试点取得了显著成效，准入前国民待遇加负面清单的模式在自贸试验区取得良好效果。在自贸试验区内，对于负面清单以外领域的外商投资，已由核准制改为备案制。但目前我国自贸区适用的负面清单与美欧等推行的BIT规则仍有较大分歧。

（一）负面清单仍相对较长

《自贸试验区负面清单》条款数量仍相对较多。从各国负面清单条款数量看，美国、澳大利亚条款较少，日本条款相对多些。但总体上，现有的各国负面清单条款都比较少，三个附件条款总数少于或略多于100条。尤其是美国的负面清单仅有36条，保持非常简练的结构。我国2015年《自贸试验区负面清单》包含15个行业门类的122条限制措施，且122条中仅包括现有的限制性措施，即相当于BIT协定负面清单的附件一。尚不包括未来可能加严的限制性措施，相当于BIT协定负面清单的附件二。

（二）制造业领域限制相对较多

美国等发达国家的负面清单针对制造业的限制性措施非常少。从发展中国家看，越南、文莱负面清单中没有涉及制造业，马来西亚仅规定了机动车、蜡染布和石油加工制造等少数制造业限制措施。我国2015年《自贸试验区负面清单》负面清单也已经大幅削减了制造业领域的限制性措施，目前仍包含航空、船舶、汽车、轨道交通设备、通信设备、矿产冶炼和延压、医药及其他制造业领域等产业。在制造业的限制措施类型方面，主要是股权限制和业务限制。

（三）针对外国投资者的股份限制较多

美国、澳大利亚等发达国家负面清单中没有对具体产业规定股份限制条款。越南等发展中国家的负面清单中保留了部分股比限制，且部分股比限制均设定了有效期，这意味着当有效期结束，相应的股比限制就会取消或提高。长期以来，我国注重对外资准入的限制与管理，在以《外商投资产业指导目录》为代表的国内法中设置了诸多股份限制条款。在《自贸试验区负面清单》中仍然设定了部分股份限制措施，包括制造业与服务业等各领域。

（四）BIT 协定中法律法规的透明度要求较高

各国 BIT 负面清单对每一项限制性措施均列出了国内法依据。即在“措施”栏中详尽写明国内法律来源，包括法规名称、具体条款、生效时间等。并在“描述”栏中写明限制性措施的具体内容及详细要求。我国自贸区负面清单没有进行法律来源及内容说明，且仍然存在无具体限制条件的特别管理措施。如“卫星电视广播地面接收设施及关键件生产属于限制类”“大型主题公园的建设、经营属于限制类”，没有具体明确这些措施。2013 版负面清单中无具体限制条件的为 55 条，占总数的 29%；2014 版 25 条，占 18%；2015 版大幅缩减为 8 条，占 7%。

五、推进中欧 BIT 谈判的思路及策略

（一）思路

1. 推动高水平双向开放，达成高标准的中欧 BIT

对中国而言，达成中欧 BIT 有利于提高我国在国际投资新规则中的参与度和话语权；对于欧盟而言，达成中欧 BIT 不仅可缓解欧债危机持续发酵的不利影响，还有利于实现欧盟对外的“共同投资政策”。因而，推动高水平双向开放，达成高标准的 BIT 应是中欧共同的目标。

以开放促改革，通过高水平的开放推进高标准的改革，最终实现高质量的发展是我国的核心利益。市场准入是双向的，中方的高水平开放也同样要求欧盟的高水平开放。在谈判中，双方都应尊重对方的重要利益诉求，而不应仅单方面由欧盟对中方负面清单出价提出要价。我方应坚持制定与我国发展水平相适应的高标准，即高水平的开放应当与我国现阶段的发展水平相适应；高标准的改革应以国内法为前提与基础，而不能脱离现有法律框架。

服务业是我国进一步对外开放的重点，也是负面清单谈判的核心领域。我国服务业的开放应区别不同层面分类纳入负面清单。一是对于与国际先进水平差距不大，市场竞争比较充分的领域，应作为重点开放领域尽量减少限制性措施，主要包括旅游、软件、研发设计、工程服务、公路货运等。二是对于基本达到充分竞争，但市场开放程度不高，政策法规限制较多，但对外开放风险比较小的领域，应作为积极扩大开放的领域，仅保留部分必要的限制性措施，主要包括育幼养老、会计审计、建筑设计等。三是对于远未达到充分竞争，市场开放程度低，政策法规限制多，对外开放风险复杂的领域，应作为慎重开放领域，将现有限制措施尽量纳入负面清单，主要包括金融、电信、国内航空、文化、教育等。

2. 落实 90%谈判准备工作在国内原则，使中欧 BIT 谈判实现第二次 WTO 式开放的效果

入世推动开放，开放引入竞争，竞争倒逼改革，改革激发动力，我国加入 WTO 遵循这张“入世效应路线图”有效推进了国内的改革开放。我国修订完善了一系列法律政策，以适应世贸组织规则；大大加快市场化步伐，以提高整个社会经济运行效率；大刀阔斧改进技术和管理方式，以应对全球

竞争……多方位、各领域改革均在向前所未有的深度和广度推进。

世贸组织的“非歧视”“透明度”“公平竞争”等原则开始深刻影响中国经济和社会，推动市场化进程不断加快；而规则意识、市场意识、契约精神、法治精神等观念和理念与中国传统文化融合。这些理念是中国从入世中得到的宝贵财富。加入 WTO 使中国走出了一条以开放促改革，以改革促发展的道路。

中欧 BIT 谈判是推动我国市场开放与制度改革的又一次重要调整机会。承诺按准入前国民待遇加负面清单模式开展实质性谈判，将迫使我国相关部门放弃或减小在外资管理上形成的固有权力，打破已经根深蒂固的各种利益关系，并触动地方政府的利益格局。进一步推动市场开放，以开放促改革。

经验表明，在国际协定谈判中，应将 90%的力量放在国内谈判进程中。所以我们应充分利用中欧 BIT 的谈判进程，在国内各部门展开深度讨论研究，并邀请独立第三方对不同产业开放的利弊影响进行详细评估，制订出符合我国现阶段发展水平的负面清单出价方案。通过中欧 BIT 谈判实现第二次 WTO 式开放的效果。

3. 建立中欧投资合作机制，落实投资开放和便利化

我国正在积极推进投资便利化改革。在全国推广四大自贸试验区的负面清单模式的改革大幅精简了外资企业办理流程，切实提高了投资便利化水平。在 BIT 谈判中应注重建立中欧投资合作机制，从制度互认、规则互认角度推进双边投资开放和投资便利化。可在透明度、人员往来便利化、能力建设、监管一致性等领域积极探索建立有效合作机制，从制度层面落实推进双边市场开放和投资便利化。

（二）推进中欧 BIT 谈判的两种方案

1. 激进策略

根据谈判进展，BIT 谈判中欧盟对中国诉求主要包括：中国赋予欧盟投资者更大的市场准入，强化公平竞争，达成高标准且统一的投资保护，以及把环境劳工、企业社会责任等相关标准纳入投资协定中。中国的利益诉求主要是相对完备的负面清单及充分的例外条款，降低外资安全风险和监管难度；降低中国企业在欧盟面临的投资壁垒，特别是国家安全审查去政治化，提高透明度；保护中国企业海外投资安全；以国有企业为主体的投资模式得到尊重和认可。

激进策略要求中国实施更大力度的改革措施。中国目前正在积极推进市场开放的改革。负面清单首先在现有自贸区内实施，其次通过立法程序在全国范围内实施。如果采取激进策略则要求国内改革在此基础上迈出更大步伐。

激进策略意味着较大幅度地推进市场准入，中国在制造业及服务业领域均承诺充分的市场开放。体现在负面清单上，即采取更为简练，对外资限制少的规则。在公平竞争方面，则是在全国范围内实行准入前的国民待遇，对外资企业和本土企业采取同等待遇。

激进策略需要更长时间来实现。一方面中国国内改革是逐步推进的，需要一定的法律程序与时

间。另一方面中国承诺高水平的市场开放，也会对欧盟投资市场的开放以及给予中国企业公平竞争的环境提出相应的要价，双方的谈判会持续更长时间。

建议中欧 BIT 谈判分步骤推动激进策略。可根据实际情况确定早期收获目标、中期目标以及最终目标。在不同的目标下设定具体的市场开放程度承诺水平，给予不同目标适当的实现期限，这样有助于双方逐步达成激进策略协定。

2. 保守策略

目前进行的中欧 BIT 谈判是迄今为止对中欧双边经济关系进行重新定位以及为中欧企业营造公平和竞争环境的最佳平台。若谈判达成，协定的成果将大幅超越中国此前与欧盟成员国单独签订的双边投资协定的成果。因此，中欧 BIT 协定尽快达成具有重大意义。为了更快达成中欧 BIT，中欧双方可以考虑采取市场开放程度相对较小的保守策略。从务实的角度看，可以中国目前的自贸区负面清单为基础，通过谈判进行部分调整与修改，直至完成 BIT 谈判。

在保守策略下，对于中欧双方比较敏感的问题，如环境、劳工、政府采购等领域可以适度放宽标准。从深化中欧经贸投资合作的整体考虑，可首先达成中欧 BIT 协定的核心规则，其他相关条款在后续的中欧 FTA 谈判中进一步达成一致。

六、从 BIT 到 FTA——深化中欧经贸投资合作的方向

（一）中欧 BIT 与 FTA 的关系

1. BIT 内容越来越多地融入 FTA 协定

在 FTA 中纳入投资条款有助于更好地发挥其经济效应。在经济全球化的时代，货物贸易、服务贸易和投资密不可分、相互促进。贸易壁垒的削减能够带来“国际生产网络”的更新。跨国公司因此而重新布局。缔约方之间投资的增长也能够产生“贸易创造”效应。反之，倘若投资受到限制，FTA 即便大幅度削减了贸易壁垒，也难以产生期待的经济效益。唯有载入有效的投资自由化和投资保护条款，才能获得深度经济一体化的效果。

新一代国际经贸规则涵盖了更多贸易、投资、服务、监管等领域，涉及投资保护、市场竞争政策、政府体制透明化、阻止企业垄断等多方面内容。在投资规则方面，投资开放、投资促进和权益保护等 BIT 谈判内容越来越多地融入 FTA 协定。从全球贸易和投资协定的发展趋势看，国际投资协定与国际贸易协定呈现出相互融合的趋势。国际投资规则在贸易自由协定中也得到了较为深入和广泛的进展。国际投资协定的范围更加广泛，尤其关注健康、环境、劳工权益、国家安全、信息交换的透明度和规则制定等公众关切的问题，以及投资者与国家之间的争端解决机制等。而以上条款内容都已是近期签署的新型 FTA 协定中的重要内容。从北美自由贸易协定开始，投资保护条款始现于 FTA。现已经成为美国、欧盟、中国、加拿大等众多国家 FTA 中的常见条款。

目前，全球共签署多双边投资合作协定 2953 个，每个投资协定的条款内容、保护水平、市场开放程度都不尽相同，全球投资协议存在碎片化倾向。从数量看，近年来 BIT 协定签署的增速在减少。

2004 年全球达成了 73 项新的 BIT 协定，到 2011 年全球新签署 47 项国际投资协定，2015 年仅新签署 22 项 BIT 协定。全球主要经济体之间的经济协定形式以 FTA 为主。

从欧盟来看，2011 年 9 月欧盟正式实施综合性 IIA（International Investment Agreements，国际投资协定）政策。欧盟理事会首次授权欧盟委员会将投资保护条款纳入到 FTA 谈判之中。截至目前，欧盟已经先后与加拿大、印度、新加坡、埃及、突尼西亚、摩纳哥、约旦、日本、美国、东盟、越南、马来西亚等多国和地区展开了含有投资保护条款的 FTA 谈判，将 BIT 协定融入 FTA 协定中也是欧盟签署贸易投资协定的主要模式。

2. BIT 协定可奠定 FTA 协定谈判的重要基础

从美国等国家签署 FTA 协定以及 BIT 协定的情况看，BIT 协定中双方承诺的负面清单、国民待遇、投资争端解决机制、投资者保护等条款均可纳入 FTA 协定中。双方签署 BIT 协定意味着已对 FTA 协定中投资章节的相关规则达成了一致，可为此后签订 FTA 协定奠定基础。

正在进行的中欧 BIT 谈判包含较多 FTA 协定的重要内容。2016 年 1 月，中欧双方宣布放宽全面的双边投资协定谈判范围，以合并文本为基础推进实质性的文本谈判。目前中欧 BIT 谈判还面临不少困难，中欧双方在法律规范、市场保护、投资的性质和方向、知识产权保护、政府采购以及产业对外资开放的比例等方面的分歧比较明显。其中部分问题涉及贸易等领域的开放及自由化问题，可以在 FTA 框架下统一解决。适应中欧双方需求，可考虑把中欧 BIT 谈判适时升级为 FTA 谈判。双方在 BIT 协定谈判中达成一致的承诺均可以作为后期 FTA 协定谈判的基础。

（二）从中欧 BIT 到 FTA 的发展路径

1. 以保守策略推进中欧 BIT 协定谈判

以保守策略推进中欧 BIT 谈判，即中国与欧盟均从务实的角度采取市场开放程度相对较小的策略。对负面清单而言，可以中国自贸区负面清单为基础，通过双方谈判进行调整与修改，直至完成中欧 BIT 谈判。在投资者保护、投资争端解决机制等方面，则可以中韩 FTA、中澳 FTA 等相关条款为基础，通过进一步的谈判进行调整与修改，最终完成中欧 BIT 规则的谈判。

采取保守策略有助于在较短时间内达成中欧 BIT 协定，以便于尽快转入中欧 FTA 协定的谈判阶段。具体发展路径如下。

（1）在 2017 年年底之前完成中欧 BIT 文本谈判。在中欧 BIT 谈判中对于双方争议较大，难以短期内达成协议的条款可以暂时搁置，不纳入文本协定中，仅纳入双方达成一致承诺的条款。

（2）2018 年开始推进中欧 FTA 谈判。中欧双方全面展开货物贸易、服务贸易、投资等领域的谈判。将中欧 BIT 协定作为中欧 FTA 谈判的重要支撑，把已经达成一致的承诺纳入中欧 FTA 协定。对于投资领域没有达成一致承诺的部分，则在中欧 FTA 框架下进一步展开谈判，最终形成完善的 FTA 协定。

2. 以激进策略推进 BIT 协定谈判

以激进策略推进中欧 BIT 谈判，要求中国市场更大的开放程度及更大力度的改革，需要较长的谈判过程来达成协定。在此前提下，建议把中欧 BIT 协定谈判纳入中欧 FTA 协定谈判中，合并谈判。具体发展路径如下。

（1）签署框架协议

2016—2017 年，中欧尽快商签建立自贸区的框架协议，明确谈判目标、谈判主要内容、谈判时间框架、谈判机构以及早期收获计划等内容。

（2）完成重点领域谈判

2018—2020 年，双方完成货物贸易、服务贸易、投资等主要领域谈判，同时加快收获早期项目成果。欧盟 28 个国家发展水平不同，对华经贸情况各有特点，在协议中可以与不同欧盟成员国约定有区别的例外清单（敏感产品）和过渡期。对目前难以达成一致的内容，增加"逐步自由化"条款，明确给出更开放承诺的谈判时间表，通过先建立再逐步升级的办法，使谈判能够顺利推进。

（3）达成中欧 FTA 协定

双方签署全面协议并完成国内程序，正式建立中欧自贸区。中欧 FTA 协定将显著降低中欧贸易的关税壁垒和非关税壁垒，明显提高贸易投资便利化水平，为形成一体化的中欧大市场奠定了坚实基础。

主要参考文献

[1] Covington & Burling LLP. "Assessing 'National Treatment' as a Basis for Securing Market Access Under a Comprehensive Agreement on Investment with the PRC. Prepared for the European Commission Directorate-General for Trade. July 23, 2015.

[2] European Commission，Brussels, 23.5.2013 SWD（2013） 185 final Commission Staff Working Document，"Impact Assessment Report on The EU-CHINA Investment Relations".

[3] Armand de Mestral. The Evolving Role of the European Union in IIA Treaty-making. Improving International Investment, Routledge, 2013.

[4] Wenhua Shan & Lu Wang. "The China-EU BIT and the Emerging Global BIT 2.0",IC-SID Review Vo 1.30,2015.

[5] Sergey Ripinsky & Diana Rosert. European Investement Treaty Making: Status Quo and the Way Forward （A Development Perspective）. Transnational Dispute Management, 2013 Vo1.2.

[6] 李罡. 中国一带一路如何对接欧洲容克计划[J]. 中国经济周刊，2016（2）.

[7] 向鹏飞. 中国企业 ODI 在欧洲的发展现状研究[J]. 北方经贸，2015（7）.

[8] 金芳. 一带一路倡议与中国对外直接投资的新格局[J]. 国际关系研究，2016（2）.

第十一章　部分外资撤离我国的趋势及动因分析

内容提要：从目前掌握的数据及实地调研结果看，近年外资企业停产撤离现象确实有所增加，集中位于东部沿海省市，以传统外向型加工制造业为主。“撤资潮”等媒体辞令属于夸大，但部分地区外资撤离有短期加重的趋势，应引起关注。我国是全球重要外商投资目的国的身份没有改变，部分外资撤离是当前存量调整、产业结构优化升级的必然过程，与我国经济转型的总体方向基本一致。应顺应长期趋势，加强短期治理，引导东部地区中低端制造业外资实现平稳有序撤出，鼓励中西部地区发挥比较优势积极承接梯度产业转移，促进发达地区利用外资向高科技领域集中。应进一步推进负面清单等外资管理方式，优化软硬双环境，努力实现引资用资的平稳调整与长效机制。

一、外资撤离的现状和特征

近年来，我国部分地区、部分产业出现外商投资集中撤离迹象，引发了多方关注。但针对撤资问题，目前尚无权威、系统的统计数据支撑，本文综合国内外多方信息，并结合实地调研，尝试对外资撤离的总体情况加以总结，提出以下四点判断。

1. 近年外资撤离有所增加，但并无“撤资潮”

公开资料显示，外资撤离现象在我国长期存在，仅在部分年份部分领域相对集中。2000年以来，我国年均新增外商投资企业3万家以上，改革开放至今已累计新增超过83万家，停产撤资在各行业内常年均有发生，大部分属于企业自主战略选择下的正常运营范围。但近年来，部分行业中，外资企业停产撤资案例有所增多，一些著名国际品牌退出被媒体广泛报道，部分劳动密集型企业停产引发劳资纠纷，逐渐引起社会及学界讨论，分别于2012年和2015年前后形成两次舆论高峰，并一度引发高层关注。同期，部分媒体在报道中出现“撤资潮”“撤离潮”等词汇，但其相关内容仅局限于个案介绍，缺乏统计学依据。在综合多方信息及实地调研后，我们认为，“撤资潮”与实际情况不符，属于不客观地夸大渲染。

商务部信息显示，近年对我国终止投资或停产撤离的外资企业主要为合同资金在300万元以下的中小型企业，其中相当一部分为空壳企业，且存续时间较短，20%在华运营尚不足5年。在较大型企业中，发生撤资的情况仍属零星个案。据调查，2010年营业收入在全国排名前1000位的外资企业中，至2015年只有19家企业终止投资。其中，因企业亏损而被迫终止的仅有2家，另有10家通过股权转换变为内资企业继续经营，其余数家为战略性调整。在2016年9月对山东、浙江等地出口企业调研中也发现，部分行业内确实存在外资企业撤资转移现象，但主要为投资规模较小，竞争优势不足，对本行业及市场均不会造成显著影响的中小型企业，而对当地经济拉动作用强、技术先进的大型外资企业发生倒闭撤资的案例仍较为罕见，这与商务部的统计结果基本相符。总体看，目前撤资案例的局部增多，但并未发展为涉及全行业及影响经济整体运行的“撤资潮”。

2. 撤资外企主要为制造业，表现为产业链低端部门的结构性转移

撤资外企主要以劳动密集型传统制造业为主，集中分布在服装、鞋帽、纺织、食品等行业。近年被媒体争相报道的（全部或部分）撤资的国际品牌，如耐克、阿迪达斯、彪马、优衣库、雀巢、星巴克等，均隶属上述行业。而已撤资或拟撤资的部分通信、信息、电子等高科技企业，如苹果、微软、飞利浦、三星、松下等，主要是对其品牌价值链中处于中低端的零配件生产线及组装加工车间进行转移。此外，也有部分服务业外资企业撤离中国市场，如Tesco、百思买等，但这类企业的退出案例较常年并未明显增加。一份地方数据显示，2014年东莞市共有428家外资企业关停，占当期全部外企的4%左右，其中，劳动密集型传统加工贸易企业287家，占关停企业的70%。在第三季度对高密、金华等地棉纺企业调研中发现，技术优势不强，产品附加值低的棉纺企业普遍面临较大压力，外资中，多数短期无增资计划，并有向海外输出产能的意愿。但是，在已完成海外生产基地的建设的企业中，多数维持两地生产，并首先提升国内生产线的技术水平，未见从国内完全撤离的大型外资棉纺企业。各方信息均显示，外企撤资集中出现于制造领域，与中国本土产业梯度转移进程基本契合，体现了国内制造业转型升级的总体趋势。

3. 撤离外资的流向呈现二元化，发达国家及东南亚国家同为目标地

从当前情况看，外企在中国停产撤资后，除部分因经营不善彻底清盘外，其余则转投他国继续建厂生产。而从撤离外资的具体流向看，出现了目标地二元化的新趋势：部分外资向母国回流，主要是美、日等发达国家，如松下、日本大金、夏普、TDK等（计划）回迁日本本土，苹果部分生产线转移美国等；其余撤离外资则主要转投东南亚等地区国家，主要有越南、印度，柬埔寨、孟加拉、菲律宾、印尼等国，例如优衣库、耐克、富士康、歌乐、三星等知名企业均在向上述国家转移生产线。发生撤资转产的外企仍主要集中于制造业，但根据外资流向有所差异，例如回迁日、美等发达国家的主要为电子、电器产品生产线，虽性质上仍属于制造业，但主要是技术密集，高度自动化的生产部门，能够有效冲抵发达国家劳动力成本造成的经营压力；而迁往东南亚国家的外资企业则集中于劳动密集型传统制造业，意在利用这些国家劳动力低成本优势。

4. 制造业转型背景下，部分地区外资撤离存在扩大趋势

2016年以来，外资企业的撤离现象仍有发生，集中出现在沿海制造业集聚省市。飞利浦灯饰制造（深圳）有限公司、及成通讯科技股份有限公司（全球最大的手机金属外壳加工商）、美国基石快捷半导体（苏州）、深圳艾迪斯电子科技有限公司（三星主要供应商）等知名品牌外资企业均在上半年停产撤资。由于外需不足，出口复苏乏力，传统外向型企业生产经营仍面临持续压力，长短期不利因素的叠加，使制造业转型升级的成本与难度有增无减。在这一背景下，部分外资企业停产撤资步伐可能加速。中国美国商会年度报告显示，在500家受访美企中，2015年实现财务盈利的企业占比跌至64%，为五年来最低。四分之一的企业已经或计划向中国境外转移产能。我国东部沿海省市外资企业密集，经济发展与外资高度关联，2015年数据显示，外资分别贡献了上海进出口总额与工业总产值的2/3，苏州规模以上工业产值的67.8%，以及厦门工业产值的70%。由于外资企业基数大，产业集群现象普遍，在这些地区，外资企业停产撤离现象将持续存在，并有可能因短期大量出现而影响到本地产业发展及就业稳定，有必要提前给予关注。

二、当前外资撤离我国的主要原因

在国内经济与产业转型升级背景下，我国吸引直接资本的市场环境正在发生根本转变。传统粗放式的引资、用资条件逐渐消失，必然引发部分存量外资转移撤出。目前看，投资发展趋势的大周期调整是撤资的背景原因，而要素成本上升、引资政策转向等则是直接原因。

1. 我国已进入投资发展新阶段

多种迹象表明，在双向直接投资，特别是利用外资经历多年高速增长后（1992 年以来年均 10%），我国已进入投资发展的新阶段，2015 年，我国对外直接投资首次超过实际利用外资，实现资本项下净输出，即是重要标志。投资发展周期理论认为，一国由净受资国转变为净投资国，是伴随经济发展而出现的普遍现象，在这一过程中，直接资本的进入将由单向存、流量扩张进入到存量趋稳、结构升级的新阶段，而部分存量外资的撤离及转移即是常见的具体表现之一。因而，站在投资发展的长周期视角下，受总体市场环境及经济产业结构转型的推动，我国对外资的利用已进入到全面调整阶段，这是近年我国部分领域外资撤离有所增加，外资流向结构发生改变的重要背景。

2. 要素成本上升

企业经营的要素成本上升是部分外资撤离我国的直接原因。

（1）劳动力成本的提高

我国平均人力资本从 2006 年开始持续上升。国家统计局数据显示，2015 年全国在岗职工年平均工资 63241 元，是 2005 年的 3.4 倍。社科院报告显示，目前我国制造业平均工资已大幅超过多数东南亚国家和南亚国家。2008 年实施的《劳动合同法》在提高企业职工工资标准同时，还规定了职工应享有的福利标准，使新法下企业劳动力成本较原先增长 30%以上。2010 年起，各地开始强制要求企业为非本地户籍职工缴纳社保，使用工成本进一步提高。用工成本增加，对劳动密集型产业的影响最为明显，使我国传统外向型制造业在吸引外资方面比较优势被削弱。目前，国际产业链中的中低端部分已开始由我国向东南亚地区转移，越南等国成为我国撤离外资的主要转投地；另外，在某些领域，如电子信息、通信类等，发达国家制造业的综合成本已大体与我国相当，外资向发达国家回流趋势也在形成之中。

（2）土地成本快速攀升

伴随工业化、城镇化的推进，以及部分短期因素的影响，我国土地价格持续上涨，特别是 2016 年以来，一线城市地产价格再次出现暴涨，并向二三线城市扩张，直到近期各地推出严格调控政策后才有所缓解。国土资源部数据显示，2010 年第一季度，全国主要监测城市商服、住宅、工业地价分别为 4822 元/平方米、3938 元/平方米和 607 元/平方米，至 2016 年第二季度已分别涨至 6809 元 / 平方米、5662 元 / 平方米和 771 元 / 平方米。同时，我国自 2007 年起已将外商投资企业、外资企业和外籍个人纳入城镇土地使用税征收范围，使外资企业在华经营的土地成本持续加大。

（3）环境成本负担加重

近年来，我国全社会的环保意识不断加强，环境保护治理的力度不断加大，针对企业生产造成的污染排放管控措施日趋严格。排污费是企业环境成本中最为直观的部分，2014 年 9 月，发改、财政、环保三部委联合下发通知，要求各省市在 2015 年 6 月底前将二氧化硫和氮氧化物的排污费征收标准调整至不低于每污染当量 1.2 元，将污水中的化学需氧量、氨氮和 5 项主要重金属(铅、汞、铬、镉、类金属砷）污染物排污费征收标准调整至不低于每污染当量 1.4 元。新标准较旧标准提升一倍，而北京、天津等重点城市实际征收的排污费，则提升了 10 倍以上。同时，我国对环境的监管力度也被进一步强化。在这一背景下，高污染、高排放企业的环境成本负担日益加重，这一领域的直接资本撤离已成为必然趋势。

3. 本土企业实力提升

经过多年积累，我国本土企业在国内外的市场竞争中已逐步走向成熟，技术、资本及管理等层面的水准均有明显提高，部分本土品牌开始在国际领域渐露锋芒。伴随外资企业在多层面的比较优势的逐渐弱化，其与本土企业正加快形成竞争格局。考虑企业总体实力逐步提升的阶段性，非技术密集型领域的内外资竞争将首先加剧。在传统制造业领域，目前内外资企业已几无技术差别，而本土企业对市场把握更加贴切和精准，更加善于降低各种成本，具有天然优势，因而逐步占领市场份额，使部分外企在竞争中被挤出。可以预见，未来内外资企业的竞争加剧态势将进一步向资本及技术密集型领域扩张，外企在华生产经营面临的竞争压力继续增加，外国资本在华生产经营的盈利预期被压低，也成为当前部分外资撤出中国市场因素之一。

4. 政策因素的推动

一是国外政策的调整。国际金融危机以后，以美、日、德为代表的发达国家纷纷提出新一轮工业发展计划，如美国的再工业化和工业互联网、德国的“工业 4.0”、日本工业复兴计划等，均有意借此弥补传统国际分工模式造成的本土产业空心化，提升本国工业制造水平及促进国内就业。目前，美、德、日、英、法等发达国家均制订了具体的工业重振规划，建立了专门的督导机构，如美国的制造业政策办公室，隶属于国家经济委员会，负责管理直接资本回流的具体事务。发达国家的政策方向调整，为部分企业的海外生产链条回迁提供了有利的政策及市场条件。而东南亚地区国家也纷纷出台优惠政策，积极承接新一轮国际产业转移。二是国内政策的调整。取消外资超国民待遇，将外资纳入正常监管范围，促进内外资公平竞争，是我国外资管理的必然趋势。2008 年新《企业所得税法》及其实施条例施行后，外商投资企业和外国企业原来执行的再投资退税、特许权使用费免税和定期减免税等税收优惠政策被取消，外企税收从 15%提升到 25%。近年部分地区对外资进入的管理更趋严格规范，对部分外企在国内的经营战略有所冲击。

三、当前我国利用外资现状及特征

在部分行业存量外资撤离引发关注的同时，我国仍在以全球主要目的国的身份持续吸引新增外商直接投资。年均实际利用外资保持增长，投资结构优化、外资管理逐步完善，也显示出部分外资撤离是整体用资向好发展背景下出现的结构性调整。

1. 实际利用外资保持增长

近年我国吸引外资趋势总体平稳（见图 11-1），2015 年实际利用外资 1356 亿美元，较 2014 年增长约 6%，为连续第三年保持增长。2016 年 1—9 月，我国实际利用外资 950.9 亿美元，同比增长 4.2%。全国新设立外商投资企业 21292 家，较 2015 年同期增长 12.2%；9 月当月全国新设立外商投资企业 2754 家，同比增长 27.9%，实际使用外资金额 92.1 亿美元。联合国贸发会《2016 年世界投资报告》显示，2015 年我国为全球第三大外商投资地，排名仅次于美国及香港，我国已连续多年成为发展中经济体中第一大投资目的国。中国美国商会的调查显示，2015 年受访美企中，有六成会员企业仍然视中国为三大投资目的地之一，约 25%的会员企业视中国为首要投资目的地。

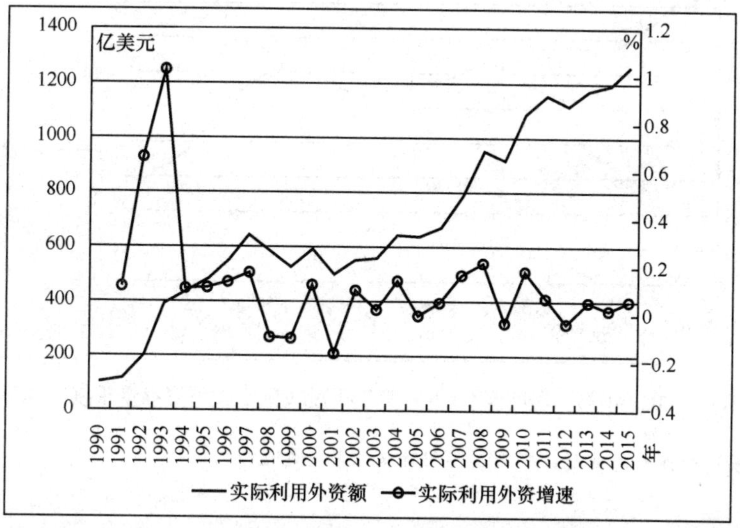

图 11-1　1990—2015 中国实际利用外资情况

资料来源：根据商务部数据测算。

2. 实际利用外资的增速趋缓

从长期趋势看（见图 11-2），我国实际利用外资已由高速扩张转变为平稳提升，未来增速可能进一步放缓。流量方面，我国利用外资增速自 2011 年起降至 10%以内，趋势相对平稳。而 2000—2010 年，外资增速常年超过 10%，但趋势大起大落，2001 年曾出现超过 16%的负增长。月度数据显示，2016 年以来利用外资同比增速已降至 5%以内，而 8 月和 9 月则进一步收窄至不足 1%。从存量看，我国存量外资继续保持增长，但增速下滑趋势明显，2005—2011 年年均增速为 26.7%，而 2012—2015 年则调整至 10.5%。

3. 实际利用外资结构逐步优化

近年来，我国利用外资的产业结构、区域结构均持续优化。产业结构数据显示，我国服务业吸引外资继续保持快速增长，工业制造业引资占比逐步下降。自 2005 年起，我国服务业吸引外资进入快速发展阶段，占比逐步提高，于 2011 年首次超过制造业。2015 年服务业占比已达 61.1%，较制造业高出 29.7 个百分点，显示服务业已稳居我国利用外资主导产业。2016 年 1—9 月，服务业实际使用外资 4307 亿元人民币，同比增长 9%，占利用外资比重为 70.7%。其中，交通运输、仓储和邮政业，信息传输、计算机服务和软件业，租赁和商业服务业实际使用外资分别增长 92%、166.7%和 73.8%。区域数据显示，我国西部地区吸引外资持续高速增长，相关产业引资迅猛发展。1—9 月，西部地区实际使用外资 417.6 亿元人民币，同比增长 18.2%，增速较东部地区高出 10 个百分点。其中，建筑业，交通运输、仓储和邮政业、信息传输、计算机服务和软件业，租赁和商业服务业实际使用外资同比分别增长 278%、285.9%、145.5%和 91.3%。

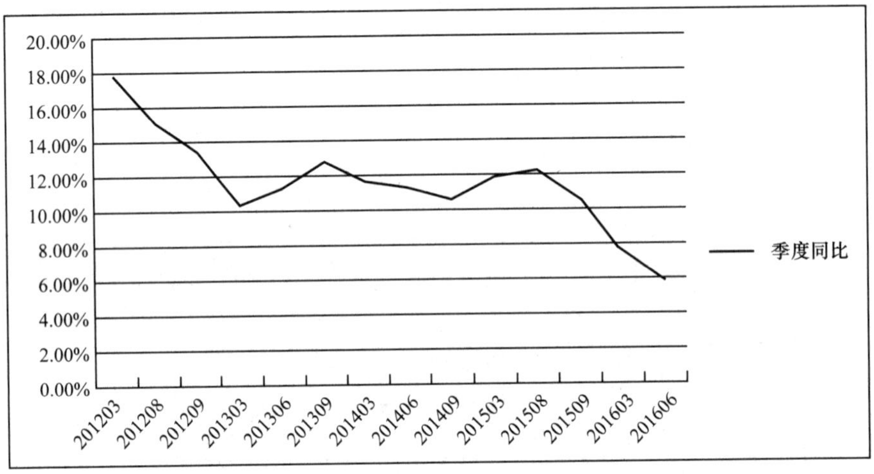

图 11-2　2013 年第一季度至 2016 年第二季度我国吸收外资存量季度同比增速

资料来源：外管局，中国国际投资头寸表（季度）。

4. 外资向中高端领域投入加快

近年来，伴随国内产业结构升级调整趋势，外商投资开始向高技术领域集中，高科技制造业及高技术服务业引资步伐均有所加快。2016 年 1—9 月数据显示，在高技术服务业中，信息服务、研发与设计服务、科技成果转化服务实际使用外资涨幅较高，同比分别增长 173.2%、38.3%和 54.9%；在制造业中，医药制造业、通用设备制造业、交通运输设备制造业、专用设备制造业实际使用外资同比分别增长 67.4%、12.2%、9.7%和 4.6%。此外，近年来国际高科技领域的著名企业纷纷进入中国市场，投资力度逐步加大。在高级制造领域，大众、克莱斯勒、罗氏、空气化工、博世、亚马逊等知名跨国企业纷纷追加对华投资，富士康、宏达等加工贸易企业在中西部地区继续扩大投资。在机器人等新兴高科技领域，瑞士 ABB、德国库卡、安川电机和日本发那科等国际机器人巨头都在中国设立分公司及合资公司，不断强化布局优势。

5. 外资管理进一步完善

《外国投资法（草案征求意见稿）》已于 2015 年开始向社会公开征求意见，该法将实现外资管理“三法合一”，现行的对外商投资逐案审批体制也将取消，转而采取准入前国民待遇和负面清单的外资管理方式。新修订的《外商投资产业指导目录》明确鼓励外商投资半导体、液晶面板、新能源汽车动力电池等高科技领域，契合了当前外资流向的发展趋势。此外，很多地方引资已由廉价劳动力及超国民待遇措施转变为强调创造更加稳定、透明、可预期的法律环境和公平竞争的市场环境。

四、政策建议

总体看，部分外资的结构性撤出与我国经济转型趋势基本契合，也体现了投资发展的长期规律。宜有针对性地加强疏导，减少并规避短期风险，力促其积极意义的发挥，使这一调整进程能够平稳而有序。

1. 积极引导外资调整，实现东、中、西部利用外资结构优化

对东部地区而言，外资加速从中低端制造业撤离将可能长期持续，各级政府应做好相应准备，提前规划。税务、土地、财政、政法等职能部门应加强合作，提升服务意识，实现撤资后续工作的有序和高效。同时，要进一步发挥东部发达地区，尤其是沿海重点省市及自贸试验区的引资优势，积极引导新进外商直接投向高科技领域，尤其是《外商投资产业指导目录》给出的重点发展领域。发挥外资在产业结构升级调整中的积极作用，尽快实现东部地区经济增长方式转型。对中西部地区而言，要进一步凸显较低劳动力和土地价格形成的比较优势，强调实现与东部联动发展，发挥国内物流、交通基础设施便利化条件，吸引东部地区撤离外资向中西部地区转移，在实现梯度产业发展的同时，减少外资过度流向东南亚地区对我国制造业造成的不利影响。

2. 加强形势与风险研判，确保撤资地区经济与民生稳定

短期中，外资集中撤离对地方经济和产业平稳发展均会产生一些不利影响，要做到及时研判，有效预防。劳动密集型制造业的停产撤资，将形成大量失业人口，清退职工过程易发生劳资纠纷，可能形成群体事件，影响地方社会稳定及治安。为此，政府一方面应加强对外资企业管理，细化停产撤资流程监管，督促外商严格履行用工协议达成的赔偿标准，切实保障职工权益。对不按流程撤资、非法撤资等行为依法追责，树立外资合规监管的政策环境，确保外资流动平稳、有序、合规。另一方面，政府相关部门应积极发挥服务职能，完善对失业人员的社会保障服务，组织再岗培训，力保就业稳定。同时，针对撤资现象，尽早建立全国联网的统计监控平台，尽快形成外资撤离的权威数据发布，稳定市场预期，建立正确的社会舆论导向。

3. 完善外资政策，优化引资与用资环境

实现引资、用资相关法律、法规的逐步完善。尽快颁布实施《中华人民共和国外国投资法》，对外资实行准入前国民待遇和负面清单管理方式。积极发挥《外商投资产业指导目录》的引导作用，为相关领域外资进入创造便利条件。加大力度改善国内投资环境，加强政策协调，实现税务、海关、银行、外汇、商检等部门的有效配合，设立其宽松、稳定的引资环境。推动各地加强招商引资工作，为跨国企业来华设立研发中心提供更多优惠条件，研究解决中方配套资金，提供金融便利化服务。继续推进相关服务业，如商业、外贸、航空运输、工程承包、社会中介等领域的对外开放。

主要参考文献

[1] 洪俊杰，林建勇，王星宇. 新常态下“引进外资”与“对外投资”两大战略关系再思考与协调研究[J]. 国际贸易，2016（3）.
[2] 徐玲，夏晴，董自光. 当前我国利用外资的新特点和新形势分析[J]. 国际贸易，2016（5）.
[3] 聂飞，刘海云. FDI、环境污染与经济增长的相关性研究——基于动态联立方程模型的实证检验[J]. 国际贸易，2015（2）.
[4] 桑百川，张乃丹，任苑荣. 中国制造业外商直接投资持续下降的原因、影响和对策[J]. 国际贸易，2015（4）.
[5] 包群，叶宁华，王艳灵. 外资竞争、产业关联与中国本土企业的市场存活[J]. 经济研究，2015（7）.
[6] 范建双，虞晓芬，赵磊. 中国国有、私营和外资工业企业地区间效率差异研究[J]. 数量经济技术经济研究，2015（6）.
[7] 姜建刚. 经济转型下的合法性与外资企业资产收益[J]. 世界经济研究，2015（8）.
[8] 刘诺，余道先. 基于外资流动风险的中国经济安全状况分析[J]. 上海经济研究，2016（4）.
[9] 苑生龙. 中国投资发展周期的再定位. 中国对外经济发展研究报告[M]. 电子工业出版社，2016.

第十二章　我国国际产能合作的优势和类型

内容提要：国际产能合作是需要多个行业共同推进、协同配合的合作，是国际分工的高级形式。我国比较优势升级、国内产能过剩、产业控制力提高等，都需要进行跨国产能合作。现阶段，我国在很多产业不但具有很大的产能存量，而且技术、管理、资金、创新等中高端要素优势越来越明显，具有在海外主动配置产能的条件，而产能合作的对象国也希望承接我国的产能转移。国际产能合作可以划分为成本导向、市场驱动、资源利用、过剩产能转移、基础设施建设等类型，相应的合作模式也有所不同。

一、国际产能合作的基本含义和特征

（一）产能的基本概念和决定因素

产能是一国在一个时点上某个产业的生产能力，是产业各要素充分运转状态下的产出规模。产能是一个供给侧的概念，若出现需求不足，则实际产出规模低于产能、开工不足，造成现有产能闲置或产能浪费；而若出现需求过大、产能不能满足需求，则有扩大产能的必要。

在微观层面，一个企业的产能主要由三个因素决定。第一是企业所拥有的内部要素资源存量。它包括厂房、机器、设备等资本品，具有知识和技术的人才、普通劳动力等，以及将各种要素组织起来的技术管理等。资本品存量往往是决定企业产能的最关键因素，它与固定资产投资存量高度相关。例如，纺织产能通常取决于纱锭数量，汽车产能主要取决于生产线的数量，化工产能主要取决于反映装置的数量。由于重化工业的资本－劳动系数比较高，其产能对设备等资本品的依赖程度更高。

第二是企业的上游或配套产品供应能力。它指企业从外部购买的、用于生产投入的原材料等初级产品、零部件等配套产品等。例如，纺织业的上游产品是纺纱和棉花，化工产业的上游产品是石油，而汽车、家电和计算机整机产业的配套产品是各种零部件。产业之间的关系使得两个不同产业、或行业的企业之间形成紧密的联系，一般来说，产业加工程度越高、产业链越复杂，对上游和配套产品需求也越多，如汽车整车、信息产品制造就需要大量的零部件配套。

第三是基础设施也是决定产能的一个因素。基础设施包括铁路、公路、港口、机场等交通基础设施，电力油气等能源基础设施，通信基础设施等，它是决定产能的外部因素。如果企业生产经营时没有充足稳定的电力保证，运输不畅导致原材料不能及时运达、产品不能及时销售，企业的设计产能也不能实现。发展中国家由于基础设施往往比较落后，会对产能形成较大的制约。

综上所述，一个企业的实际产能取决于以上三个因素中的“短板”，因此这三个因素需要相互配合、协调发展。与此类似，中观层面产能也就是一个产业的产能，一方面取决于产业内最终产品、上游或配套产品生产能力，以及它们之间的协调发展关系，另一方面也取决于外部基础设施发展水平。

（二）国际产能合作的含义和特征

国际产能合作是指两个或多个国家在产业生产能力方面进行的，由多种方式组合在一起的合作。狭义的国际产能合作存在于产能互补型的国家之间，是产业控制力较强的一国在另一国跨境配置产能的活动，目前我国所称的国际产能合作多指这层含义；而广义的国际产能合作还包括两个产能都很强的国家的合作，例如石油输出国组织 OPEC 之间的合作。本文主要分析狭义的国际产能合作，其主要特征如下。

第一，国际产能合作由产业控制力较强的国家主导推进。一国产业控制力较强，是指其掌握产业发展的高端核心要素资源，位于产业价值链的高端或顶端，对产业链的生产具有较强的组织、支配能力，如决定生产、研发环节在哪国完成，产品向哪里销售，融资由哪国提供等。显然，产能配置是产业控制一项非常重要的职能。产业发展的核心要素资源包括生产的关键技术和管理经验，核心设备和零部件的生产，自主的品牌和营销网络，较强的融投资渠道，持续的创新能力等。相比之下，产能配置则取决于一国生产的比较优势，如果一国在某个产品或环节中的生产成本低、竞争力强，则可将产能配置在该国。显见，产业控制力强的国家并不一定是产能强的国家，两者可以分离。随着经济全球化和国际分工的精细化，这种趋势也越来越明显，如美国苹果公司在手机生产方面具有很强的控制力，但其产能基本分布在美国以外的国家。产业控制力强的国家配置产能，有两种不同的方式，一种是市场化的配置方式，即前者不负责在产能生产国的投资，后者自行组织生产形成产能，并通过出口、接订单等方式与产业竞争力强的国家发生产业联系；另一种是跨国公司内部化的配置产能方式，即前者对产能生产国投资组织生产，也包括将本国产能对外转移。

第二，国际产能合作是多行业的跨国合作。产能合作不是微观企业的跨国合作，也不是行业间的跨国合作，而是整个产业间的合作，也就是包括一个产业内产业链上下游和配套行业、涵盖技术高中低端在内的跨国合作，甚至有时还包括产业间或领域间的合作，如通信产业的国际产能合作就包括通信设备制造、通信工程建设、通信运营服务等。因此，国际产能合作涉及产业内、产业间以及上下游企业间的协调互动，例如以产能转移为特征的汽车业国际产能合作，不单单是整车产能的转移，还包括零部件生产的产能转移，甚至还包括电力、交通等基础设施合作等。显然，产能合作既对合作两国有更大带动作用，也需要两国政府间的合作支持。

第三，国际产能合作由多种合作方式共同组成。跨国的产业和经济合作方式，包括货物贸易、服务贸易、技术贸易、跨国投资、工程承包等。通常国际产能合作不是单一形式的跨国合作，而是多种合作方式的组合，这是国际产能合作与境外投资、“走出去”的重要区别。当然，不同的产能合作需要的组成方式也不同。以电子信息或家电产业的国际产能合作为例，通常形式是：本国企业在境外投资设厂，进行配套零部件生产和最终整机的组装，投资建设境外销售和售后服务网络等，这属于境外投资；在国内保留核心和关键零部件生产并出口到境外企业组装，这属于货物贸易；在本国进行研发设计，并以技术贸易方式向境外企业转让专有技术，这属于技术贸易；由本国技术和管理人员对境外企业进行管理，这属于服务贸易或劳务输出。

第四，境外投资在国际产能合作中具有核心作用。国际产能合作需要在境外国家建立形成新产能，或提升原有产能，因此必然包括跨境直接投资尤其是在境外投资设厂，而单纯的贸易活动，无论是货物贸易还是服务贸易，都不是严格意义上的产能合作。境外投资是国际产能合作中的最重要方式，具有核心作用：一方面，境外投资通常对其他方式起到引领带动作用，例如境外投资设厂，往往会带动本国设备、关键零部件、核心技术出口；另一方面，境外投资对投资国和东道国都能发挥重要作用，如对投资国来说，境外投资可以绕过进口壁垒、降低生产成本、保留对境外投资企业的控制权、保护好技术秘密等，对东道国而言，可以建立生产体系、带动就业和经济增长等。

第五，国际产能合作是参与国际分工的更高形式。国际贸易是跨国间的商品交换，是最早出现和目前最普遍的国际合作方式，在这种模式下，商品可以跨国流动，但要素不能跨国流动，各国的比较优势不能充分发挥，国际分工程度和精细化水平都受到限制。因此，国际贸易是国际分工合作的较低级形式，当然国际贸易对环境要求也较低，一般只涉及关税等“边界规则”。国际直接投资不仅是跨国间的资本流动，而且还伴随商品以及技术、管理、人力等其他要素之间的流动，它提升了国际分工程度和分工的精细化水平，能更充分发挥各国的比较优势，提高合作双方国家的经济福利，是二战后尤其是 20 世纪 90 年代以来发展最快的国际合作方式，国际直接投资对环境要求较高，除东道国投资环境外，还可能涉及“边界内规则”。国际产能合作，不但包括商品、资金、技术、人才等跨境流动，而且合作范围超越了单一产品、单一产业，强调不同行业、不同领域的协调配合，因此能进一步提高国际化分工程度，是国际分工合作的高级形式，也是一国经济发展、对外开放到更高阶段后的应有选择。

（三）国际产能合作的基本条件

第一，比较优势变化需要国际产能合作。在开放经济条件下，一国依据比较优势参与国际分工、向国际市场出口产品，在具有比较优势的产业或制造环节上吸引来自国内外投资，并形成了产能，例如发展中国家在劳动密集型产业和环节上具有较大的产能。但是一国的比较优势是动态变化的，如果该国原有比较优势削弱或消失，产业或产品的竞争力下降、出口受限，原有的产能不能再继续维持。在这种情况下，就需要进行国际产能合作，对外转移设备技术等。

第二，过剩的国内产能需要国际产能合作。一国产能过剩是指产业供给能力超过国内需求规模，国内市场需求消化不了产能。产能过剩又分为相对过剩和绝对过剩。相对产能过剩是指国内产能虽超过国内需求但低于国际需求，这些产能可以通过出口消化，也可以通过境外投资将产能转移到国外，它们都属于国际产能合作的内容；而绝对产能过剩是指产能超过国际需求，只能采取淘汰产能的办法减少产能。产能过剩的原因有很多，例如在投资市场化程度不高的情况下，盲目投资形成的产能超过了国内市场的需求；再如，国内市场需求迅速减少，打破了原来供需之间的平衡关系，造成产能过剩；又如，比较优势削弱后，也会导致产能过剩，但比较优势下降是一个长期渐进的过程，产能在这个过程中也会逐步调整，因此不会造成严重的产能过剩。

第三，产业控制力强需要国际产能合作。如前所述，一国产业控制力强具有配置产能的能力。当一国产业控制力强、同时具有生产比较优势时，通常将产能配置在国内；当该国不具比较优势时，通常将产能配置在国外；当该国产能比较优势削弱，但国内产能存量较大时，通常将国内产能向国外转移。

二、我国和合作对象国具有进行产能国际合作的条件

（一）我国国际产能合作的条件

第一，我国逐渐在一些产业中形成了较强的产业控制力。近年来，我国不但成为全球的重要生产制造基地，在很多产业上形成了大量的产能，而且随着产业经验的积累和要素禀赋的提升，掌握了一些产业发展的关键要素资源，包括先进技术、适用管理、创新能力、品牌渠道、市场订单等，具备在国际产业分工中迈向中高端的潜力，进入了主动在国际上配置产能的发展新阶段。不过这种控制力是相对的，也就是对大多数发展中国家优势明显，但与发达国家产业尚有一定差距，因此产能合作的对象应以发展中国家为主。另一方面，我国大量的国内产能受比较优势及国内需求变化等影响，出现了产能过剩的情况，也需要通过国际产能合作转移产能，避免这些产能浪费。

第二，装备制造优势。一方面，我国在很多具有竞争力或规模很大的产业中，拥有大量的生产设备存量，过去这些设备主要以生产之后再出口方式进行产能合作，在我国比较优势升级后，越来越多的产业或产业环节将以对外转移方式进行产能合作，相当部分存量设备可作为投资转移到境外生产。另一方面，我国装备制造业竞争力逐步提升，为产能合作创造出新优势。目前，具有资本技术密集特征的装备制造业，如纺织装备、轻工装备、电力装备、机床工具等，开始成为我国新的比较优势和出口新增长点。我国采用国产装备作为投资进行产能合作，可以发挥产业上下游联动、设计安装调试维修等一体化服务、价格竞争优势，不但更好地满足境外投资对设备的要求，而且也有利于这些装备产业发展。

第三，技术管理优势。产业的技术和管理等需要长期投入才能获得，其难以模仿的特征决定了产业的进入门槛，掌握技术和管理的企业对产业链有很强的控制作用，在产能合作中具有优势。当前我国技术水平正在由中低端向中高端迈进，不但已经掌握了成熟技术，而且技术创新越来越快，研发投入和技术人才不断扩大，自主知识产权尤其是发明专利增长明显增多，产能合作的技术优势越来越强。需要指出，我国技术优势还体现在先进适用性上，即技术不一定是全球最先进的，但却是产能合作尤其是与发展中国家合作时最适用的，较发达国家与发展中国家的产能合作更有优势。在管理方面，我国作为全球制造基地，过去积累了大量先进适用的管理经验，如大规模现代化生产组织能力，供应链管理能力，成本、质量和时间控制水平，对普通劳动力培训经验，企业内部的激励机制等。

第四，产业配套优势。我国具有产业门类比较齐备，分工精细化程度较高，上中下游联系比较紧密的特征，在产能合作时，可以发挥产品相互配套、产业相互协作的优势，这是很多国家不具备的有利条件。例如，对IT等具有高度垂直化分工特征的产业，我国一直具有强大的配套能力，在开展产能合作时，主导产业和配套产业可以成集群对外转移产能。又如，对很多上下游联系紧密的产业，如基础产业或工程产业，我国不但在装备制造业具有优势，且在工程的设计施工方面也有优势，两者结合在一起进行产能合作会进一步放大优势效应，如在铁路行业中，我国既有铁路车辆生产优势，又有铁路工程建设优势。

第五，基础设施建设优势。我国多年来的基础设施建设，不但形成了大规模的基础设施建设产

能，包括施工设备、技术人员等，而且具备了基础设施建设的优势，如较低的设计施工成本、较短的施工时间、较高的工程质量、丰富的设计施工经验等。这些基础设施建设的优势，不但可通过工程承包等方式进行单独的产能合作，更重要的是，还可以弥补其他产业产能合作遇到的基础设施"短板"，助推全面的产能合作。

（二）我国产能优势的形成原因

1. 产能竞争力提升的原因

产能竞争力优势是指在某个产业中我国具有在全球范围尤其是在国外组织安排生产经营、对产业发展形成控制作用的优势，是产能强的主要表现形式。产能优势既包括对外转移现有国内产能方面具有优势，也即对现实产能重新配置，也包括在国外新建产能方面具有优势，即形成新的产能，将潜在产能转化为现实产能。

首先，我国国际分工地位提升。在新发展阶段，我国在传统劳动密集型优势式微的同时，人力资本、资金供给、科技创新、制造基础、基础设施、发展模式等能力持续增强，在资本技术乃至知识密集型产品、产业、产业链环节的比较优势正在形成和强化，要素禀赋和比较优势向产业链中高端升级，国际分工地位也向上提升。受此影响，我国由承接国际产业转移、被动接受国际产业分工，转向主动进行国际分工转变。

其次，我国掌握了一些产能的核心资源要素。我国在产业发展和全球制造基地形成过程中，逐步通过"干中学"、知识积累和外溢等途径，形成了产业发展的长期经验，逐步具备了一些产业发展的核心要素资源。例如，在企业层面，我国很多企业具有大规模生产的组织管理经验、采用和开发先进适用技术的经验、对成本质量和时间进行严格控制的能力、对普通劳动者进行培训和激励的能力等；在产业层面，具备中端设备的生产安装调试维修服务的能力，产业上中下游组织配套生产的能力等；在国家层面，具有利用产业园区集聚发展产业的经验，推动产业发展的体制和政策经验等。在掌握这些核心资源后，我国具备了对产业链中低端环节的营运控制力，越来越多的企业和产业开始在全球范围内配置资源和国际化经营，可以主动进行国际产能合作。

第三，不同领域的产能优势具有不同的特征。一是在劳动密集型传统制造业中，例如纺织服装、家用电器、轻工产品等，我国的产能优势主要体现为先进适用的技术、一定影响力的品牌和营销渠道、大规模组织生产的经验等。二是在资本密集型产业中，如化工、汽车、工程机械、船舶等产业，我国的产能优势主要体现为中端产品上具有较强的整体竞争力、较强的成套设备和生产线设计制造能力、较完善的上下游产业配套能力。三是资源密集型产业中，如冶金、有色、建材等产业，我国的产能优势主要体现在勘探开采技术和能力、工程机械和生产装备的制造能力、生产线的设计能力、勘探开采冶炼加工一体化能力、完善的产业配套体系等。四是在基础产业中，我国的产能优势主要体现在装备的制造能力和国际竞争力、成熟的设计施工经验、大规模运营经验、较强的融资能力、配套服务能力等，由于基础产业产业链较长，还通常包括工程建设和承包，更体现为一种综合优势。

2. 产能过大的原因

产能过大也就是通常所说的产能过剩，是指在某个行业中我国现实的产能超过国内需求，同时又难以通过扩大出口渠道消化的产能，它主要反映为产业的设备等资本品存量超过需求。改革开放以来，我国发展成为全球最大的生产制造基地，是制造业产能增长最快、存量最大的国家。我国大部分产能过剩的产业位于产业链的中低端部分，进入门槛不高，在需求扩大的情况下，能在短时间内迅速形成较大规模的新产能，但当需求变化之后，就会变成过剩产能。

一是我国比较优势快速变化。我国长期以来实现外向型发展战略，在纺织服装、箱包玩具、家用电器、电子信息等产业，利用劳动力资源丰富优势，积极承接劳动密集型产业的国际转移，对生产设备、生产线等资本品投资大量增加，积累了大量产能，产业规模迅速扩张。但随着我国发展阶段的变化，出现劳动力成本上升、土地资源趋紧、环保标准提升等，综合要素成本上升趋势越来越明显，与低成本国家相比，我国劳动密集型产品或环节的比较优势下降。近年来，这些产业或产业的部分环节加速转移到那些更具优势的低成本国家生产，对我国产品出口需求下降，而国内多年累积的大量产能来不及调整，从而造成国内产能过剩。

二是国内需求出现“大起大落”。近年来，我国一些行业的产能受需求因素影响迅速扩张，引发相关产业大量投资和产能扩张，但之后需求增速放缓甚至下降，最终导致产能过剩。例如，过去十余年房地产行业的快速发展不但推动了建材、水泥、玻璃、建筑服务产业快速发展，甚至对家电等产业发展也有影响，但随着房地产市场逐步转向供需平衡乃至供过于求，相应产业的产能开始过剩。又如，金融危机前国内外煤炭、矿产等资源性产品价格的快速上升，推动了采掘业和相关设备类产能的迅速扩张，而此后资源性产品价格的回落和需求的减少，导致这类产业出现产能过剩。

三是投资扩张加剧了部分产业过剩。过去一段时间，为应对经济下行周期和国际金融危机等不利影响，我国采取了积极的、扩张性的财政货币政策，扩大了交通、能源、水利、通信等基础设施和公共产品的投资，一些银行等金融资源不但给予配套支持，而且持续增加房地产等行业的投资，甚至采取了“加杠杆”方式，这进一步导致了钢铁、水泥、建材、电力设备、铁路设备等产能增长过快。当国内市场需求饱和时，势必会导致这些领域的产能过剩。

四是国内需求结构升级造成产能的结构性过剩。目前我国正处于中等收入的发展阶段，这是一个需求行为迅速变化的时期。一方面，需求行业结构出现变化，过去我国产能受排浪式消费特征影响，很容易在某个热销产品上形成大量产能，例如电子信息、家电、汽车等产业产能迅速扩张，但新阶段我国消费结构和模式均发生重要变化，如旅游、教育等服务业需求和新型制造品需求增长较快，排浪式消费转向个性化消费等，这会导致原有产能出现过剩。另一方面，从行业内部需求看，中低端向中高端产品需求升级的趋势明显，对产品有越来越高的质量、档次、服务、品牌等需求，高档品、奢侈品需求增加，这将导致过去那些为满足中低端需求的产能出现过剩。

（三）产能合作对象国的条件

首先，低要素成本优势。现阶段，很多低收入发展中国家劳动力众多，可用土地丰富，环境承载力较大，因此在要素密集型产业，尤其在劳动密集型产业中，相对我国成本优势越来越明显。但需要看到，发展中国家的成本优势往往是单一要素的成本优势，由于投资环境欠佳、缺乏配套能力等，低价格要素成本并不能实现有效组合，其综合成本不一定低于，甚至有可能高于我国，因此我国在产能合作时，需要加强这方面建设，使发展中国家低成本潜在优势转为现实的竞争优势。

其次，市场规模优势。市场规模优势是指一些国家对我国具有产能优势的产业有强大的需求，它不但与人口规模、人均产出，以及现实和潜在的增长率有关，而且与需求结构有关，随着区域经济一体化进程加快，市场规模也不一定指单一国家，还包括统一市场，或自贸协定所有国家市场的总和。在国际产能合作方面，市场规模优势引发的产能合作既包括货物进出口方式，也包括跨国生产方式。当产品具有较强的可贸易性时，如运输成本不高、贸易壁垒较低、产业链难以拆分等，国际产能合作主要表现为出口形式；当产品缺乏贸易性时，如运输成本过高，生产与消费时间间隔较短，贸易壁垒较高等，产能合作只能通过境外投资方式实现。

第三，区位优势。区位优势是指一个国家在地理上位于一个区域的中心，到周边主要国家距离适中且不存在过高的贸易壁垒，其生产产品销往周边市场综合物流成本最低。在国际产能合作中，当产业存在显著的规模效应，需要大规模生产时，如果一个国家具有区位优势，则具有成为区域性的生产基地的有利条件，满足周边国家的需求，是产能合作的首选地区。

第四，能源资源富集优势。要素资源优势是指一国拥有较多的矿产、石油等自然资源，国内能源资源的开发利用成本低。在国际产能合作中，资源富集的国家，不但可以开采能源资源并出口，更重要的是，还可以向中下游产业链延伸，发展资源密集型产业。例如，在铁矿丰富的国家，除开采铁矿石外，在能源丰富、供应充足的情况下，可以延伸发展钢铁产业，乃至汽车、船舶、建材等对钢铁有较大需求的产业。

第五，区域经济一体化优势。区域经济一体化优势是指一国在参与自由贸易协定之后，与协定其他国家之间实现自由化和便利化，导致贸易投资从区外向区内国家的内部转移。在不包括我国在内的自由贸易协定中，我国要保持竞争优势进入成员国市场，需要选择在某个成员国投资生产，得到该国的原产地证明，从而该国具有了区域经济一体化优势。

三、我国国际产能合作的不同类型

（一）成本导向型的国际产能合作

成本导向型的国际产能合作，是将我国产能转移到综合成本更低的国家生产，在境外建立全球或区域性生产基地。由于我国成本增加是长期趋势，因此这类产能合作将是最重要的产能合作类型。对这类合作而言，国外新增产能与国内原有产能存在此消彼长的关系，国内产能规模将逐渐下降。我国通过这种合作方式，有助于降低成本、提高利润，继续保持企业和产业的国际市场份额，但由于产能转移，将减少国内的就业。

成本导向型产能合作的产业，主要集中在劳动密集型产业或生产环节：若产业的产业链较短，且多为劳动密集型环节时，则大部分产能需要对外转移，这类产业集中在纺织服装、箱包鞋帽、五金玩具等产业中；若产业链较长且高度细分，其中只有部分是劳动密集型环节，则一般只转移成本敏感环节，如电子信息制造、家用电器等的组装，一般零部件生产等。显然，我国这类产能合作的对象主要是成本较低的国家，但要特别考虑承接国的投资软硬环境和配套条件，在当地缺乏配套条件的情况下，还要通过以主导产业带动配套产业转移的模式，以及提高当地基础设施发展水平，提高当地的配套能力。这类产能合作有若干模式，如在境外绿地投资设立生产基地，也可并购当地企业；而绿地投资方式，既可以使用国内的原有生产设备，也可以新购置生产设备。由于我国这类产业的生产设备具有越来越强的竞争力，境外投资时将更多地采购我国设备，因此也有助于带动我国出口。

（二）市场寻求型的国际产能合作

市场寻求型的国际产能合作，是以境外投资的方式，进入合作对象国的市场并提升市场占有率。通常情况下，这类合作承接方的综合生产成本并不低且可能高于我国，但通过出口方式难以进入其市场，而不得不以在当地设厂的方式占领市场。出口方式受阻的原因，一是承接国贸易壁垒很高，既包括传统的关税非关税壁垒，也包括近年来逐渐增加的以安全技术为代表的新型贸易壁垒；二是承接国参加了不包括我国在内的自贸协定，其他成员方对其出口替代了我国原有的出口，而我国在该国投资生产转移产能，不但可以进入该国市场，且也可以进入其他成员方市场；三是产业的可贸易性不强，如建材等行业。

市场寻求型国际产能合作的对象国，一方面应优先选择市场规模大、增长速度快、贸易壁垒高的国家，以及参与自贸协定较多的国家，后者可以获得对象国的原产地证明，从而进入自贸协定的其他国家，进一步扩大市场；另一方面也应优先选择产能承接力较强的国家，如投资环境良好、配套条件完善、具有生产基础的国家。

（三）资源利用型的国际产能合作

资源利用型的国际产能合作，是指利用对象国资源富集优势，通过境外投资、工程承包等方式，在境外开采、加工资源能源，并向下游延长产业链。这类产业主要包括资源开采业，以及钢铁、冶金、化工等对资源依赖较强的加工制造业，它们既可以通过境外投资方式参与，也可以通过工程建设承包方式参与，包括开采工程和加工生产线的设计、安装。我国推动资源利用型产能合作的主要目的，一是化解国内严重过剩产能，资源加工行业大多为我国产能过剩的行业，设备、人员、资金存量很大，但开工率严重不足，不但占有大量资源，而且还容易引发环境污染，而产能合作将有助于对外转移部分产能，降低直接出口规模、减少贸易摩擦；二是促进装备制造、工程承包等优势产能出口，这些领域如成套设备正在成为我国参与国际竞争的新优势，资源及其加工企业对外转移产能，可以利用与上游的产业联系，带动我国相关产业和服务出口；三是提高我国能源资源的保障程度。显然，这类产能合作的对象国主要是资源能源富集国家，同时作为高耗能行业，也要考虑当地的能源、交通基础设施情况，在后者不能满足需要的情况下，产能合作也包括对这些基础设施建设的参与。同时，这类产业合作也要尽量延长在境外的产业链，由粗加工向精加工延伸。

（四）转移过剩产能型的国际产能合作

转移过剩产能型的国际产能合作，是指将相对于国内需求过剩的产能转移到境外。这类产能过剩，主要是盲目投资累积产能过大所致，与比较优势关系不大，如钢铁、煤炭、建材等产品，它们大多属于资本密集型重化产业，设备具有很高的价值，如果企业关停会带来巨大的设备和投资浪费甚至引发金融风险；同时这类产品大多运输成本很高，一般情况下就近生产就近消费，出口比例也较低。当出现产能过剩时，这类产业迫切需要实现产能转移，一方面是原有设备能够最大化利用、减少损失，另一方面凭借产业和技术等优势，可以在产能承接国获得较高的市场占有率，增加新的利润来源。因此，这类产能合作主要面向的是境外处于工业化中前期、城市化加快发展、市场需求较大且缺乏相关产业基础的国家，产能合作模式以转移或出口国内设备、技术等为重点，提高设备的利用水平和盈利能力，同时力争将设备、技术等作为直接投资的股份，形成对境外产业的控制力。

（五）基础设施的产能合作

基础设施的产能合作，是指利用我国在工程承包、运营管理、装备制造等方面的优势，以不同形式参与境外基础设施建设或工程承包。基础设施和工程建设的绝大多数环节，必须在境外当地现场完成，可贸易性也不高，这类产能合作实际上是服务贸易、技术贸易等非货物贸易的出口。经过近年来的快速发展，我国不但在该领域积累了大量的产能，而且也形成了一定的竞争优势，因此参与基础设施和工程建设的产能合作，有利于发挥我国优势。更重要的是，基础设施建设还有利于弥补产能承接国的发展短板，对其他产业的产能合作起到促进作用，因此基础设施产能合作要与其他领域的产能合作结合起来。

第十三章　国际产能合作路径及模式研究

内容摘要：国际产能合作本质上是企业的微观行为决策，涉及生产环节的转移，但其内涵与以往的“走出去”、对外直接投资等仍存在一定区别，现阶段国际产能合作的提出是在国内经济转型升级和全球范围内各国仍存在大量基建、电力、钢铁等产能需求的背景下，为促进区域经济进一步整合发展，实现共赢发展而从国家战略层面提出的产能合作倡议。国际产能合作具有特定的背景和战略需求，对国际产能合作模式的探析需要确定具体的研究视角，不同视角和不同战略层面所引致的产能合作路径又是相互支撑的，共同构成了现阶段我国国际产能合作的特定模式和路径的基础。通过对国际产能各种合作路径的特点进行归纳和总结，结合我国不同行业不同类型的企业当前开展国际产能合作的内外条件和基础，有助于对企业开展国际产能合作的动力、条件和定位等进行清晰的判断和认识，能够更清楚地分析下一步我国企业开展国际产能合作相应的政策支撑方向和着力点。

一、国际产能合作不同层面的内涵和模式选择

国际产能合作的概念根据不同的主体和客体可以延伸出不同的内涵和外延，其具体模式也可以从不同战略层面和不同视角归纳为国家、产业、企业三个层面（见图13-1）。在国家战略层面，国际产能合作可以放在全球治理的框架内进行分析，不仅是我国经济新常态下国内产能结构升级，对外投资合作面临的新的战略机遇，还彰显了我国参与全球经济治理的新理念和合作意愿；在产业布局层面，国际产能合作是现阶段我国在经济全球化条件下深度参与国际分工体系的拓展和突破，通过与新兴市场国家的经贸投资合作，实现全球产业布局的升级和市场替代，占据价值链高端环节，提升国际分工地位。从企业决策层面看，企业作为国际产能合作的实施主体，需要对企业对外投资和国际化运营管理等行为决策进行分析。

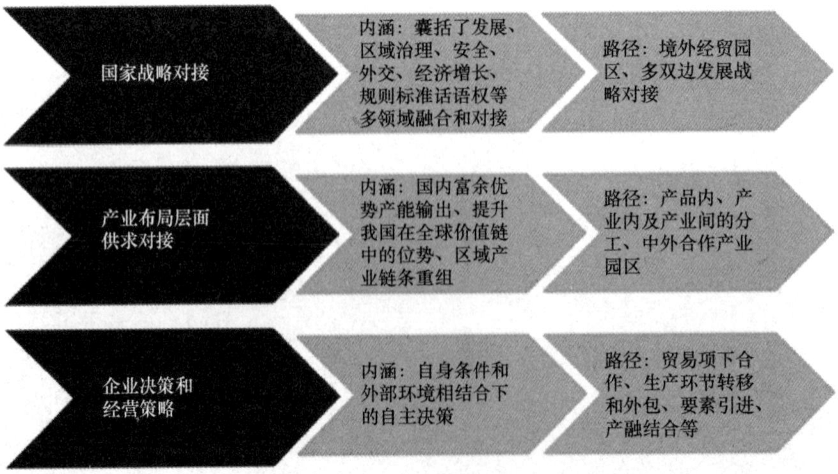

图13-1　不同层面国际产能合作内涵和相应路径

因此，对国际产能具体合作模式和路径的研究需要首先确定研究视角，是基于国家战略层面、产业组织还有企业行为决策的视角，由此才能从不同层次主体的研究视角出发，选择适当的国际产能具体合作路径和模式。

（一）国家层面的战略对接

从国家层面来讲，国际产能合作是一项长期的战略性安排，不仅涉及国内产业的全面优化和转型升级（见图 13-2），而且促进了我国和周边国家和“一带一路”沿线国家在内的供求结构优化，有利于培育周边市场，形成共赢发展的新区域优势，提升区域经济和社会发展水平，其国家战略层面的意义主要体现在两个方面：一是为处理好政治领域中的睦邻友好关系，营造一个公平、民主与开放的国际环境，促进国际和区域秩序重组，提高区域共同治理水平；二是促进区域经济结构的调整与产业优化升级，推动形成新的区域经济增长极，并有效解决国内产能过剩、市场疲软问题，通过各国产业互补、务实合作的实施，进一步推动沿边开放升级，巩固和拓展中国对沿线国家在商业、市场和文化上的影响力。

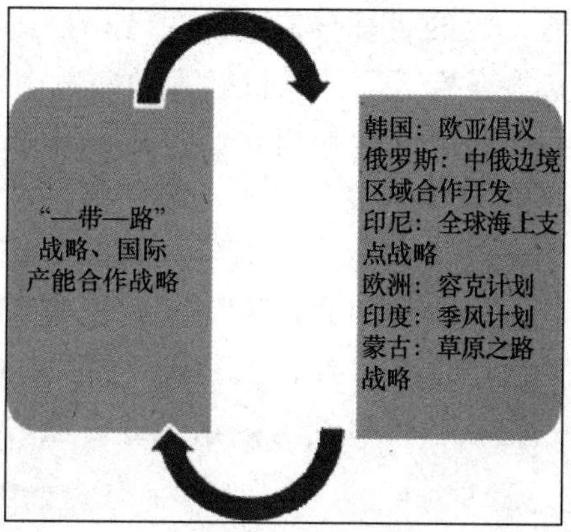

图 13-2　我国与各国发展战略对接前景

国际产能国家战略层面的内涵和意义还应包括制度、管理、工艺标准及技术等领域的合作和推广，这种跨国合作可以提升各国在国际事务中的话语权这一“软实力”，同时政府可以针对中国在海外投资、竞争等行为制定相应的法律法规。在国际产能合作过程的实际中还体现着我国传统的价值观。比如“开放包容”“互利共赢”及“合作双赢”等中国特色，在体现大国责任意识的同时，也为中国增强自身的全球影响力开辟了新的试验田。

（二）产业层面的供求对接和产业链重构

从产业层面来讲，国际产能合作涉及各国产业供需对接和平衡以及市场定位问题。从产能供给方看，我国作为主要产能输出国，涉及区域内产品内、产业内及产业间的分工合作及产业链的重构，并且在此基础上实现我国产业竞争力的提升以及带动合作方产业升级和转型。从具体合作模式看，产能输出方通过扩大对外直接投资的方式促进行业内产业链向海外的延伸和布局，在转移国内优势产能的同时提升在全球价值链中的位势。从需求方来看，国际产能合作的基础在于各国产业内和产业间的供求平衡，对各国主要产业供给和需求的融合进行分析，对接的内容主要是各国优势产业、基础设施、市场等多方面的相互融合；对接具体途径需要依赖各国积极构建完善的双边或多边机制。

从国际产能供求分析中可以进一步找准不同产业的国际产能合作市场定位，即从供求两端分析国际产能市场定位，即高端环节输入和中低端环节转型升级和输出市场定位，高端环节重在“补短板”和“引进来”，市场定位针对发达国家，集中在产业链上游环节，中低端环节重在“去产能”和“走出去”，市场定位发展中国家，集中在产业链中低端的优势富余适配产能输出。

（三）企业层面的自主决策

从企业层面来讲，企业在国际产能合作中具有三重身份，既是市场的主体，又是执行者，同时也是产业体系的重要组成部分。企业需要考量自身条件和目标，按照国内外市场发展的需求进行自主决策，而且东道国对不同的企业主体和合作模式的包容和接受程度不同，比如中小型民营企业在国际产能合作过程中具有一定优势，它们通常以灵活、分散的形式“走出去”，易于被东道国所接受。

企业开展国际产能合作是从市场角度做出的微观决策，从微观经济主体决策过程的视角看，企业决策是一个从自身条件出发向着一定的目标导向的路径选择，需要认清企业开展产能合作面临的基础、条件以及外部环境、行业竞争态势等，并以目标为导向考虑开展国际产能合作的路径。

此外，制度环境的差异对企业国际产能合作模式选择具有深远影响，不同的制度差异所带来的比较优势也是促成企业开展国际产能合作的主要因素，即在国家层面通过给予政策优惠和支撑，主动创造出制度化差异优势，极大地降低了企业开展国际产能合作的成本，这是当前我国国际产能合作战略的主要制度性优势。当前我国对企业“走出去”已经形成了一整套的制度支撑，由国家战略层面创造出了这种制度差异方面的比较优势，在极大程度上推动了企业开展国际产能合作，使得企业不仅可以进入国际市场，同时，企业也可以利用国家通过多双边外交平台创造出的巨大的制度优势，更多地进入发展中国家市场。

二、国际产能合作模式分类

（一）根据产业链海外延伸长度和深度分类的国际产能合作模式

一般而言，根据国外产业链长度和深度不同，国际产能合作呈现出阶段性纵向推进特征，可以根据在国外产业链条的长短、国外生产环节的参与度等指标和特征进行划分。

1. 间接进入海外生产环节模式

间接合作模式主要是产品和服务“走出去”，而我国企业的生产、研发等环节和链条没有延伸到海外，这种模式具体可分为以下四种。

（1）贸易项下的产能合作模式

即通过对外贸易带动国际产能合作，国内企业生产的产品、装备等通过直接出口或专业外贸公司间接出口，不涉及生产环节的海外转移。

（2）通过销售网络带动产品“走出去”

企业通过自建销售网络或融入国外已有销售网络的方式进行出口，间接带动产能合作。对企业自主构建销售网络的情况而言，不仅有利于带动企业自己生产的机械设备销往国外，还可以带动其他企业产品“抱团走出去”，如由行业内领军企业或行业协会、商会等组织构建大型销售中心，发挥集聚效应，带动周边乃至全国范围内的装备制造企业融入该销售网络，并进一步发挥网络的上下游服务辐射作用，构建成集展示、售后服务、仓储等一站式、集群式服务营销中心，对于尚不具备实力构建营销网络的中小企业，可以通过参与这种平台，极大地降低其装备出口成本。

此外，企业可以通过融入国外已有销售网络的方式间接实现出口，即在国外寻找一家销售机构，由其作为销售代理商，进行产品推介和销售。

（3）依托工程承包带动装备出口和技术、服务、标准“走出去”

国际承包工程项目包含有大量的技术转让和劳务合作内容，承包人还要培训技术人员，提供所需的技术知识，以保证项目的正常运行，不仅可以带动装备出口，更重要的是可以带动我国企业相关技术、标准、服务等“走出去”。

（4）融资租赁带动装备出口和产能合作

这种模式近年来经常出现在造船业等前期投资较大的行业，在当前全球经济增长放缓、市场低迷的背景下，我国融资租赁公司可以采用多元化业务模式，改变传统的依靠租金和租息的盈利模式，通过由资产持有者转向服务提供者，深度参与产能海外转移，以融资租赁带动国际产能合作。

案例 1　西安新丝路工程机械博览中心

西安新丝路工程机械博览中心位于西安沣东新城区世纪大道旁，距西宝高速、绕城高速帽耳刘出口不到 2 千米。该项目占地 70 余亩，总投资 1.4 亿元人民币，为西安市重点在建项目，计划于 2015 年底建成。建成后，将聚集国内外各高端品牌的工程机械，集展示、售后服务、仓储、运输、出口和金融服务为一体，不仅为陕西省基本建设市场提供施工机具的配套，也将为“一带一路”基础设施建设项目提供一站式的设备配套服务，形成一家集展示、销售、维修、仓储于一体的“工程机械之家”。

2. 直接进入海外生产环节：对外直接投资模式

企业通过对外投资等方式开展产能合作，直接在海外布局生产环节，这种模式也可以根据企业海外产业链条的广度和深度进行分类。

（1）合作构建海外产业链

并购主要是通过购买国外企业股权、战略资产等方式进行的，通过收购海外资源，包括国外企业的关键技术、品牌和营销渠道等与海外企业合作构建产业链，是近年来我国企业开展国际产能合作较为实用的战略选择，可以快速掌控战略资源、高端技术等核心资产。

（2）构建独立的海外产业链

这种模式按照股权控制程度不同，又可以分为合资或独资（绿地投资）。在国内要素成本上升以及人民币升值的背景下，企业向海外转移生产环节有利于获取低成本生产优势，可以规避出口壁垒，并且增加当地就业，易获取当地支持，享受当地优惠政策。

3. 产融结合

产融结合不仅包括生产环节的外移，还包括融资环节的海外拓展或转移，即采取国外融资的方式，以资本输出带动产能输出。产融结合根据融资环节所在地又可分为境内融资和境外融资，境内融资是指企业在境内外发行股票或债券募集资金，或发挥政策性金融工具作用，扩大出口信用保险覆盖面，增加中长期信用保险、海外投资险规模，为优势产能“走出去”提供融资便利。境外融资包括发行境外人民币债券、境外上市等股权和债权融资手段。

（二）不同市场策略下的国际产能合作模式

根据企业进入东道国市场范围和深度的不同，国际产能合作又可分为进入特定市场、特定区位模式以及全方位布局东道国市场模式。

1. 进入特定市场和区位

这种模式适用于有特定营销策略的中小企业，以东道国特定区位和市场为切入点，试探性地进行海外市场开拓，将特定的产品和服务推广至东道国某一特定区位的特定市场。

2. 全方位布局东道国市场

这种模式通常适用于较具有实力的企业，在进入东道国市场之前就对其整体市场进行布局和规划，全面布点，并且同时推进。这种方式风险和成本较高，但可以有效地抬高东道国市场进入门槛，使当地市场迅速达到饱和，阻止竞争对手进入。这种模式近年来也越来越多地出现在具有垄断或者寡头垄断特征的行业如水泥、基建、大型装备等领域，一是由于国家战略层面创造了可以推行这种模式的政策条件，极大地降低了交易成本；二是由于我国国际产能合作主要目标市场是周边发展中国家，这些国家对基建、电力、装备等领域的产能合作有大量需求，但其市场整体容量有限，这种产能需求存在一定的“天花板”，在这种情况下，容易产生多家恶性竞争、沉没成本无法回收等现象，因此，由行业领军企业对特定国家市场进行全方位布局并迅速推进，能够极大地提高这种模式的成功率。

案例 2　海螺水泥东南亚市场全方位布局

依托先进技术和优势产能，海螺水泥通过“走出去”提升企业国际竞争力，促进行业持续稳定发展。根据水泥行业发展特点，即进行较长距离运输成本较高，一般而言，水泥行业生产布局需要尽可能地接近目标市场，加之东南亚各国国土面积不大，更有可能实现对其全国范围内的全面布点式的市场布局，因此，海螺水泥从当地市场容量出发，结合各国市场特点，采用了全方位迅速占领东南亚市场的产能合作模式，现在已在印尼、缅甸、柬埔寨、老挝 4 个国家落实发展项目 12 个，从 2011 年海螺在印尼南加建立第一个根据地起，海螺不断征战东南亚市场，从南加到马诺斯，从印尼到缅甸，从缅甸到老挝、柬埔寨，快速完成了整个东南亚市场布局。2014 年 11 月，印度南加海螺一期熟料线投产，西巴布亚、孔雀港项目开建，巴鲁、马诺斯项目报批报建。全部项目建成后，公司在印尼的熟料、水泥总产能将分别达到 2000 万吨和 2500 万吨。缅甸也是海螺水泥在国外布局的重点，皎施海螺2014年11月开始新建日产5000吨熟料生产线，曼德勒水泥工厂、码头项目顺利推进。全部项目建成后，公司在缅甸的水泥总产能将达到1000万吨。2014年年底，公司与老挝吉达蓬集团签署合作框架协议，将在老挝首都万象合作建设一个大型水泥生产项目，并将水泥窑处理城市生活垃圾技术引入该国。

从市场容量看，海螺水泥市场占有率高，具备布局较高生产规模（5000万吨以上）水泥厂的竞争优势和主导权，一旦其对一国市场全面布局后，绝对有能力满足目标国家全部市场需求，凭借自身的技术优势和规模优势，都能够在当地水泥市场形成极高的进入壁垒，并在销量和议价权方面掌握极大地主动权。从这个角度上看，对目标国家市场的整体进行全方位布局，不失为一种较为成功的市场开拓方式。

从技术优势和技术发展的长远性看，海螺水泥所有的在海外布局的项目，都采用最先进的窑外分解新型干法技术，它的排放水平是按照国际一流水平来设计的，水泥厂不产生废水，采用冷却循环用水，在粉尘、噪声等等治理方面都达到国际一流水平，从节能技术未来发展方向看，海螺水泥又进一步在节能降噪、粉尘处理等节能产品、技术和服务方面先行占领了当地市场。

（三）企业联合经营策略下的国际产能合作模式

从企业层面战略目标分析，国际产能合作要实现的战略目标可以从“获取资源”“开发利用”两个维度分析，并确定相应的定市场策略和经营方式。

从单个企业开展国际产能合作的角度出发，企业产能合作的模式会呈现显著的“逐级渐进”的特征，但也有一些国际化倾向非常明显的中小企业会呈现出“跨越性国际化”特征，其试图通过国际市场来获取稀缺性的资源，并将产品销往国际市场以提高企业实力和知名度。这两种不同路径的区别是基于企业资源禀赋与企业的环境。

从企业联合开展国际产能合作的角度看，根据产能合作主体的所有性质、实力等，大致可分为民营企业、央企、混合模式下的产能合作。一般而言，根据海外产业链深度和长度划分，民营企业更多地采用贸易项下的初级方式，部分龙头企业和国有企业大多采用产业链海外整体布局、产融结合的方式。而当前企业单打独斗进入海外市场较为困难，国有企业和民营企业在境外并购中扬长避短、携手合作的案例也越来越多，不同主体合作开展国际产能更多地采用混合“走出去”模式，即联合投资模式和价值链联盟投资模式。

1. 联合投资模式

联合投资模式是由行业领导者主导的一组中小企业联合走出去，取代了单个行业的个体行为。这种模式能充分利用规模经济和集体学习带来的正外部性，从而使每个成员企业受益。如由商务部批准建立起的海外产业园区，就是由大型民营企业牵头主导的其他小型企业提供配套服务的一种典型的联合海外投资模式，这种联合投资模式规避了过去我国企业单打独斗、势单力薄、缺乏各相关部门协调而带来的整体产业配套能力与协调能力松散的不足。联合投资模式在实际操作中又可以根据不同主体间实力大小对比分为央企带民企模式和集群式“走出去”模式。

（1）“一拖几”联合投资模式

这种联合投资模式即国有企业与民营企业的互补模式，即结合国有企业的资本优势与民营企业的效率与管理优势。央企在基础设施建设能力、高铁、核电、特高压输电设备等一些产业上已具有较强的国际竞争力，而这些领域大多也是现阶段我国“一带一路”战略重点和国际产能与装备合作重点领域，有利于将高效产能转移出去，民营企业可以通过专业分工、服务外包、订单生产等多种方式，建立协同创新、合作共赢的协作关系，加强产业内的协作与配套，促进企业之间的信息共享，互通有无，抱团协作，互相搭建平台。

（2）集群式国际产能合作模式

央企带民企的“一拖几”模式可以进一步发展成为集群式走出去的模式，即由一个或若干个行业领导企业带领多个企业抱团“走出去”，在东道国形成产业集群，发挥央企和民营企业在不同行业、不同产业链环节的不同作用，增强国际产能合作的配套服务能力，发挥资源共享效应，提升产业竞争力，防范风险，从成本控制、资源共享、抑制竞争、构建海外产业链条等方面提高国际产能合作的质量。

案例 3　中国五矿集团携手国新国际和中信金属投资建设的拉斯邦巴斯铜矿项目

2014 年，中国五矿所属五矿资源有限公司牵头、国新国际投资有限公司和中信金属有限公司共同参与的联合体正式完成拉斯邦巴斯铜矿项目股权交割，该项目的最终交割支付金额为 70.05 亿美元（包括股权收购对价和 2014 年截至目前已发生资本投入），由联合体股本出资及银行债务融资组成，其投产后前五年平均每年可生产约 45 万吨铜精矿（含铜量），超过目前中国五矿铜产量的两倍。该项目五矿集团拥有该铜矿 62.5%的股份，国新国际投资有限公司占 22.5%，中信金属占 15%。其中，该项目体现了产融结合模式的特点，国新公司主要从事国有资产经营与管理的企业化操作平台，配合五矿和中信金属开展此次兼并收购，提供资金支持，帮助两家公司缓解资金压力，提高主业竞争力。

2. 价值链联盟模式

价值链联盟投资模式是基于为核心企业配套的上下游的资源、技术、销售等环节的联合体（见图 13-3）。价值链各环节紧密联系，分享信息和资源，有着共同的战略愿景，由银行信贷和海外投资保险支持，这种模式类似于日本综合商社模式，日本汽车产业在早期即由主要汽车制造商与关联供应商联合的方式共同“走出去”。这种模式同样需要一个或若干个行业领军企业在推进国际产能合作过程中作为价值链的主动构建者，建立起依托价值链分工关系的非股权企业联合体，相比于联合投资模式，这种企业间协作关系更为稳定和持久。

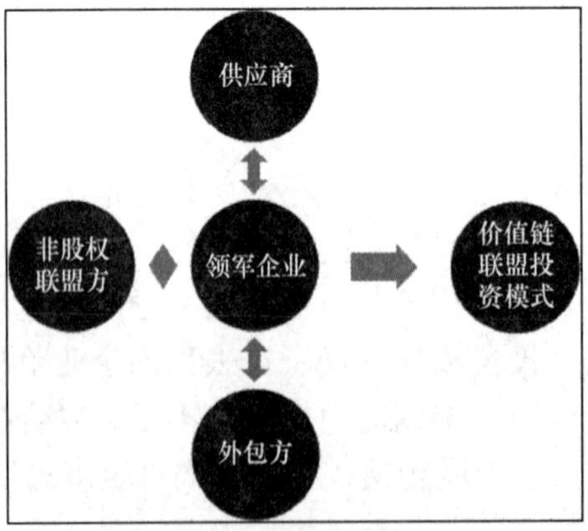

图 13-3　价值链联盟合作模式

三、我国重点行业开展国际产能合作模式选择

我国作为一个处于中等发展水平的发展中国家，在国际分工体系中处于中等偏上位置，同时面临发达与欠发达两类不同发展水平国家的竞争。一方面，要与价值链高端环节的国家或地区的企业进行学习型产能合作，以获取互补的战略性资产，提升本国企业竞争力；另一方面，与发展中国家或地区的企业进行产能合作又具备一定的比较优势。基于这种中游位置，我国企业在产能合作中要结合不同行业特点和自身优势，选择不同的模式。当前，我国在国际产能合作中具有潜力的企业及其所在行业大致可分为以下三大类。

（一）大型国有企业

行业分布：能源、基建、电力、装备制造、钢铁、有色金属等。

行业特征：具有一定的垄断特征，企业数量有限。

企业特征：实力雄厚、存在富余优势产能。

对于这类型企业而言，获取市场、资源、转移富余优势产能是开展国际产能合作的主要目标，应采取股权安排与非股权安排相结合的投资方式，尽量规避投资风险。如果企业不得不参与一些风险高、开发难度大的项目，应针对目标市场特点采取灵活方式。

（二）以技术创新为导向的高新技术企业

行业分布：通信、计算机、生物制药等。

行业特征：行业竞争性特点较强。

企业特征：需要进一步提升技术水平。

我国高新技术企业海外投资应采用双向并行的海外投资模式（见图 13-4）。一是充分利用我国已经累积的小规模技术优势，利用相对竞争优势对发展中国家或地区进行顺向投资，可更灵活地采用并购、绿地投资等股权投资方式，或者采用外包等非股权安排的方式，将低附加值环节安排在具有低成本劳动力优势、市场优势的发展中国家，一方面有利于降低整体供应链成本，另一方面也有利于占据当地市场。二是以技术获取为导向对发达国家进行逆向投资，增强高端技术吸收再创新能力，以非股权安排的方式进行逆向投资，目标在于嵌入发达国家高端价值链环节，获取关键技术，把自己不擅长的上游研发环节外包出去，利用逆向外包行为产生的知识溢出效应激励我国企业技术提升和自主创新。

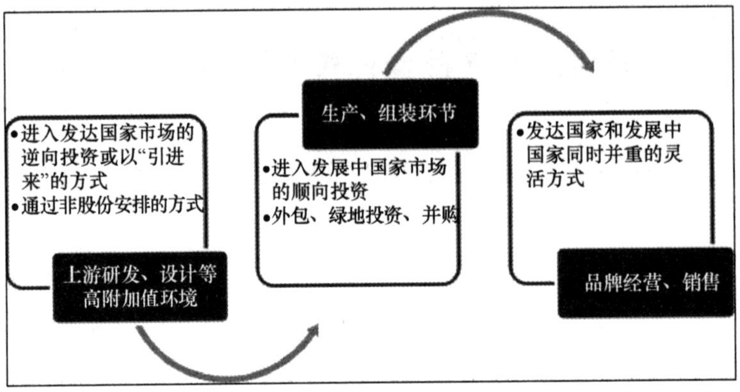

图 13-4　我国高新技术企业国际产能合作模式

（三）为获得市场规模效应的比较优势企业

行业分布：纺织、汽车等。

行业特征：竞争性较强。

企业特征：具有一定的竞争优势，需要进一步拓展市场。

对竞争性较强的行业而言，当国内企业运营成本上升、投资环境变化时，开辟海外市场不失为一个明智的选择，针对不同目标市场也适用不同的产能合作模式。

首先，我国拥有比较优势的企业由于在产品、技术、信息、品牌和渠道等方面与发达国家同类型跨国企业相比差距明显，加之我国大多数企业所拥有的比较优势仍集中在利润微薄的制造环节中的加工、组装区段上，因此，与发达国家企业进行产能合作应着重以股权收购的方式实现对研发、设计、重要原材料和零部件生产、销售和服务等价值链高端环节的控制，实现产品升级和产业链升级。

其次，与发展中国家的产能合作可采取非股权安排的方式，如采取外包和合约制造、特许经营等非股权经营方式对处于比较劣势的工序进行剥离，充分利用其他国家的低端生产要素优势。

四、新形势下优化国际产能合作模式的对策

从国家层面来讲，国际产能合作事实上已经超越了国际上单一、传统的合作模式，是在坚持互利共赢和共同发展原则的基础上，不仅通过构建国际产能合作机制，解决中国产能过剩与市场疲软问题，同时还要帮助国际产能合作国提高制造能力，为它们构建完备的工业体系，实现社会现代化奠定坚实的基础。因此，我国推进国际产能合作的核心是通过国际产能合作将产品的贸易输出推向高水平的产能输出，重构区域经济产业链，形成一个新的区域经济大循环体系，以产能输出与合作为切入点，带动标准、技术“走出去”，同时，在外交、安全、能源保障、区域治理等领域与合作方共同构建多双边合作机制和制度性体系，形成若干区域新增长极，提升全球话语权和影响力。

（一）提升企业深度整合全球价值链和规避风险的能力

我国企业在海外投资过程中面临的因素日益复杂，海外投资经营活动受到正式制度和非正式制度的干扰。因此，构建完善的海外投资风险管控模式显得尤为重要。为此，政府可委托国内外中介机构专门给海外投资企业提供项目风险评估服务，并给予这些机构专项经费资助。企业层面最为关键的行动是将非股权形式政策纳入产业发展战略，在第一波取得“海外投资红利”的基础上深化获取国外优质要素的针对性，要在构建国内价值链为目标的基础上，反复酝酿构建国内价值链所需的核心部件，并以此为契机获取国内高端价值链发展所需的国外互补性资产。本阶段在国外获取互补性资产与第一阶段的明显区别是构建基于“以我为主，实现非股权合约的发包方为主要目标”的格局，并确保非股权形式与贸易、投资和技术政策的一致性。发展具有自主知识产权品牌，直接到海外市场采用顺向投资方式，形成全球要素为我所用的格局，顺利实现从非股权安排的“接受方”到“发起方”的角色转变。

（二）营造适合我国跨国企业发展的环境和配套政策支持服务体系

培养处于价值链高端地位的海外投资企业，关键是要营造适合我国高端跨国企业发展的环境和配套政策支持服务体系。由于发达国家的“技术和管理技能外溢效应”有限，为确保我国企业在下一轮国际竞争中获得有利地位，我国必须启动基于内需的第二波全球化战略。我国企业若要在海外投资中进一步获取全球化的红利，就应尽快在扩大内需条件下实施深度全球化战略，或发展基于内需的全球化经济。其特征可概括为“利用本国的市场用足国外的高级生产要素，尤其是利用其创新要素发展母国的创新型产业的发展”。鉴于此，一方面要培育大批具有全球视野的高端人才，提供融资机会等一系列支撑国内生产能力建设的保障措施；另一方面要建立一个扶持非股权安排的法律框架，通过投资促进机构来推动非股权安排相关专题的培训，同时也要学习发达国家的跨国公司在非股权经营方面的经验，多样化确保母国公司在价值链以内和不同价值链间从事多种非股权形式活动，并与广泛的非股权合约伙伴保持联系。从长远看，通过非股权形式攀升价值链高端也要采取切实措施帮助非股权合约的“接受方”提高合约承接能力，增强合约伙伴参与非股权安排的能力，最终实现过去单纯以技术、产品优势竞争为主上升到以公司责任理念及道德标准为核心，增强我国企业在海外投资过程中利用股权安排与非股权安排进行差异化但同时并进的系统化、协调性发展能力。

（三）注重品牌、标准等软实力的主动培养和输出

在国家层面创造和捕捉战略机遇期，将国际产能合作的十二个重点行业进行分类，确定品牌推广、技术研发等行业的发展目标和规划，如在汽车行业，使中国自主品牌的汽车通过在境外设厂而快速地走向全世界；通过与世界知名企业合资方式，提高轻工纺织行业国际合作水平；通过高新科技的不断研发，增强通信业在国际舞台上的竞争力；通过提升航天航空装备的对外输出能力，在全球舞台上建立中国影响力；通过开拓船舶与海洋工程装备高端的市场化，使更多中国制造与装备走向世界；等等。

（四）建立产能合作后续多双边维护机制和平台

在进行国家间战略对接以及具体项目对接后，还需注重维护机制和平台建设，应充分重视国际机制的调节作用，通过成立专门部门，建立完善的双边和多边机制，增强国家间的战略互信和战略沟通，借助国际机制来增强战略对接双方供需关系的弹性，使其得以顺利建立并维持在稳定和持续的状态。

主要参考文献

[1] 慕怀琴.“一带一路”战略框架下国际产能合作路径探析[J]. 人民论坛，2016（4）.
[2] 宁吉喆. 企业主导五位一体推进国际产能合作[J]. 中国经贸导刊，2015（11）.
[3] 夏先良. 构筑“一带一路”国际产能合作体制机制与政策体系[J]. 国际贸易，2015（11）.
[4] 杨挺，李志中，张媛. 中国经济新常态下对外投资的特征与前景[J]. 国际经济合作，2016（1）.
[5] 杨挺，田云华，李欢欢. 2014 年中国对外投资回顾和展望[J]. 国际经济合作，2015（1）.
[6] 王征，高旭.基于全球要素重置模式的中国企业“走出去”方式[J]. 海外投资与出口信贷，2015（5）.
[7] 徐长春. 国际产能合作方向及风险防范对策[J]. 中国经济分析与展望 2015—2016，2016（3）.

第四篇　区域经济合作研究

第十四章　TPP 非传统议题对我国的启示及对策

内容提要：TPP 非传统议题相关条款既客观反映了全球化的未来发展趋势，其部分理念具有一定的合理性和进步性，但整体上仍是美式价值理念和各成员国利益相互博弈的结果，不可能成为亚太地区经贸规则的标杆。在相当一部分非传统议题领域，我国现行规则和 TPP 存在一定差异，但未来“求同存异”的空间很大。建议积极汲取 TPP 非传统议题中的积极因素，逐渐建立和完善“中国规则”，积极推进亚太经济一体化进程。

虽然美国特朗普政府宣布退出跨太平洋伙伴关系协定（下简称 TPP），但历时六年谈判所达成的 TPP 协议文本仍然在很大程度上代表了美国的贸易投资规则理念，未来仍将对全球乃至亚太地区 FTA 相关规则产生潜在的深远影响。与亚太地区其他的 FTA 相比，TPP 文本的一个突出特点在于专门针对环境、劳工等非传统议题制定了复杂的经贸规则。

一、TPP 非传统议题的特点

目前亚太地区具有代表性的 FTA 所涉及议题见表 14-1。其中，货物贸易、原产地规则、服务贸易、投资等属于各个 FTA 均会涉及的传统议题；部分 FTA 出于制定重点商品的特殊规则考虑，会将纺织品、石化产品等重点商品和金融等重点服务作为单独议题，这两类议题均不应作为非传统议题。去除这两类议题之后，剩余的非传统议题分为三类：TPP 率先涉及的议题，美国长期涉及、我国尚未涉及的议题和美国长期涉及、我国刚刚开始涉及的议题。这三类议题均应被归入非传统议题的范畴，具体见表 14-2。

表 14-1 亚太地区各 FTA 涉及议题对比

各 FTA 共有议题	货物贸易、原产地规则、海关管理与贸易便利化、卫生与植物卫生措施、技术性贸易壁垒、贸易救济、服务贸易、投资、透明度、机制条款、争端解决①
美韩 FTA	农产品、纺织品和服装、医药、金融服务、电信、电子商务、竞争性相关事项、政府采购、知识产权、劳工、环境
TPP	纺织品和服装、金融服务、商务人员临时入境、电信、电子商务、政府采购、竞争政策、国有企业和指定垄断、知识产权、劳工、环境、合作和能力建设、竞争力和商务便利化、发展、中小企业、监管一致性、反腐败
北美自由贸易协定	能源和石化产品、应急响应机制、政府采购、电信、金融服务、竞争政策与国有企业、商务人员临时入境、知识产权
中国-东盟 FTA②	经济合作

① NAFTA 的争端解决机制分两章：专门针对反倾销的争端解决机制和一般性的争端解决机制。
② 中国-东盟 FTA 的具体文本格式与我国和韩、澳等发达国家签署的 FTA 有较大差异。

（续表）

中韩 FTA	金融服务、电信、自然人移动、电子商务、竞争政策、知识产权、环境与贸易、经济合作
中国-新西兰 FTA	自然人移动、知识产权、经济合作
韩国-加拿大 FTA	竞争政策、国有企业、政府采购、知识产权、环境、劳工

表 14-2　TPP 非传统议题一览

TPP 率先涉及的议题（6 个）	能力建设、竞争力和商务便利化、发展、中小企业、监管一致性、反腐败
美国主导的 FTA 长期涉及，我国所参与的 FTA 尚未涉及的议题（3 个）	劳工、国有企业和指定垄断、政府采购
美国主导的 FTA 长期涉及，我国所参与的 FTA 刚刚涉及的议题（6 个）	知识产权、电信、环境、竞争政策、电子商务、商务人员临时入境

综合来看，TPP 非传统议题有如下几大特征。

（一）将能力建设、发展等国际合作议题纳入 FTA 下的经贸规则体系

目前，全球绝大多数 FTA 的规则框架主要沿袭自 WTO，相对集中于货物贸易、服务贸易、投资等领域壁垒的减轻，基本不涉及能力建设、反腐败合作、中小企业合作等国际合作领域。为将这类议题整合进入 FTA 经贸规则体系，TPP 设立了能力建设、发展、中小企业、竞争力与商务便利化、反腐败等议题，构建一系列新型机制推进各成员国合作。如在能力建设领域，TPP 将成立合作与能力建设委员会，作为协调发展中国家成员关于能力建设的诉求、分享各国经验以及实施一批能力建设项目的重要平台；在中小企业领域，TPP 将成立中小企业委员会，对是否有效地帮助各缔约方中小企业发展进行评估，并帮助实施一批咨询、培训、融资等支持中小企业的合作项目，等等。

（二）在知识产权等议题应用了大量高于 WTO 规则的标准

在乌拉圭回合谈判中，知识产权、政府采购等议题已被纳入 WTO 经贸规则范畴。但由于发展中国家和发达国家在相关议题上的立场差异巨大，最终制定的规则体系是双方互相妥协的结果，并未达到美国等发达国家所希望的“高标准”。美国等发达国家一直认为 WTO 的 TRIPS 协议[①]对知识产权保护程度偏低，而 GPA[②]虽然基本符合美国等发达国家在政府采购领域的理念，但 WTO 框架下该协议并不具有强制约束力，而是由成员国自愿加入。在美国的主导下，TPP 相关议题中设置了大量高于 WTO 现行规则的标准。在知识产权领域，TPP 将版权的保护期由目前国际通用的著作人离世后 50 年延长到 70 年，并加强了对互联网知识产权、非传统商标、地理标志等的保护，对临时复制[③]、“规避”[④]（circumvention）等行为进行更为严格的监管和限制，特别是在药品专利领域援引了美国国

① 即《与贸易有关的知识产权协议》。
② 即《政府采购协定》。
③ 指将相关作品复制进入计算机的内存等随机存储器，在计算机重启、关机之后相关作品会自动消失的复制行为，如播放搜狐视频。
④ 规避一词来自《数字千年版权法案》，含义是指未得著作权人同意，通过各种手段，获取被加密的著作信息中原始信息的行为，如常见的破解游戏软件程序。

内法中药品专利期限延长制度①、药品专利链接制度②、未公开研究数据保护期制度③和专利宽限期制度④等规定，其专利保护水平远高于WTO规则。而政府采购议题的具体规则虽然和GPA基本一致，但鉴于越南、马来西亚、墨西哥等8个TPP缔约方均非GPA成员，事实上实现了GPA的扩容。

（三）强调对间接影响贸易投资的“边境后政策”的规范和约束

环境政策、劳工政策、竞争政策等国内政策不直接涉及贸易投资行为，因此不属于传统的WTO贸易规则体系；但这些政策会影响各国企业的环境成本、劳动力成本和享受间接补贴水平，从而间接影响贸易投资活动。TPP从美国等发达国家的利益出发，通过设置环境、劳工、国有企业及指定垄断、竞争政策等条款，对这类“边境后政策”予以严格规范和约束，并将其纳入FTA框架下的国际经贸规则范畴。具体而言，在劳工议题下要求各国遵守要求各缔约方坚持遵守1998年国际劳工组织所宣布的《关于工作中基本原则和权利宣言》的四大核心宗旨⑤；在环境议题下要求各缔约方不得因对贸易投资可能产生消极影响而未能有效地执行环境保护的相关法规，也不得因为可能对贸易投资的消极影响而弱化甚至取消环境保护的相关法规；在国有企业议题下要求缔约方承诺国有企业在从事商业行为时必须保证和非国有企业及TPP其他成员国企业享受同等待遇；等等。

（四）强调制定针对跨境电子商务等新型贸易方式的经贸规则

近年来，依托互联网等现代技术的跨境电子商务、网上跨境服务等新型贸易方式发展非常迅速，而WTO规则体系中对这类贸易规则几乎没有涉及。TPP在电子商务等议题中强调，将在确保保护个人信息等合法公共政策目标得到保障的前提下，确保全球信息和数据自由流动，不允许各缔约方对电子商务相关企业提出设立数据中心，提供软件源代码等强制性要求或在加密技术应用等领域设立特别限制，也不允许缔约方对电子传输征收关税。此外，在知识产权议题中，TPP援引《数字千年版权法案》等美国国内法，对信息数据流动所可能导致的知识产权侵权等问题予以严格的规范。

二、对TPP非传统议题的评价

（一）TPP非传统议题整体符合全球化进一步深入发展的客观要求

21世纪以来，跨国经贸合作出现了一些新趋势。一是在通信技术、信息技术不断发展的强力推动下，各经济体之间的经济合作已经远远超出了传统的商品贸易、服务贸易和投资的范畴，基于互

① 指药品专利所有者可补偿部分因等待相关监管部门批准的专利权保护时间。
② 专利链接制度最早来自美国国内法，具体包括要求非专利药申请人应提交药品专利状态的说明，加强药品注册审批机构和专利审批机构的沟通等条款，对保护药物专利发挥了重要作用。
③ TPP规定各种专利药物获得上市批准所向政府提交的未公开研究数据的保护期为5年，低于美国国内法的12年。
④ 指专利申请人在公开专利后12个月内提交专利申请也应予以批准。
⑤ 即保护劳工的结社自由和集体谈判权、消除一切形式的强迫或强制劳动、有效废除童工劳动和消除在就业方面的一切歧视。

联网的信息产品贸易、跨境电子商务等新型国际合作形式不断涌现，传统领域的贸易投资规则在新兴领域无法应用。二是在 WTO 对各种边境壁垒（关税、贸易配额）等的规范日益严格的前提下，各国越来越倾向于利用环境政策、产业政策、劳工政策、知识产权政策等“边境后政策”以保护本国产业或增强本国产业竞争力，各国客观上存在着对上述领域建立国际统一规则的诉求。三是发展中国家希望建立新型的国际合作机制，以推动发达国家对其实施更为有效的发展援助、能力建设和技术支持，以实现其经济的长期可持续健康发展；发达国家从宣传自身发展理念，提升政治影响力，保证其长期利益等角度出发，也希望将这类合作机制化和规范化。

TPP 所设置的相关非传统议题中，既有专门针对新兴国际合作领域的具体规则（电子商务、中小企业等），也有针对各国“边境后政策”的具体议题（知识产权、劳工、环境、国有企业、竞争政策等），还有涉及发展中国家可持续发展的议题（能力建设、发展、竞争力和商务便利化等）。无论 TPP 各议题的具体条款是否合理，这些议题本身反映了世界各国在诸多新领域试图形成统一规则的诉求，符合全球化的未来发展方向，因此最终能够被 12 个经济发展水平、文化理念乃至意识形态迥异的成员国一致通过。

（二）TPP 非传统议题具体条款有着鲜明的美式理念和美国利益烙印

美国是 TPP 谈判的主要推动者，其谈判能力、规则制定能力明显高于其他谈判国，因此最终 TPP 非传统议题相关条款具有鲜明的美式价值体系特征，也极为注重维护美国的经济利益。

一是从议题的设置上看，知识产权、环境、劳工等绝大部分议题和 NAFTA、美韩 FTA 等美国主导 FTA 中的议题一脉相承，“美国风格”非常浓厚。

二是能力建设、发展、反腐败等新议题的核心理念和内容基本承袭自美国等发达国家主导的世界银行、经合组织国家发展援助委员会（DAC）等国际组织，如发展议题中减贫、提升妇女权益等条款的核心理念基本来自世界银行，而对基础设施建设融资等发展中国家非常关注的议题则较少提及。

三是各个议题均大量引用了美国国内法相关规定，如在知识产权议题中多次提及的安全港系统、反规避科技保护措施等概念基本承袭自美国 1998 年颁布的《数字千年版权法案》，在电信议题中强调的权力节制原则[①]来自《美国通信法案》，国有企业议题中相关条款也来自其国内法，等等。

四是 TPP 相当一部分具体条款直接为维护美国优势产业利益和国家利益服务。如在知识产权保护中强调对于专利药相关研究数据的保护，显著增加了其他国家生产非专利药的壁垒；在金融、电信、电子商务、竞争政策等领域的条款表面上强调非歧视、公平市场准入，实际上为其国内明显具有优势的相关服务业打开海外市场开辟了道路；等等。

（三）TPP 非传统议题的部分理念具有一定合理性，但其规则不可能成为国际通行标准

能力建设、发展、中小企业等议题的相关理念，如建立 FTA 应有助于提升所有缔约方的竞争力、FTA 应注重帮助中小企业积极参与国际竞争并享受公平待遇，FTA 应建立帮助发展中国家能力建设

① 权力节制原则是美国电信行业的发展理念，其原则可以理解为在不能有效促进竞争、保护消费者权益和实现公共利益的情况下，不应增强监管。

的国际合作机制等，客观上符合各国，特别是发展中国家依托国际合作实现可持续健康发展的合理利益诉求，具有一定的合理性。知识产权、劳工、环境等议题则从保护劳工权益、保护环境、反腐败等国际通行理念出发，对政府和市场的权力界限进行了规范，在一定程度上体现了对公平贸易、自由贸易原则的维护。电子商务等议题则力图基于传统的自由贸易理念建立针对新型贸易方式的具体规则，对促进跨境电子商务等发展也有一定的积极意义。

然而，当初美国推进 TPP 的根本目的是维护其地缘利益和经济利益，这决定了其不可能基于建立一套亚太地区普遍可适用的规则的立场推进 TPP 谈判。在美国和其他国家的激烈博弈下，各议题的最终条款实际上是各方利益妥协的结果，远远不能成为亚太地区乃至全球相关贸易规则的“样板”。如在知识产权领域，医药专利保护由于涉及美国核心经济利益，是美国和澳大利亚、新西兰、日本等国博弈的焦点，成为知识产权议题的核心内容之一；而对于如何帮助发展中国家提升知识产权保护水平，保证发展中国家不因过度的知识产权保护而影响发展，该议题几乎没有涉及。再如，由于缺少我国、印度等大型发展中国家的参与，其发展、能力建设等议题基本上沿袭了世界银行等西方发达国家主导机构的相关理念，未能有效吸收我国在基础设施建设融资、特色园区开发以及印度在推进服务业发展等方面的先进经验，其实施效果可能受到很大限制。又如，国有企业议题的核心基本来自美国国内法，但由于马来西亚、越南、新加坡、新西兰、日本等国的反对，最终只能设置了大量的例外条款以平衡各方利益，这一规则体系能够真正付诸实施存在巨大疑问。事实上，TPP 之所以最终“胎死腹中”，其一个重要原因也在于这种规则体系事实上并未真正代表国际贸易规则的前进方向，而是政治妥协的产物。

三、客观看待我国和 TPP 非传统议题具体标准之间的差异

（一）我国现行规则体系和 TPP 条款存在三方面差异

1. 相当一部分非传统议题中的具体条款我国尚未形成完善的规则体系

我国的国情与美国、日本等发达国家差距巨大，且作为世界上最大的发展中国家，我国在经济社会发展中会不断面临各种新情况、新问题，现有经贸规则体系的完善程度远低于发达国家，在大量 TPP 所涉及的范畴尚未形成完善的规则体系。如 TPP 明确规定了知识产权保护中的平行进口将由各国自行决定是否采用“国际耗尽”原则①，但我国只通过行政法规对汽车等个别产品的平行进口进行规范，尚未全面建立针对平行进口的法律体系。TPP 对于基于互联网信息服务的知识产权保护规定十分详细，而我国尚缺乏专门保护网络知识产权的法律。在中小企业领域，TPP 明确要求各缔约方建立专门为中小企业用户提供咨询服务的网站，并明确指出了应避免对中小企业的各种歧视行为；在电信领域，TPP 明确规定各国必须遵循权力节制原则；在环境保护领域，TPP 明确要求各国严格治理过度捕捞等海洋渔业行为，最大限度地取消可能导致这些行为的政府补贴。而在上述领域我国的相关法律法规多以原则性的论述为主，可操作性远低于 TPP。

① 国际耗尽原则是指专利人在向海外出售专利产品之后，其专利权是否应得到保护的相关原则。一般而言，在国内市场，出于建立统一自由竞争市场的理念，绝大多数国家均认可权力耗尽原则。但是否采取知识产权国际耗尽的原则，各国观念差异较大。

2. 部分议题我国当前的规则体系和 TPP 有明显差异

TPP 相关条款大多沿袭自美国国内法，其相当一部分条款和我国现行法律法规体系存在冲突，其中最具有代表性的是知识产权、国有企业、电子商务、劳工、政府采购等议题的具体条款。在国有企业领域，我国的国有企业担负着实施国家战略等重大职能，政府对国有企业长期实施金融、财政、税收等方面的支持政策，这些优惠政策均和 TPP 国有企业议题中的非歧视原则有明显冲突。在知识产权领域，我国现行的版权保护期限为 50 年，明显低于 TPP 规定的 70 年，我国对知识产权强制许可[①]的相关规定也和 TPP 有较大差异。在电子商务领域，TPP 相关原则以保护数据和信息的自由流动为主，实现合法公共政策目标为次，而我国正在制定中的《网络安全法》（草案）则坚持“互联网主权”概念，要求关键信息基础设施的网络运营者尽量在境内存储个人信息，相关主管部门可以自主处置违法信息等，并要求信息服务提供商为金融机构服务时必须提供软件源代码，与 TPP 规则在理念和操作程序上均存在明显差异。在政府采购领域，我国国内政府采购法律体系在采购方式、采购程序等方面和类似 GPA 规则的 TPP 均存在巨大差异。在劳工领域，虽然我国也是国际劳工组织的成员国，但在 1998 年通过《关于工作中基本原则和权利宣言》时，对其中的第一条原则自由结社原则持保留意见，在同工同酬和消除就业歧视方面的一些具体规则和 TPP 所援引的国际劳工组织相关原则也存在差异。

3. TPP 相当一部分理念、原则和我国现行法律法规体系差异不大，但我国执法能力达不到 TPP 的要求

在绝大多数非传统议题中，TPP 对法律法规执行程序的公平性、有效性和透明性进行了严格的规范，以保证各缔约方严格执行相关法律法规。与 TPP 规则相比，在劳工保护、知识产权保护、环境保护、支持中小企业发展等领域，我国很多法律法规的具体执行程序仍不够透明、不够规范，“执法不严，有法不依”的现象仍然存在。如在劳工领域，TPP 所援引国际劳工组织所提出的保护童工、禁止强迫劳动等原则和我国现行法律体系已经基本一致，但实际上我国在现实中仍存在强迫劳动、雇佣童工等问题，个别地区甚至较为严重。在环境领域，TPP 的环境议题明确要求各国必须保证相关环境法律法规得到有效执行，而我国污染企业成功逃避处罚的案例仍屡见不鲜，等等。

（二）我国和 TPP 规则体系“求同存异”空间巨大

首先，在发展、反腐败、能力建设等 TPP 新增议题领域，TPP 核心理念客观上整体有利于发展中国家和发达国家之间的合作和维护全球公平贸易，和我国现行的法律体系、对外合作理念并无根本冲突，我国在具体对外合作实践中的一些先进经验完全也可以作为相关条款的重要补充，和 TPP 各成员国在建立国际通行规则方面具有较大的合作空间。

其次，当前我国在平行进口、过度捕捞、互联网信息保护等具体条款的规则体系尚不完善甚至空白，但在推进依法治国的过程中，我国完全可以借鉴 TPP 的相关规则，结合我国国情逐渐建立一套更合理、更规范的规则体系。

---

① 专利行政部门依照专利法规定，不经专利权人同意，直接允许其他单位或个人实施其发明创造的一种许可方式，又称非自愿许可。

再次，我国当前规则体系和 TPP 规则存在冲突的一个重要原因是双方发展阶段不同，随着我国经济发展水平和社会治理水平的不断提高，我国的规则体系也在不断变化之中，相当一部分这类冲突可能会弱化甚至消失。例如，我国传统的劳教制度和国际劳工组织“禁止强迫劳动”的原则存在较大冲突，但在 2013 年我国颁布《关于废止有关劳动教养法律规定的决定》之后，我国现行法律体系和这一原则的冲突已经很小。

最后，TPP 的很多法律规则援引自美国的国内法，很多规则并不符合广大发展中国家和其他发达国家的国情。为此，TPP 在倒数第二章专门设置了一般例外条款，明确表示政府出于维护金融安全、保证投资者利益、实施货币政策等公共服务和国家安全等目的可以不遵守相关规则。此外，在国有企业、电子商务等重点议题，TPP 还设置了诸多特殊例外条款，给我国和 TPP 规则接轨提供了较大的空间。如在国有企业领域，TPP 原则明确规定，若国有企业所实施的商业活动属于代行政府职权、政府采购、维护国家主权信用等范畴，则可对“非歧视原则”予以例外，此外还给予了各国基于国情自行设定例外条款的空间。

四、吸取 TPP 的经验教训，积极构建“中国规则”

TPP 非传统议题代表了“美国规则”，其根本目的是维护美国的核心利益。正因为 TPP 没有真正代表全球贸易规则的前进方向，因此未能，也不可能成为国际经贸规则的标准。但也要看到，即便 TPP 未能生效，其规则也存在合理和进步的一面，全面抵制既不符合我国经济发展转型和国内体制改革的方向，更有使我国陷入国际孤立的危险。因此，应积极吸取 TPP 非传统议题中的积极因素，逐渐建立和完善“中国规则”，积极推进亚太经济一体化进程。

（一）深入研究当前我国相关领域规则体系和 TPP 非传统议题之间的差异

TPP 非传统议题相关条款远远超出国际贸易理论的范畴，涉及知识产权保护、劳工权利、环境保护、反腐败等诸多经济社会领域，且有着非常复杂的美国法律体系为依托。为此，建议组织各个领域的法学、经济学、社会学专家，在深入研究 TPP 具体规则条款和其背后美国国内法律体系的基础上，系统明晰具体规则体系的法律基础和法理依据，并和我国现行规则体系进行全面系统对比，从而明确对 TPP 非传统议题条款和我国现行规则体系、未来规则发展方向之间的差异。

（二）加快推进我国国内相关领域的法制化进程，尽快形成“中国规则”

由于发展阶段的原因，我国政府在跨境电子商务、数字经济、知识产权、劳工等领域的规则体系尚不完善，部分现行规则也已不适应新常态下我国经济发展转型的要求。建议借鉴 TPP、国际法、国际公约中的有益成分，加快规则体系改革和建设步伐，尽快形成和完善既符合国际通行理念，又兼顾发达国家和发展中国家利益的规则体系。具体而言，宜加快对平行进口、临时复制等知识产权保护领域的立法工作；加快国内政府采购体制改革，促进招标机制公平公正公开；加快建立能够有效推动国有企业发展，又能维护市场公平竞争的国企支持政策体系；尽快出台《集体谈判法》，形成具有中国特色的维护工人利益诉求的劳工法律体系；进一步完善在过度捕捞、填海造地等领域的法律规则体系；尽快在基础设施建设融资等优势领域形成可复制、可推广的规则；等等。

（三）在对外经济合作中力推非传统议题的“中国规则”

相较美国而言，我国在参与 RCEP、中日韩 FTA 等 FTA 谈判中，所涉及的议题范围仍要少于 TPP，且在具体条款设计上缺乏主导性，其最终规则往往是对对方所提出条文的修正，在制定国际经贸规则中处于被动地位。建议一是要尽可能将 TPP 非传统议题引入我国所参与的 FTA 谈判范畴；二是在 FTA 谈判中积极宣传和推广具有一定普适性的“中国规则”，必要时将“中国规则”引入 WTO 多哈回合谈判范畴，以全球性贸易规则“融合”区域性贸易规则；三是要积极推动在 FTA 谈判中加入 TPP 尚未涉及、但我国具有一定优势的基础设施融资、特色医药等议题；四是在推进“一带一路”建设过程中，将多边开发性金融机构、对外援助等多种非 FTA 合作形式作为建立“中国规则”的重要平台；五是联合印度、俄罗斯等新兴大国，在世界银行、WTO、G20 等全球治理平台就发展、能力建设等新兴议题提出兼顾不同发展阶段，具有较强普适性的国际规则。

（四）加快“以内促外”，积极引导各国接受和遵守“中国规则”

“执法不严、有法不依”一直是制约我国经济发展和社会进步的重要问题之一。在知识产权、劳工、环保等相当一部分非传统议题，我国已经有了较为完善的规则体系，但配套的行政法律法规标准明显滞后，执法缺乏有效的标准支持，违法现象也屡禁不止。建议首先在国内加大严格执法、公平执法力度，特别是加强基层执法工作，不允许任何人将权力凌驾于“中国规则”之上；同时从我国境外企业、境外公民着手，依托 FTA、双边投资保护协定、合作备忘录各种机制性安排，积极引导和约束其他国家的政府、企业和个人逐渐接受和遵守“中国规则”。

主要参考文献

[1] United Nations Committee of Experts on Public Administration（2006）. Definition of basic concepts and terminologies in governance and public administration. United Nations Economic and Social Council.

[2] USTR，How TPP beneifits U.S. SMALL Business. http://www.ustr.gov/TPP.

[3] The Ministry of New Zealand Foreign affairs and trade. The State-owned Enterprises and Designed Monopoly fact Sheet. http://www.tpp.mfat.govt.nz/.

[4] 吴文芳. 国际劳动标准对我国自贸区规则的冲击及应对[J]. 上海财经大学学报哲学社会科学版，2014（3）.

[5] 于安. 论加入 GPA 与我国政府采购的制度改革[J]. 国际安全研究，2007（1）.

[6] 袁帅. 国际劳工组织对“劳工权利”的界定问题——以自由结社和集体谈判权为例[J]. 当代法学，2011（1）.

[7] 李大伟. 跨太平洋战略伙伴关系协议中非传统条款对我国经济的影响[J]. 中国经贸导刊，2014（4）.

第十五章　亚太自贸区的昨天、今天和明天

内容提要：构建亚太自贸区（FTAAP）的设想由来已久。2014 年，APEC 北京峰会达成《北京路线图》，成为 APEC 从松散向制度化建设、新兴经济体发展意识觉醒的标志性事件，是中国引领亚太区域合作的重要成果。目前，该地区已有两个大的自贸区框架：TPP 和 RCEP，FTAAP 发展将面临不少挑战。作为域内大国，中国直面政治碎片化和规则碎片化挑战，主动引领亚太地区制度性建设，为变化中的全球贸易体制做出贡献责无旁贷、时不我待。

一、FTAAP：中国引领亚太合作的重要成果

（一）北京峰会是亚太经济合作转折点

亚太经合组织自 1989 年成立以来，探寻符合地区多样性，惠及所有成员的区域经济合作路径从未停止。1994 年，APEC 印尼会议通过《茂物宣言》勾勒了 APEC 合作方向和长远目标，推动实现亚太地区贸易投资自由化成为历次会议核心议题；2006 年，美国在河内 APEC 会议正式提出亚太自贸区概念，并被列为长期目标；2010 年日本 APEC 会议讨论了实现亚太自贸区的可能路径，并确定了几个备选方案。虽然各方普遍认为，建立亚太自贸区能够促进地区间经济技术合作和投资贸易往来，但随后几年，因诸多原因导致自贸区建设停摆。

2014 年 APEC 北京峰会决定启动亚太自贸区进程，使 FTAAP 第一次有了实质性进展。从经济角度看，北京峰会为亚太地区未来发展确定了五大新支柱，勾画了亚太地区互联互通新蓝图，标志着亚太经济一体化进入互利合作、共同发展新时期。这不仅是该地区实现经济一体化目标的关键一环，也为陷入困境的世贸组织多边谈判注入动力。目前，亚太自贸区集体战略联合研究已完成终期论证，APEC 北京峰会成果正在逐步落实。

（二）FTAAP 或可成为亚太地区新的自贸区框架

目前，亚太地区有两个大的自由贸易区框架，一是美国主导的 TPP，含 12 个 APEC 成员，二是由东盟 10 国、中国、日本、韩国、澳大利亚、新西兰、印度 16 个成员参加的 RCEP。TPP 已于 2015 年 10 月 5 日结束谈判，2016 年 2 月 4 日签署协议。RCEP 谈判于 2013 年 5 月正式启动，成员国人口约占全球人口的 50%，国内生产总值、贸易额和吸引外资接近全球三分之一，是当前亚太地区规模最大的自由贸易协定谈判，也是我国参与的成员最多、规模最大、影响最广的自贸区谈判。RCEP 第 15 轮谈判于 2016 年 10 月 11—22 日在中国天津举行。

截至 2014 年 12 月，APEC 经济体之间签署并生效的 RTA/FTAs 有 54 个。众多 RTA/FTAs 中，TPP、RCEP 和悬而未决的中日韩 FTA 属巨型 FTAs。巨型 FTAs 成员的经济贸易规模均较大。其中，TPP 体现的是美国主导的内容全面、面向 21 世纪的高标准自由贸易协定，RCEP 涵盖了东亚地区诸多国家，兼顾各类发展水平、产业布局和经济增长方式的成员国利益，是由东盟主导，中国积极推动的亚太区域经济合作路线图。中日韩自贸区建设是东北亚区域经济一体化的核心，旨在对三国自贸区战略进行整合，使中日韩自贸区战略目标能纳入三方自贸区战略框架中。中日韩自贸区（CJK）谈判于 2012 年 11 月启动，目前进行至第 10 轮。与 RCEP 相比，尽管中日韩三国经贸合作密切，地理相邻，但经济结构差异以及地缘政治压力使三方谈判进展缓慢。

理论和实证研究都表明，一个自贸区涵盖范围越大，参与经济体越多，经济互补性越强，其经济影响越大。FTAAP 覆盖 21 个 APEC 成员，兼顾市场统一和规则适度，体现 WTO 无歧视和 G20 杭州峰会创新包容发展理念，宏观经济收益高于 TPP、RCEP 和 CJK 等已有自贸区框架，理论上 FTAAP 可能成为亚太地区深度一体化的新选择。

二、FTAAP：中国累积制度性竞争新优势的战略机遇

亚太地区需要一个包括中美在内的大型自由贸易区。由边境开放转向价值链融合的全球化进程，为新兴经济体以较低成本参与发展合作提供了可能，同时也为美国持续营销 TPP 提供了空间和途径。FTAAP 能走多远，取决于各方合力及角力，也取决于中国如何累积制度性竞争优势。

（一）亚太地区仍是全球经济增长最具活力的地区

尊重差异，才能充分释放亚太地区活力。2014 年，APEC 地区的 GDP 增长高于全球经济增长，分别是 2.88%和 2.48%。中国、韩国、印尼、马来西亚经济增速均超过世界经济增速，分别是 7.4%、3.3%、5.1%和近 6%。2014 年，APEC 成员经济总量达到 43.8 万亿美元，约占全球总量的 56.7%；货物贸易总额为 18.4 万亿美元，约占全球货物贸易总额的 52.1%；服务贸易总额为 3.89 万亿美元，约占全球服务贸易总额的 39.2%；吸引外资 11.76 万亿美元，约占全球总量的 46.2%；对外投资 12.47 万亿美元，约占全球总量的 47.4%。亚太主要经济体相互间贸易与投资的持续扩大和区域生产网络不断深化，为亚太经济一体化奠定了坚实基础。

实证研究表明，FTAAP 是中、日、韩和 APEC 全体受益最大的自由贸易区安排。日本经济产业研究所对 FTAAP、TPP 及 RCEP 的经济效果进行了模拟测算，详见表 15-1 和 15-2。

表 15-1　FTAAP/TPP/RCEP 的经济效果（撤销关税）

经济体	FTAAP	TPP12	RCEP
中国	4.1%	−0.3%	1.8%
韩国	6.3%	−0.2%	5.6%
日本	2.1%	0.8%	1.7%
美国	0.8%	0.1%	−0.2%
APEC 全体	2.3%	0.2%	1.0%

资料来源： 日本经济产业研究所成果。

表 15-2　FTAAP/TPP/RCEP 的经济效果（撤销关税和非关税壁垒）

经济体	FTAAP	TPP12	RCEP
中国	6.0%	-0.4%	3.4%
韩国	7.1%	-0.6%	6.4%
日本	3.2%	1.6%	2.8%
美国	1.7%	0.8%	0.0%
APEC 全体	4.3%	1.2%	2.1%

资料来源： 日本经济产业研究所成果。

在撤销关税和非关税壁垒情况下，FTAAP 使中、日、韩、美国和 APEC 全体广为受益；而 TPP 无论在撤销关税、撤销关税和非关税壁垒情况下，中、韩均受到负面影响，美、日和 APEC 全体正向收益非常有限；RCEP 在撤销关税情况下，韩国收益最大，美国将受负面影响，中国、日本和 APEC 全体正向收益不大；但在撤销关税和非关税壁垒情况下，韩国收益最大，中国、日本及 APEC 全体受益相当，美国没有受到影响。

建成亚太自贸区，可以促进区内商品、资本、人员、资源的自由便捷流动，仅此一项，每年可以减少上百亿美元损失，经济收益超过任何现有区域自由贸易框架。贸易自由化进程将进一步促进地区经济增长，已有研究表明，到 2025 年，覆盖整个区域的 FTAAP 将产生 19220 亿美元收益。广覆盖包容性强的机制化安排，有助于部分经济体加快开放敏感产业、产品，降低贸易投资规则“碎片化”，增强经济活力，提升合作效率。

（二）域内众多 RTA/FTAs，为推进 FTAAP 提供了制度基础

20 世纪 90 年代中期 FTA 数量快速增长。APEC 经济体签署的 RTA/FTAs 数量占全球的 53%，推动了全球范围内的 RTA/FTAs 增长。APEC 秘书处网站显示，截至 2014 年年底，APEC 成员间一共建立了 54 个 RTA/FTAs，包含 APEC 成员对外建立并生效的则高达 148 个，如图 15-1 所示。

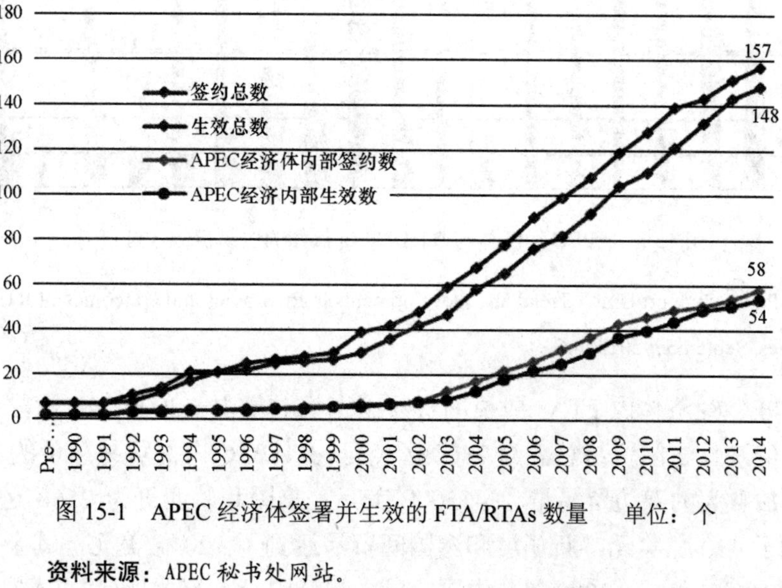

图 15-1　APEC 经济体签署并生效的 FTA/RTAs 数量　单位：个

资料来源： APEC 秘书处网站。

协定数量增加，促进了伙伴间贸易量和贸易份额持续增长。2000—2014 年，当 APEC 经济体之间签署并生效的 RTA/FTAs 由 7 个增加到 54 个时，APEC 内部贸易从 2.3 万亿美元增长至 6.3 万亿美元，增长了 174%。1996 年，APEC 区域内 RTA/FTAs 出口仅占 APEC 总出口的 23%（见图 15-2），RTA/FTAs 进口占 APEC 总进口额的 10%（见图 15-3）。2014 年，这一份额分别增长至 44%和 39%。

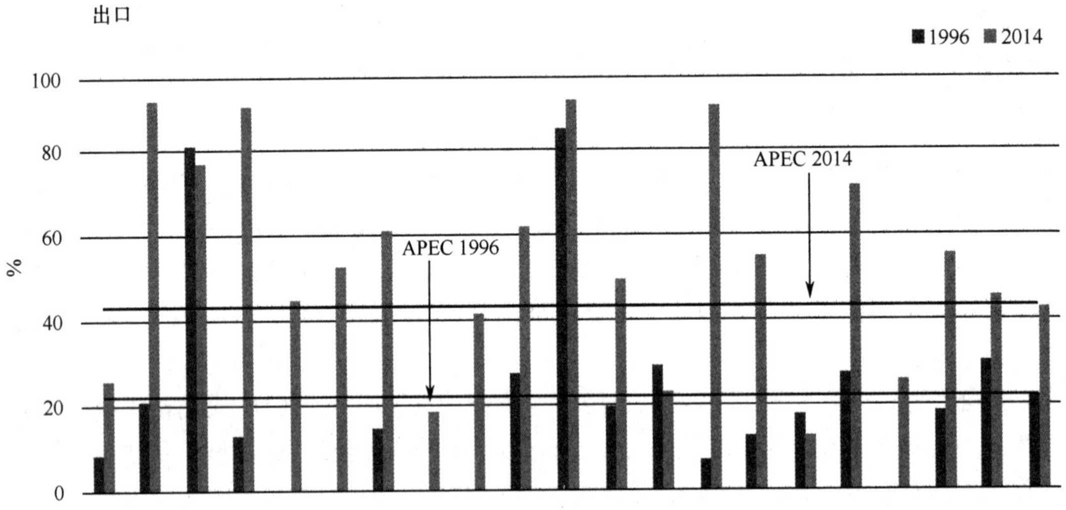

图 15-2　APEC 经济体与 RTA/FTAs 伙伴的贸易份额（出口）

资料来源：APEC Policy Support Unit，Trend and Developments in Provisions and Outcomes of RTA/FTAs Implemented in 2014 by APEC Economies, September 2015, p.5.

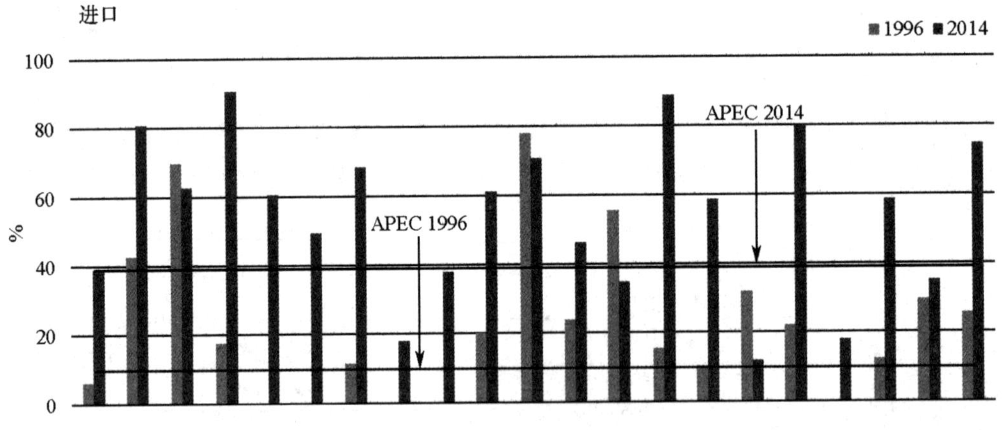

图 15-3　APEC 经济体与 RTA/FTAs 伙伴的贸易份额（进口）

资料来源：APEC Policy Support Unit，Trend and Developments in Provisions and Outcomes of RTA/FTAs Implemented in 2014 by APEC Economies, September 2015, p.6.

2000 年前，APEC 经济体内 FTAs 成员间贸易国别相对集中。2000 年，签署并生效的 APEC 区域内的 RTA/FTAs 经济体之间贸易总额为 7800 亿美元，占 APEC 内部贸易总量的 35%。其中，NAFTA 占 86.7%。美国和加拿大的双边贸易量为 4150 亿美元，美国和墨西哥为 2560 亿美元。马来西亚和新加坡间贸易达到了 430 亿美元，新加坡和泰国间贸易达到了 120 亿美元，其余 RTA/FTAs 内的贸易流量都没有超过 100 亿美元。2000 年，中国、日本和韩国没有签署任何 RTA/FTA。因此区域内的一些重要的双边贸易没有纳入 RTA/FTAs 的统计中，如中国和中国香港、韩国和美国、新加坡和中国、日本和泰国等双边贸易，如图 15-4 所示。

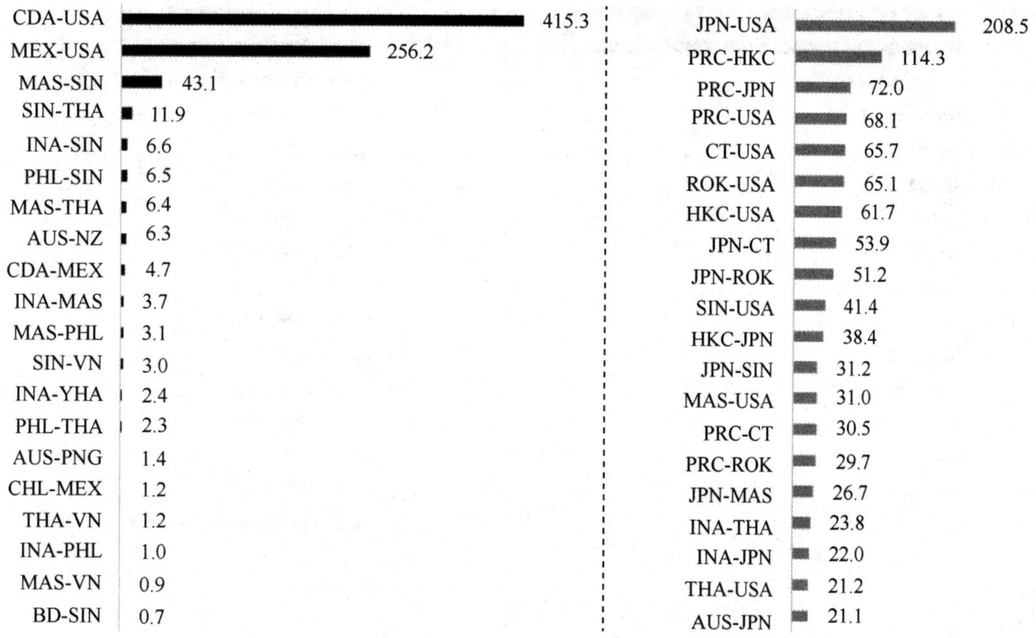

图 15-4　2000 年 APEC 区域内 PTA/FTAs 内部双边贸易排名

2000 年以来，中国与 13 个 APEC 经济体签署并生效了 7 个 RTA/FTAs，日本与 11 个 APEC 经济体签署了 12 个 RTA/FTAs，韩国与 11 个 APEC 经济体签署了 6 个 RTA/FTAs，其余的 APEC 经济体也积极参与到 RTA/FTAs 建设中。如 2000 年后，智利和秘鲁共签署并生效了 9 个 APEC 区域内的 RTA/FTAs，澳大利亚和新加坡则是 8 个新的 APEC 区域内的 RTA/FTAs，新西兰则是 7 个新的 APEC 区域内 RTA/FTAs。

2014 年，已有 54 个 APEC 区域内的 RTA/FTAs 生效，RTA/FTAs 内部贸易已经达到 3.7 万亿美元，占 APEC 内部贸易额的 59%（见图 15-5）。比较图 15-4 和图 15-5 可以看到，这 20 个双边贸易中，仅有 4 个是 2000 年时已经签署的 RTA/FTAs，其余都是 2000 年之后新签署生效的。2015 年，澳大利亚和日本的贸易协定生效。同年，中国与韩国和澳大利亚的自由贸易协定也正式生效，2016 年 2 月 4 日，TPP 签署协议。这些将进一步扩大 APEC 区域内 RTA/FTAs 的内部贸易。已经完成 14 轮谈判的 RCEP，进行至第 10 轮的中日韩自贸协定，待这些协定协议达成，将显著增加区内贸易。

亚太地区各种类型的 FTAs 有 54 个，但貌似神不似。解读各个 FTA 签署条款传递出了 FTA 这一国际合作模式在不断发展变化，体现了参与国对国际区域合作内涵的再理解，为研判 FTAAP 方向和路径奠定了基础。总体看，自贸协定条款由边境规则扩展至边境内规则；由贸易领域扩展至投资、金融领域，更加关注服务贸易；由经济领域扩展至政治、文化、社会、环境等领域。当然，双边或次区域 FTAs 对亚太地区一体化的掣肘显而易见，FTAAP 如何趋利避害还有待观察和研究。

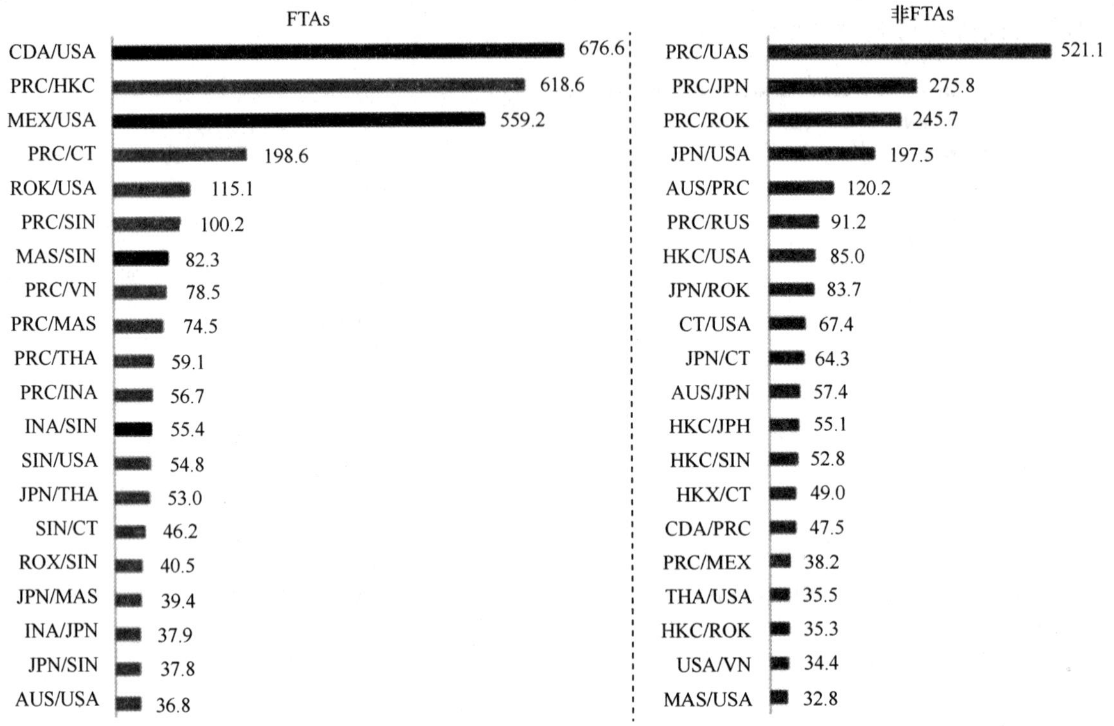

图 15-5　2014 年 APEC 区域内 RTA/FTAs 内部双边贸易排名

（三）创新包容使 FTAAP 更具经济活力和市场潜力

高标准是 21 世纪贸易投资规则发展趋势，但并不意味着非 TPP 莫属，更不能以蚕食各国主权作为前提条件。FTAAP 标准不会向 TPP 看齐，是亚太地区包容性增长的内在要求。目前，亚太经济体在 APEC 框架下推进 FTAAP 建设已经成为基本共识，中美双方正在开展联合战略研究，中方已完成终期论证，为启动 FTAAP 实质性进程提供依据。从目前研究成果看，FTAAP 标准倾向于高于 RCEP，低于 TPP，主要考量是尊重主权，各方受益。美欧 TTIP 第 14 轮谈判不欢而散，TPP 最终签订版本与美国设计的最初版本差异很大，进一步印证 TPP 追求超越主权，营销只符合美国自身利益的贸易投资规则是一厢情愿，FTAAP 顺潮流而为是明智之举。

创新包容和尊重主权是 FTAAP 的命根子。美国冷淡 WTO 另开贸易小灶，核心是阻止更多发展中国家参与全球价值链分工。TPP 新规则很多，有消除关税壁垒，减少贸易障碍，放开投资准入等边界条款，也有超越边境的，如劳工标准、环境标准、知识产权保护、竞争政策等“边境内措施”，涉及成员国让夺主权和体制机制安排。美欧正在谈判的 TTIP 更多讨论的是贸易投资便利化问题，涉及贸易投资标准、流程、技术等，美国希望欧盟接受自己的标准。显然，这些措施都是美国抢占新一轮制度竞争优势，服务自身利益的主张。

综观 TPP 文本，美国通过边境（内）开放，扫除进入别国市场障碍，获取直接经济利益，也采取防御性措施，如 TPP 中投资者-仲裁机制，削弱、消除竞争对手优势。TPP 追求超过成员国承受能力的市场开放和投资准入标准，特别是嵌入一些迫使成员国让夺主权的条款，剥夺了发展中国家以低成本受益于价值链全球化的历史机遇，与创新、活力、联动、包容发展的 G20 杭州峰会理念相左。TPP 强迫成员国放弃某种权利进行政治经济改革难为各方接受，英国脱欧是欧盟追求政治一体化的失败案例，表明不管建构何种区域一体化规则，尊重主权、标准适度，兼顾各方受益是方向，更是底线。

（四）面临三方面挑战

首先，各成员对现阶段实质性推进 FTAAP 态度不一。FTAAP 不是美国首选，TPP 已签署，吸纳了一多半 APEC 成员。美国拟依托 TPP 在亚太地区进行选择性扩员，将其作为推进亚太经济一体化的主要机制。美国对推动 FTAAP 并不热心，日本也如此。东盟在建成经济共同体和推动 RCEP 谈判完成后，对于整体加入 TPP 不会感兴趣。而东盟单个经济体加入 TPP 的兴趣很大，泰国、菲律宾可能考虑加入，印度尼西亚也在考虑加入，如是这样，只剩经济欠发达的老挝、柬埔寨和缅甸了。柬埔寨、缅甸宣布加入 TPP 的可能性也难以排除，面对此景，东盟整体是加入 TPP 还是推动 FTAAP 进程显然举棋不定，尚待观察。TPP 给东亚和亚太地区带来的政治碎片化，成为牵制中国引领亚太合作的重要力量。

其次，中国引领面临挑战。领导力和影响力来自综合实力。中国自贸区建设起步晚，成果与经济大国地位不相称。按照 2012 年贸易统计计算，即使中国与所有在谈贸易伙伴完成自由贸易安排，这些自由贸易安排仅占中国贸易总额的 50.5%，而日本和韩国超过 80%，东盟接近 80%，美国和欧盟均超过 60%。目前，中国影响力主要来自经济层面，重构亚太地区生产网络需要时间，也需要中国经济平稳增长，累积制度性话语权还需要规制协调能力。此外，亚太地区各次区域和双边 RTA/FTAs 数量迅速增加，结构内容发生变化，涉及新议题越来越多，如竞争政策、环境、劳工和投资，给中国改革开放提出了更高要求。传统 FTA 中很多内容成为 RTA/FTAs“示范条款”，为 APEC 贸易投资自由化提供了基础，但各区域协定间因规则碎片化带来的相互掣肘、低效无序，给中国整合自贸区架构带来挑战。

最后，各区域组织如何协调仍是变数。TPP 和 RCEP 如何发展，需要持续观察。有三种可能。情境 1：美国主导的 TPP 不断选择性扩员，成为亚太地区一体化的主要机制。这有两个变数，一是 TPP 发展前景。现在看，TPP 变数很大，需要持续观察。二是中国何时入队。情境 2：两个框架合二为一，成为亚太地区大框架机制。这里的变数在于：东盟整体持何种态度需要观察。情境 3：启动所有 APEC 成员参加谈判，即 FTAAP。

以上三种趋势，中国的态度至关重要。FTAAP 前景取决于中美制度性竞争态势。作为地区大国，中国引领和影响不能低估。美国对 WTO、APEC 以及 FTAAP 呈多面性，为中国积极推动兼顾市场开放和规制协调的 FTAAP 提供了机遇。

三、FTAAP：中国引领亚太地区深度一体化的方向

（一）大国外交，解决政治碎片化问题

中美两国对国际秩序认识存在差别。近几年，美国在南海、东海等借其盟友支持频频发难中国，进而衍生出区域、次区域领土争端、政治碎片化倾向，均与美国争夺地区秩序主导权，实现完全排

他性控制，打造绝对排他性势力范围有关。TPP 带给亚太地区政治碎片化，对中国的牵制作用显而易见。但同时，中美秩序观在对世界总体和平与发展需求，以及对以联合国为中心的多边主义需求，是存在交集的。长远看，中美需要在对具体利益分歧处置上，进行积极有效的沟通和防止误判，逐步累积共识，增进互信。中美要在亚太地区乃至全球实现双赢，需要搭建一个包容各方，利益大体平衡的共同秩序屋顶。FTAAP 理论上可以成为亚太地区经济秩序屋顶，美国除回归包容性、发展合作的轨道上来外，别无选择。

目前，中俄两国高水平的全面战略协作伙伴关系，助力两国深化和扩大各个领域合作。在 APEC 框架下，中俄将进一步深化政治、经济和安全领域，共同为地区提供更多安全领域的公共产品。中俄蒙三方合作，将从陆路打开通往欧洲的经济合作大门。中日与中印关系采取以经促政策略，以三方或多方关系或架构管控双边关系走向。中印着眼于推进发展规划的互联互通，在推进孟中印缅经济走廊建设中发挥引领作用。

（二）周边外交，解决邻而不睦问题

周边生乱固然与美国因素有关，但发展困惑和选择困惑是问题核心。厘清相关国家发展诉求，进行战略对接，为地区提供更多制度性公共产品，是化解纷争、建构秩序、开展发展合作的基本思路。中日保持对话畅通，分享增长战略，政策协调重点从工业政策向服务业政策转变，扩大双向 FDI 投资和人才交流合作，选择部分 WTO+议题开展合作，探讨推进 FTAs、TISA、ACTA 等 WTO 下的规制协调的可行路径，推进中日韩 FTA 谈判，将中日关系置于超越双边框架下进行管理。中韩关系虽因部署萨德处于微妙时期，但总体上不会对中国构成实质性影响。

中国与东盟整体关系，以及中越、中菲关系，总体上应采取积极主动姿态，尊重东盟主导的 RCEP 谈判，积极支持配合东盟行动。东盟整体发展与美国的政治和经贸关系，不会对中国与东盟关系产生实质性影响。提升中国东盟服务贸易水平。对菲律宾、越南、新加坡等，采取依国施策，精准合作，逐个击破。菲律宾对中、美态度生变，向于我有利的方向发展，是外交为经济开路的成功案例。

考虑到中印在思维和认识上的差异，宜采取三方或区域合作引领双边合作模式。如中、印、尼三方合作开展水电建设；加强中印在南亚区域合作联盟以及 RCEP 中合作。加强铁路提速项目可研、高速铁路可研及人员培训、车站再开发等务实合作。以中斯 FTA 为契机，推动中印斯三方经济合作。在全球层面，利用金砖国家机制和新开发银行，加强协调与合作。

（三）制度设计，解决规则碎片化问题

TPP、RCEP 对 FTAAP 不仅有正向溢出，也有负面能量。降低负面影响，需要提升规制协调能力。用好已有捐款，持续支持亚太经合组织机制和能力建设，开展各领域务实合作，就如何定义 FTAAP、FTAAP 实现路径和谈判时间表，以及是否局限于 APEC 成员等问题开展研究。同时，为亚太经合组织发展中的成员培训更多精通贸易和投资等领域的人才，提升开放能力。发展中国家更需要平等参与、公开透明、公平竞争的市场环境，启动一系列谈判能力建设合作是当务之急。一是坚定支持多边贸易体制，推进发展中国家低成本开放市场。除持续推动发展中成员基础设施互联互通和降低关税外，还要借助 WTO 平台扶助发展中国家提升开放能力、应对能力和发展能力建设，尤其

要研究提高发展中国家谈判能力建设需要的工具和策略。二是兼顾贸易便利化和投资自由化，降低规则间相互掣肘。核心是发达国家支持发展中国家以贸易便利化为导向的市场开放，而不是一味强迫其接受投资自由化规则。FTAs 条款更加关注服务贸易作用，应系统研究其正向溢出，指导未来 FTA 谈判。三是中国应选择高质量的自由贸易伙伴国家，加快商签 FTA，如中英 FTA、中意 FTA。重视与区域性组织建立 FTAs，加快推进与海湾合作委员会的自贸谈判。以周边为基础加快实施自由贸易区战略，推动中印 FTA、中尼 FTA 的实质性进展，提升整合自贸区架构能力。

（四）互联互通，解决经济活力和市场潜力问题

互联互通与推动区域经济一体化的本质是一致的。基础设施互联互通对经济增长和贸易能力建设非常重要。当贸易通道从海路向陆海统筹时，作为地缘政治大国，中国发挥带头和引领作用，依托重点门户，做实经济通道具有现实基础。一是东北门户。打开中国向北开放通道，增强中蒙俄经济走廊的带动能力，推动东北城市群与沿边支点城市的区域经济一体化，如满洲里与俄罗斯赤塔、黑河与俄罗斯布拉迪我申斯克、绥芬河与海参崴一线、二连浩特与乌兰巴托的一体化等，增强经济联动能力。二是西北门户。发挥新疆中心城市乌鲁木齐的引领作用和边境城市阿拉山口、霍尔果斯、喀什的支点作用。建设跨境经济合作区和自由贸易区，吸引中亚、西亚国家确立东向发展战略，以经济合作为基础，以城市伙伴关系和产业园区建设为平台，共同推动中国-中亚地区区域一体化进程。三是西南门户。汇聚云贵川渝三省一市之力，推进中国连接东南亚和南亚国际大通道建设，辐射印度洋沿岸，延伸至西亚及非洲东部等广大区域。加快建设外接东南亚、南亚，内连西南及东中部腹地的综合交通运输体系、能源管网、物流通道和通信设施，构筑陆上大通道，确保物畅其流。四是东南门户。加大力度支持广西建设面向东盟区域的国际通道，加强与云南、贵州、广东、海南的协调合作。加强广西各城市（如南宁、钦州、防城港）与越南、老挝、柬埔寨、泰国、马来西亚、新加坡等沿线国家城市的合作网络建设，把内陆国家和沿海国家连接起来，将生产能力转变为贸易能力，推动国际区域经济合作的进程。

主要参考文献

[1] 张蕴岭.地区架构制度性分裂：中国的自贸区战略与复兴 APEC [J].亚太经济，2014（2）.

[2] 王玉主.显性的双框架与隐性的双中心：冷和平时期的亚太区域合作[J].世界经济与政治，2014（10）.

[3] 佟家栋，李连庆. 贸易政策透明度与贸易便利化影响——基于可计算一般均衡模型的分析[J]. 南开经济研究，2014（4）.

[4] IFM eLibrary Data, http://data.imf.org.

[5] APEC Committee on Trade and Investment. FTA Study: Terms of Reference for Policy Support Unit. 2014/SOM3/CTI/007revl.

[6] The APEC RTA/FTA Model Measures can be found in the following document: APEC Committee on Trade and Investment. Annual Report to Ministers". 2008：54-104.

[7] Pasadilla, Gloria, Emmanuel San Andres, Andre Wirjo and Rhea Hernando.（2015），"Key Trends and

Developments Relating to Trade and Investment Measures and Their Impact on the APEC Region: Do FTAs Matter for Trade. APEC Secretariat, Policy Support Unit, 2015,p. 1.

[8] Peter A.Petri and Ali Abdul-Raheem. Can RCEP and the TPP be pathways to FTAAP? ［R］.2014：21.http：//ss-rn.com/abstract=2513893.

[9] Anderson, James, and Douglas Marcouiller. Insecurity and the Pattern of Trade: An Empirical Investigation. Reviewof Economics and Statistics 84（2）：342-352.

[10] De Groot, Henri, Gert-Jan Linders, Piet Rietveld, and Uma Subramanian,（2004）“The Institutional Determinants of Bilateral Trade Patterns. Kyklos, 2004, 57（1）：103-123.

[11] Freund, Caroline and Diana Weinhold. The Effect of the Internet on International Trade. Journal of International Economics，2004，62（1）：171-189.

[12] Helble, Matthias, Ben Shepherd, and John S. Wilson, Transparency and Regional Integration in the Asia Pacific World Economy，2009，32（3）：479-508.

[13] Lejárraga, I. and B. Shepherd, Quantitative Evidence on Transparency in Regional Trade Agreements. OECD Trade Policy Papers, No. 153, OECD Publishing，2013.

[14] Lejárraga, I., Multilateralising Regionalism: Strengthening Transparency Disciplines in Trade. OECD Trade Policy Papers, No.152, OECD Publishing，2013.

[15] Rauch, James E., Networks Versus Markets in International Trade. Journal of International Economics，1999，48（1）：7-35.

[16] Canning, D., and P. Pedroni.Infrastructure, Long Run Economic Growth, and Causality Tests for Cointegrated Panels. The Manchester School,2008（5）：504-527.

[17] Jianmin Jin. China’s Concerns Regarding TPP No More Than Empty Worries. Fujitsu Research Institute, January 11, 2012.

第十六章　推进“一带一路”融资机制建设的国际经验借鉴

内容提要：建立有效的融资机制是促进“一带一路”战略顺利推进的重要保障，融资机制的设计应当合理借鉴国际经验。解决好资金“从哪来、怎样来、如何管、怎么用”的问题是所有大型项目建设和国际经济战略普遍面临的突出问题，很多国家对此进行过卓有成效的努力。本部分选取马歇尔计划、东盟基础设施互联互通、沙俄中东铁路和日本构建东亚生产网络进行分析，这些国家和地区在融资机制方面做出了许多行之有效的安排，从资金来源、融资模式、融资机制和资金运用策略等方面对于“一带一路”建设具有启发和借鉴意义。

一、马歇尔计划

马歇尔计划是在战后欧洲一片废墟、百废待举、资金短缺和美国战时繁荣临近结束，国内产能严重过剩，急需寻求经济转型的情况下推出的援助计划。第二次世界大战结束之后，欧洲经济遭受严重破坏，根据美国政府 1946 年的数据，欧洲每年需要从美国进口 3000 万吨煤炭，折合 6 亿美元，进口 1200 万吨粗粮，折合 14 亿美元；各国面临外汇短缺、财政赤字和资金匮乏的困境，英国、法国、意大利、西德等主要国家分别赤字 22.5 亿美元、17.5 亿美元、5 亿美元、5 亿美元。同时，美国在第二次世界大战中间经济金融势力急剧膨胀，工业生产总值占资本主义国家全部生产总值的 2/3，黄金等贵金属储备占全球的 3/4。但是，由于二战的结束，美国面临经济转型的现实压力，1944 年美国经济增长明显减速，二战结束后的 1945 年美国经济开始出现负增长。通过实施马歇尔计划，加快美国的产能输出和经济转型，稳定欧洲政治经济形势，助力美苏对抗，成为美国和西欧的共同愿望。

马歇尔计划是美国历史上最成功的对外援助项目和和经济外交政策，也是美国利用经济优势和规则制定能力构建国际经济金融秩序的最具创新性的行动计划。尽管与“一带一路”战略存在诸多方面的差异，但马歇尔计划在资金管理和融资合作等方面对我国的“一带一路”建设具有一定借鉴意义。

（一）建立一整套援助资金管理机制，确保资金有效运用

美国设计了一整套资金管理和运作方式，避免了资金的不当运用。1948 年 4 月 2 日，美国国会批准了马歇尔计划的法律文件《1948 年对外援助法案》，该法案全面规定了马歇尔计划的受援国、援助条件、援助方式、援助金额、监督机制等方面的内容。

在资金运作方式方面，法案做出两项重要规定。第一，成立经济合作署（ECA）作为马歇尔计划的政府管理机构，署长由美国总统任命。第二，建立对应基金制度，即受援国接受美国的捐赠时必须在特别账户中存入等值的本国货币，资金的使用要得到经济合作署署长的同意。

马歇尔计划的援助分为赠款和贷款两种方式，从实施结果看，大部分援助以赠款的方式提供：到 1948 年年底，贷款占到全部援助总额的 1/5；到 1952 年 6 月经济合作署完成使命时，美国共拨款 131.5 亿美元，其中贷款只占到约十分之一。

在此规定下，马歇尔计划的资金运作方式如下：美国政府将财政预算拨款交给经济合作署，经济合作署向美国企业采购必备援助物资运往欧洲受援国，并将相关花费款项计入特别账户。受援国将销货所得收入以本国货币形式计入特别账户，其中 95%的金额由受援国在征得经济合作署同意下用于稳定国内货币金融秩序和发展生产，5%的金额由美国支配。

严格的资金使用机制的好处如下：首先，确保了马歇尔计划的援助资金不被挪用和占用，准确投放到受援国的金融稳定和经济恢复领域，保证援助取得明显的经济效果；其次，保障了美国的资金安全免遭受援国的政治经济形势波动的冲击；最后，由经济合作署而非美国政府负责资金的运作，避免了美国国会对政府权力扩张的担忧，增加了援助过程中美国经济外交谈判的空间，确保了资金运用的灵活性。

（二）设置援助资金使用的附加条款，确保对资金的掌控能力

马歇尔计划对援助资金设置了比较严格的附加条款，《1948 年对外援助法案》在受援国的援助条件和中止条件的条款都进行了详细的说明。

在受援国的援助条件方面，《法案》规定每个受援国必须与美国签署双边协定并作出具体承诺，包括：受援国必须将一定的援助资金用于开发美国急需的资源，必须为美国提供基于战略考虑的原材料，必须为美国的战争工业提供必要的战略储备；受援国必须按季度提交援助计划报告，及时向美国提供马歇尔计划相关的情报；欧洲在原材料生产提高的情况下应考虑向美国输送，欧洲国家向美国提供美国短缺的材料是换取援助的条件；必须优先购买美国的农产品；必须消除关税壁垒，确保美国与欧洲的自由贸易。

在受援国的援助中止条件方面，《法案》对受援国的政治制度和国内政策进行了严格的规定，包括：受援国必须坚持自由民主制度，防止受援国的共产党对资金的不当占用；经济合作署在发现援助资金使用与美国利益相悖时，有权直接中止援助。

通过一系列附加条款和制度设计，美国完全掌控了资金使用和西欧经济的基本情况。美国充分了解西欧各国的经济信息，并通过援助资金逐年审批和季度报告制度，加强了对资金使用和欧洲经济的监督。同时，美国牢牢把控资金使用权，确保了资金使用的安全性和与美国自身利益的一致性，维护自身经济利益。

（三）与国际金融机构开展合作，构建国际金融新秩序

马歇尔计划与布雷顿森林体系开展的有效合作是该计划能够取得理想效果的重要原因。首先，马歇尔计划是在布雷顿森林体系构建完毕之后推出的，在一定时期内是对布雷顿森林体系所酝酿构建的国际经济金融新秩序的深化和补充，为奠定美元的霸主地位作出了重要贡献。布雷顿森林的建立和美元成为国际储备货币和清偿手段是美国同意出台大量援助西欧计划的重要条件。在布雷顿森林体系形成初期，国际货币基金组织、国际复兴开发银行等国际金融机构缺乏早期运作资金，难以

发挥应有的稳定体系的作用。在此背景下，马歇尔计划通过“欧洲主动申请，美国有条件援助”的方式，在一定程度上发挥了国际货币基金组织的贷款功能，并使美元成功占领西欧各国经济结算环节，一跃成为世界货币。1948 年 10 月 16 日，西欧各国在美国的提议下签署多边支付协定，1950 年 9 月 19 日欧洲支付同盟（EPC）成立，美元成为与黄金等同的西欧国家间结算货币。

同时，马歇尔计划又成功利用与国际货币基金组织等国际金融机构的关系，辅助于实现稳定欧洲经济金融秩序的目标。美国在推行马歇尔计划稳定西欧经济的过程中，充分发挥了国际货币基金组织等国际金融组织的支撑和辅助作用。在美国的推动下，国际货币基金组织于 1949 年出面对西欧各国进行大规模的汇率重组，缓解西欧各国将汇率固定在 1944 年水平造成的紧缩效应，其中英镑对美元贬值 30%，随后又有 30 个国家进行的贬值。马歇尔计划与国际金融体系开展的有效合作为稳定西欧经济金融形势，保障受援国经济恢复发展的良好外部环境提供了可资借鉴的重要经验。

（四）整合智库等各类团体力量，制定战略性资金安排方案

1947 年 6 月 5 日杜鲁门发表著名的哈佛大学演讲之后，立即着手建立智库调研机构和各阶层声援团体，包括：“哈里曼委员会”、“马歇尔计划声援委员会”、“全国制造商协会”、工会、新闻媒体以及其他民意团体。其中，“哈里曼委员会”作为核心智库，对马歇尔计划的开展和资金有效安排发挥了重要的咨询作用。

杜鲁门在发表“6.22”声明当天宣布，由商业部长埃夫里尔·哈里曼牵头成立“哈里曼委员会”，研究援助计划制定和实施期间可能存在的一系列相关问题。杜鲁门要求委员会研究与援助计划有关的经济资源的性质和数量，并直接向自己提供关于美国对外援助的范围和措施的建议。哈里曼委员会从美国商界、金融界、工会团体、农业、教育界和研究机构选取精英人员。该委员会包含 7 个分支委员会，分别对美国援助欧洲的各方面问题提交研究报告。

以“哈里曼委员会”为代表的美国智库等团体在推进马歇尔计划过程中发挥了三大重要功能。一是加强马歇尔计划的宣传工作，减轻美国国内各团体和群众对马歇尔计划的推行造成的阻力。二是直接参与马歇尔计划的国际谈判，围绕复兴计划费用等专业问题展开讨价还价。三是对国内外经济形势进行深入分析，提出有关援助计划实施目标、程度和期限等方面的政策建议。哈里曼委员会的独立报告建议，1948 年度美国对欧洲的援助总额应为 57.5 亿美元，“约为美国国民生产总值的 3%”，并建议美国对欧洲四年内的援助金额应该在 125 亿～172 亿美元。哈里曼委员会的研究成为美国决策的最全面的资料来源和重要参考依据，为美国制定切实可行的融资方案和资金分配安排发挥重要的咨询作用。

二、东盟基础设施互联互通

东盟基础设施互联互通战略是东盟国家推出的重要区域经济战略，该战略旨在加深东盟区域一体化程度，提高东盟区域整体凝聚力和竞争力，加强东盟作为一个独立的区域在全球和东亚生产网络中的地位，缩小东盟内部区域差距。2010 年 10 月东盟第 17 届领导人会议上通过了《东盟互联互通总体规划》，成为东盟基础设施互联互通战略的重要里程碑。根据《规划》，东盟基础设施互联互

通战略主要包括三个方面的内容：一是物质基础设施互联互通，主要指交通运输和通信网络等基础设施联通；二是体制机制互联互通，主要指通过区域性协定和制度安排促进商品、投资和服务自由化和便利化；三是民间人员互联互通，主要指教育、文化、旅游等民间合作和人文交流。

东盟基础设施互联互通战略是通过区域内国家间的协调配合推动区域基础设施互联互通建设的重要案例。东盟互联互通战略在基础设施建设领域的融资机制构建方面做出了重要贡献。中国在“一带一路”战略推进过程中可能面临一系列区域性、双边或者多边的基础设施建设任务，东盟互联互通战略融资机制对中国“一带一路”战略的融资安排具有重要借鉴意义。

（一）整合多边和双边资金，支撑基础设施建设融资

为支撑基础设施建设，东盟积极整合国际多边和双边资金，从两个方面推动融资工作的开展。

第一，整合国际多边发展银行、双边发展伙伴关系和各国政府力量，为东盟互联互通战略的基本建设提供融资支持。东盟积极寻求多边发展银行的资金来源，整合亚洲开发银行的主权和非主权贷款、技术援助资金，整合世界银行的国际发展援助（IDA）和国际重建和发展贷款（IBRD）等金融支持，整合国际金融合作组织（IFC）提供的针对私人部门的金融援助，整合伊斯兰发展银行（IDB）在基础设施建设、人力资源和私人部门发展方面的金融支持。

第二，充分发挥国际和区域内外各类专项基金和援助项目的作用，从技术援助、人文交流等各个专业领域吸纳建设资金。首先，东盟互联互通战略积极吸纳区域性和全球性基金用于推动基础设施和软件建设，包括：由亚洲开发银行设立和运营的区域合作和一体化基金（RCIF）和气候变化基金（CCF），由日本政府出资并由亚洲开发银行运营的气候投资基金（ICFF），由中国政府出资并由亚洲开发银行运营的区域合作和减贫基金（RCPRF），由多元主体投资并由亚洲开发银行运营的清洁能源融资伙伴关系（CEFPF）和公共部门-私人部门基础设施顾问机构（PPIAF）。其次，东盟积极整合来自东盟外部合作伙伴建立的一系列基础设施资助基金，包括由日本出资和日本银行运营的亚洲合作和环境机构（FACE）和未来环境引导投资（LIFE），由韩国出资并由亚洲开发银行运营管理的亚洲基础设施投资机构（AIFF），以及中国-东盟投资合作基金（CAICF）。最后，东盟积极吸纳着眼于硬件改善、制度和人文交流等方面的专向资金来源，包括东盟发展基金（ADF）、东盟文化基金（ACF）、东盟信息交流基础（ICT）基金、东盟能源援助基金、东盟-中国合作基金（ACCF）、日本-东盟一体化基金（JAIF）、东盟-韩国特别合作基金（SCF）、东盟-韩国面向未来合作项目基金（FOCP）、东盟+3 合作基金、东盟-澳大利亚发展合作项目第二阶段（AADCP II）、东盟-印度基金、东盟经济-体化支持项目（ASEAN-EU）、东盟航空-体化项目（ASEAN-EU）、东盟推动国际合作和经济-体化发展愿景项目（ASEAN-US）、东盟和东亚经济研究机构(ERIA)、亚洲开发银行 （ADB）、世界银行以及东盟其他技术援助。

（二）构建“东盟基础设施基金”，盘活区域金融资源

面对传统融资方式无法弥补东盟基础设施互联互通战略资金缺口的困境，东盟各国积极盘活区域金融资源，主要途径之一就是东盟各成员国共建“东盟基础设施基金（AIF）”。东盟基础设施基金旨在盘活东盟内部的金融资源，支持区域基础设施建设。东盟请亚洲开发银行帮助支持东盟基础设

施基金的设立和运营。东盟基础设施基金的定位是降低东盟基础设施建设的赤字，为增长和减贫提供资金支持，方便私人部门的参与和发展，提高区域经济一体化程度，支持基础设施的社会和环境方面的建设。

从根本上讲，东盟基础设施基金为东盟基础设施互联互通战略提供了有效的融资方案和执行抓手。通过东盟基础设施基金的建设，东盟明确了自身作为独立政治经济板块主导互联互通战略推行的自主性和核心地位。

（三）加强基础设施融资监管水平，撬动私人资本支持项目建设

针对区域基础设施互联互通项目“长周期、低回报、不确定”从而难以有效吸引私人部门资金的情况，PPP 模式是政府部门与私人部门合作的创新性方式，有利于弥补在基础设施建设方面的资金缺口。然而，从实践看，除电信项目之外，PPP 方式在基础设施建设融资方面的应用面临较大困难。很多国家采用了 PPP 方式，但是并未取得预期的目标。为此，东盟从国家和区域层面采取专门的针对性措施来推动 PPP 项目建设。

从国家层面，东盟为了将私人部门资金引入东盟基础设施建设领域采取了如下举措。

第一，根据各种资金的风险偏好整合公共财政资金、官方发展援助（ODA）和私人投资等各类资金来源。

第二，将 PPP 项目提高到供给方可接受的标准进行管理，以接受各方投资，对各类项目进行结构化处理，确保各类主体的风险敞口与金融支持水平相一致。

第三，在公共基础设施运营中建立信用文化，通过债券发行、债券评级和更高水平的公共机构来评估金融市场。

第四，整合多边发展银行和其他合作伙伴的资金，为 PPP 项目的融资和建设提供智力支持。

从国际层面，东盟为了将私人部门资金引入东盟基础设施建设领域采取了如下举措。

第一，推动基础设施融资方面的信息共享和工作交流，推动构建在东盟基础设施联通领域进行跨国界私人投资的金融机制。

第二，推动构建区域知识交流和能力建设平台，如“世界银行-东盟基础设施金融网络（IFN）”，为东盟各国的发展政策和私人资本融资机制建设提供技术支持。

第三，建立一个私人部门顾问咨询机构负责区域 PPP 项目融资发展机制安排，为公共部门和私人部门的有效合作提供战略合作机制。

（四）发挥资本市场的融资功能，完善资金进入的制度性交流机制

基础设施融资需要长期资本的投入和支持。东盟的储蓄率较高，占 GDP 的 30%～35%，这是东盟基础设施建设的有利条件；但是，制度性交流机制的缺失限制了这些资金有效流入基础设施建设领域。为此，东盟积极发挥资本市场的融资功能，建立健全引导资金进入基础设施建设领域的体制机制，并具体从债券市场和股权市场两个方面进行建设。

在债券市场方面，东盟积极增强本地债务融资的可获得性，加快银行体系改革，加快推动满足基础设施建设要求的长期债务融资，发展更加灵活的融资和再融资工具。促进债券市场发展，通过

发展信用评级等方式帮助投资者评估和管控风险，加快引入机构投资人、养老基金等资金来源改善基础设施建设领域的资金短缺情况。

在股权市场方面，东盟积极加强监督管理制度和机制建设，通过立法方式，推进建立明确的合作保障，建立更明确的信息披露制度和会计准则，明确私人股权和基础设施基金的监管措施。

三、沙俄中东铁路

中东铁路是1897—1903年间沙俄为了扩张其在远东地区的影响，攫取中国东北地区的资源而建设的一条“丁”字形铁路。在这一时期，沙俄由于向欧洲的战略扩张意愿受挫，开始将注意力转向东方，力图称霸远东。而中国的晚清政府也因甲午战争以及俄国等国家干涉“还辽事件”而对俄国抱有好感。因此，根据中俄1896年和1898年签订的《中俄密约》和《旅大租地条约》，俄国在中国东北进行中东铁路建设，其干线以哈尔滨为中心，西起满洲里，东至绥芬河；其支线南经长春、沈阳，直达旅顺。中东铁路从1897年铁路干线开工，到1903年全线通车，与俄国西伯利亚大铁路和俄国远东的出海口符拉迪沃斯托克相连，全长2489.2千米。

中东铁路建设是沙俄扩张自身政治经济影响的重要战略举措，是在资源丰富、潜力广阔但是开发力度远远不足的“空白”地区，通过大型铁路项目建设带动地区开发的重要案例。尽管中东铁路的建设具有明显的扩张意图，但是该项目在融资策略安排、资金运用方式、人文交流的金融支持等方面对我国的“一带一路”建设具有一定的借鉴意义。

（一）组建华俄道胜银行负责项目融资，撬动多元资本投入项目建设

沙俄在建设中东铁路的过程中投入了大量的资金，截至1903年7月，该项目的建筑费用为3亿～3.75亿卢布。为保障中东铁路建设的资金筹措，俄国通过设立自己能够充分掌控的华俄道胜银行，主持铁路的修建和融资等一应事宜。1896年中俄签署《中俄合办东省铁路公司合同章程》，规定中俄合办中东铁路，并由“华俄道胜银行建造、经理此铁路”，同时设立中国东省铁路公司；自铁路通车起80年内所得收益归公司所有，80年之后铁路归中国政府。华俄道胜银行是中国第一家外资银行，为中东铁路建设提供了强大的金融支持，该银行与中东铁路共同构成了沙俄在中国东北地区实施经济开发和经济渗透的基本手段。

在资本筹措的过程中，俄国充分整合国际国内各种资本，并且非常注重强化对华俄道胜银行和中东铁路的控制力。华俄道胜银行筹建初期，俄国充分利用法国国内资本过剩、急需寻找出口的意愿，引入法国资本缓解自己资金匮乏的困境。1895年华俄道胜银行初建时资本为600万卢布，其中法国占到62.5%，而俄国只占37.5%。同时，俄国也通过灵活的经济外交手段，充分整合了中国的资金。1898年华俄道胜银行与清政府签订的《中俄银行合同》规定，中国入股500万两白银，但是中国却没有获得相应的地位，华俄道胜银行的董事会中一个席位都未留给中国。俄国通过引进多元资本的策略有效壮大建设资本力量，同时高度重视资金控制权，从而有效地保证了银行融资和项目建设完全符合俄国的利益，取得了理想的建设效果。

（二）推进“中东铁路经济”大融资方案，全面推进铁路建设、产业发展和城市化建设等多个领域的融资工作

在中东铁路建设过程中，俄国采取“大金融”思路，全面谋划铁路及各类产业的资金筹措和运用方案。首先，在大规模投资铁路建设的同时，俄国整合官方和民间资本力量全面开发东部地区资源，投资于各类产业。中东铁路的建设加快形成了以铁路为骨架的包含工业、商业、地产、航运、林业、电力、金融等多种产业在内的经济体系。在“中东铁路经济”中，俄国凭借其大规模的投资占据主导地位。1903 年东铁路通车之时，俄国对中东铁路的投资为 3.75 亿卢布。到 1914 年，这个数字上升为 7.09 亿卢布，这在当时是一笔巨额资金；俄国在其他经济门类也投资 1.43 亿卢布。

“中东铁路经济”同时又是融合多国资本和中国民族工业资本的综合经济体。以哈尔滨为例，1923 年该城市拥有 500 多家日本商号，1930 年拥有美国保险公司 34 家，拥有捷克、希腊、荷兰、瑞士、拉脱维亚、立陶宛、爱沙尼亚商号 40 家，拥有土耳其、印度、奥地利、瑞典、外蒙古等国的商号 144 家，1931 年该城市拥有大型民族商号 6500 多家。同时，在“中东铁路经济”的发展过程中俄国重视为铁路修建带动起来的地区城市化建设提供充足的资金支持。中东铁路的建设从产业、金融和人口聚集等方面有力促进了东北地区的城市群发育和城市化进程。

（三）依托铁路建设加快俄币国际化进程，提升俄国对东北地区的经济影响力

中东铁路的建设有力地促进了俄国货币在我国东北地区的扩张。在中东铁路的修建和运营过程中，俄国高度重视并大力支持俄国货币在东北地区的发行流通。俄方积极推动华俄道胜银行在东北地区开设分支机构和金融网点，为本国货币的国际化提供了金融平台和机构载体。同时，俄方规定一切与铁路建设和运营有关的事宜都以卢布计价，例如客货票和运费的结算，这为俄国货币的国际化提供了重要的经济载体。据统计，1914 年中东铁路沿线流通的俄国货币多达 6000 万卢布，这个数字到 1917 年因俄国滥发货币和通货膨胀等因素上涨到 4 亿卢布。卢布在我国东北地区的广泛流通不但扩张了俄国的经济影响力，极大地便利了俄国经济向中国的渗透，而且也通过铸币税、通货膨胀等手段实现了变相的经济掠夺，为项目建设筹措了资金。

（四）加强文化交流领域的资金保障，有效发挥国家和民间两种资本各自的作用

中东铁路的建设为俄国文化对外传播提供了重要契机，加强文化交流领域的融资保障不但顺应了满足修建中东铁路的外出劳工的文化需求的客观趋势，同时符合沙俄文化扩张的主观意愿。为此，俄国通过整合国家财力和民间资本，加强资金支持，促进人口迁移、教堂建设、报纸开办和学校建设，夯实了俄国文化扩张和对外人文交流的资金保障。

首先，为了满足俄国铁路工程技术人员和工人的需求，沙俄 1899 年在哈尔滨建立了第一所俄罗斯东正教堂，开始了俄国宗教文化的传播进程。到 1940 年哈尔滨共有东正教堂 22 所，教徒 10 万多人。在中东铁路沿线，截止到 1937 年一共建立了 40 余座东正教堂，大大推动俄罗斯宗教文化的传播。同时，俄国积极开办报纸报刊，加快文化传播进程。俄国整合政府和民间多种资金来源，发

挥公共部门、企业和学术组织等多种力量，办了一系列具有影响力的报刊，包括《哈尔滨每日电讯报》《哈尔滨新闻》《九级浪》和《亚细亚时报》等。尤其是布尔什维克党人 1922 年创办的《青年社会主义革命者报》，加快了革命思想的传播。俄国在中东铁路沿线开办了几十所学校，不但包括政府建立的公立学校，而且充分整合私人资本，建立了一系列私立学校，有效地推动了俄罗斯文化在我国东北地区的传播。

四、日本构建东亚生产网络

日本构建东亚生产网络是后发国家在经济起飞之后提高自身经济的产业链层次，增强自身经济效益和影响力的重要努力。为此，日本实施了一系列相互联系的经济和金融举措，具体包括：实施官方发展援助实现国内产业与国际资源的对接和经济影响力的提升；推动“黑字还流”战略缓解巨额贸易顺差，推动日元环流和国际化进程；加快对外投资、企业并购和产业转移，构建以日本为中心的东亚生产网络。这些举措有利于缓解当时日本经济面临的国内产能过剩、国际贸易顺差过大和经济影响力不足等重要问题，为构建以本国为中心的东亚生产网络提供了重要的融资保障。

日本构筑东亚生产网络的战略安排和融资举措对于中国推进“一带一路”建设具有一定的借鉴意义。改革开放以来，中国一直坚持出口导向的追赶型经济发展模式，在取得令人瞩目的经济发展成效的同时也带来了一系列问题。尤其是 2008 年金融危机以来，我国国内的产能过剩问题日益凸显，企业“走出去”和人民币国际化处在大力推进的始发阶段。有效借鉴日本构筑东亚生产网络的融资经验，加快我国企业“走出去”进程，提高我国在国际产业链分工中的地位和层次，扩大我国的经济影响力，对于保障中国“一带一路”战略取得预期效果具有重要意义。

（一）实施“黑字还流”计划，整合公共资金和私人资本推动资本输出

20 世纪 80 年代，日本对外贸易的大量顺差带来了巨大的国际贸易保护压力，如何改善对外关系，推动日本产业升级和资本输出成为迫切的问题。为此，日本大藏省在 1987—1991 年分三个阶段制订实施了总额约 650 亿美元的“黑字还流”计划。第一期计划额度为 100 亿美元，主要内容为：在世界银行成立 20 亿美元的日本特别基金，向发展中国家提供贷款，向国际货币基金组织提供 36 亿美元的政府贷款，拨款 39 亿美元参与国际开发金融机构的增资计划。第二期计划金额约 200 亿美元，积极支持国际开发性金融机构在日本发行日元债券，参与世界金融机构的日元银团贷款项目，扩大向发展中国家贷款。第三期计划金额为 350 亿美元，促进日本进出口银行配合国际货币基金组织和世界银行向主要债务国提供约 135 亿美元的日元贷款，支持配合美国的“布兰迪计划”进行对外援助，向世界银行等国际开发性金融机构提供资金支持和捐助。从资金来源看，“黑字还流”计划主要整合政府发展援助资金和私人储蓄资金。在 650 亿美元的资金总额中，460 亿美元来自私人部门，包括家庭和企业的储蓄。“黑字还流”计划对于推广日元在境外的使用，缓解日本巨额贸易顺差，改善对外经济关系和提高经济影响力具有重要的作用。

（二）构建官方发展援助（ODA）融资体系，建立国内产业与国外资源对接的金融联系

日本的对外援助大致分为五个时期：194—1953 年的战后经济复兴时期，1954—1963 年的战后赔偿时期，1964—1976 年的援助扩大时期，1977—1988 年的有计划地实施援助时期和 1989 年以后的头号贷款国时期。从援助资金的筹措角度来看，日本通过组建海外经济协力基金和日本进出口银行进行资金筹措。1965 年以前日本的对外援助主要通过进出口银行实施。随着通过对外援助促进出口的必要性降低，海外经济协力基金的作用越来越大。日本对外援助的资金来源主要有三种：政府会计预算、发行债券、财政投融资；其中财政投融资占 55%，成为最主要渠道。该笔资金主要来自于政府发起的筹资计划，所筹资金 80%来自于以吸收家庭存款为主的信托基金。

从对外援助资金使用方式的角度来看，日本以有偿援助作为主要形成，通过各种显性或者隐性的条件设置，推动经济对外辐射和日元国际化。在 20 世纪 50—70 年代，日本的对外援助都施加了显性的附加条款，包括受援国必须使用该资金购买日本生产的机械、铁路等工业制品。进入 21 世纪以来，尽管援助的显性附加条款大幅削减，但是日本通过将援助集中在日本具有国际竞争力的交通、机械、能源等领域，同样造成日本企业中标的结果，实质上附加了隐性的条款。日本通过以日元计价的有偿贷款将日元输送到受援国形成境外沉淀，有效推动了日元国际化进程。

从对外援助资金使用方向的角度来看，日本对外援助资金的使用区域和产业相对集中。20 世纪 60 年代，日本对外援助几乎都集中在亚洲地区，从 20 世纪 70 年代到 21 世纪初期，日本对亚洲地区的援助资金一直占到总资金的 60%～70%。同时，日本的对外援助的重要目标就是促进本国的对外贸易，尤其是成套设备出口，1973—2011 年，日本对外援助投资比重最高的部门是经济基础设施领域。

（三）推动对外投资和产业转移，构建以自己为中心的“雁阵模式”

在构建东亚生产网络的过程中，日本通过加大向东亚地区的对外投资和产业转移，积极构建以自己为中心的雁阵发展模式。其中，日本是“雁头”，亚洲四小龙等地区是“雁身”，东盟等地区则是“雁尾”。日本充足的资金和技术实力与东亚其他国家对资金的大量需求形成明显的互补，因此对东亚地区的大量投资成为非常理想的选择。

在投资策略方面，日本主要以保障自身利益为目标，实施贸易主导型的对外投资，在东盟等地区选择矿物开采、机电、运输机械等制造业行业尤其是加工组装行业重点投资，加剧了这些地区产业结构的单一化程度和对日本经济的依赖程度。日本通过构建雁阵模式，有效地发挥了本国的资本和产业优势，提高资金使用效率，在一定程度上为东亚经济的发展做出贡献，日本自身也在有效的资金运用和生产网络构建的基础上取得了良好的经济发展绩效。

五、几点启示

从各国的经验来看，融资机制的有效建构，必须解决好融资来源、融资模式、融资管理、融资目标和融资运用等几个方面的问题，尤其要在复杂的政治博弈和利益竞合关系中找到动态均衡点和

最大公约数。为此，必须重点处理好以下几方面的问题。

（一）把国内资金和国际资金结合起来

资金紧缺问题是很多国际大型项目建设面临的重要难题，单独依靠本国的国内资金往往难以为项目建设提供充分的资金支持，因此，必须把国内资金和国际资金有效结合起来。这一结合既能够保障本国在参与并主导项目建设过程中的影响力，又能够壮大项目融资的资金体量。为此，一要积极吸纳各国资金，推进多元化融资。通过主动对接各国参与项目建设的意愿，整合资金力量，为项目建设筹措充足资金。二要推进与国际金融机构的融资对接，加强国际协调。加快整合国际各类资金，与世界银行、国际货币基金组织等国际机构建立完善协调联系机制，加强与国际机构的合作。三要充分发挥本国资金的影响力，保障资金控制权。在项目融资、建设和运营过程中，积极发挥项目主导国的资金影响力以及其在项目建设融资方面的主导作用，保障对资金管理和使用的掌控力。

东盟基础设施互联互通在结合域内资金和域外资金方面做了很多努力。东盟通过设立“东盟基础设施基金”，整合域内资金力量，发挥本区域资金在基础设施互联互通建设中的重要作用，凸显东盟作为独立的经济板块的主体意识和对项目建设及融资的掌控能力。同时，东盟在融资安排中积极吸纳国际多边发展银行、双边发展伙伴关系和各国政府等域外资金，整合世界银行的国际发展援助（IDA）、国际重建和发展贷款（IBRD）、国际金融合作组织（IFC）、区域合作和一体化基金（RCIF）等多边银行、专项基金和援助项目的力量。

沙俄修建中东铁路的融资安排也积累了将国内资金与国际资金有效结合的重要经验。沙俄通过建立华俄道胜银行组织铁路建设的融资工作。为弥补自身资金实力不足的困境，沙俄充分利用和对接当时国内资本过剩，努力寻求出口的法国的对外投资意愿，引入法国资本参与银行筹建。在该银行设立之初融到的600万卢布的资金中，法国占到62.5%，而俄国只占37.5%。在这之后，沙俄为了在国内与国际资本的结合中保证本国对资金的掌控能力，不断增加本国股权，排斥法国资本。沙俄在对本国资金与国际资金的有效结合和动态调整中实现了本国项目建设融资的战略意图。

（二）把主导国资金和东道国资金结合起来

在项目建设融资过程中，主导国资金与东道国资金互为补充、各有优势。主导国资金具有规模较大、投资领域集中、投资目标明确、带动力较强的特点，而东道国资本则具有当地认同程度较高、对本地情况更加了解、投资领域比较宽泛的特征。有效结合主导国资金和东道国资金，有利于充分发挥两类资金的比较优势，提高项目融资规模和资金利用效率，有利于克服项目建设过程中的社会文化冲突，减小项目推进的阻力，有利于缓解项目建设中复杂的委托代理关系和信息不对称问题，提高建设效率。因此，应当积极推进主导国资金与东道国资金的有效结合。一要优化主导国资金的项目选择，提高资金的带动力和影响力。通过选择最具有开发潜力和带动作用的项目，发挥本国资金参与国际经济开发的主导作用。二要鼓励和支持东道国资金参与到项目建设及相关产业发展和城市化建设的融资过程中来，发挥东道国资金的全方位支撑作用。积极鼓励东道国在所建项目的上下游产业及相关领域的投资，形成两个主体、两种资金的合作互补格局。三要构建主导国和东道国资金对接协调机制，打造合作平台。通过机制化建设和组织化保障，促进两类资金的合作制度化、常态化和便利化，降低两类资金的对接磨合成本。

沙俄在中东铁路建设方面的融资安排是将主导国资金与东道国资金有效地结合在一起。根据1898年华俄道胜银行与清政府签订的《中俄银行合同》规定，中国入股500万两白银。同时，在华俄道胜银行的董事会中，中国却没有获得任何席位。沙俄通过经济外交手段，有效整合了中国的资金，改善了自身资本力量不足的困境，保持了对资金的支配能力，实现自身利益的最大化。

在马歇尔计划执行过程中，美国将财政预算拨款交给经济合作署采购必备援助物资运往欧洲受援国，受援国将销货所得收入以本国货币形式计入特别账户，其中95%的金额由受援国在征得经济合作署同意下用于稳定国内货币金融秩序和发展生产，5%的金额由美国支配。这一资金安排有效保障了美国的援助资金准确运用到金融稳定和经济恢复的领域，实现了主导国资金和东道国资金在援助项目上的有效结合，取得了较为理想的经济恢复和发展效果。

（三）把政府资金和社会资金结合起来

大型基础设施建设和经济战略的实施对资金的需求量很大，单纯依靠公共部门的财力难以为继，必须充分调动私人部门资本的投资积极性才能够有效推进。因此，必须优先发挥公共部门资金的先导和保障功能，为私人资本的引入提供良好的环境。把政府资金和社会资金结合起来，有利于充分发挥政府资金和社会资金各自的作用，有利于弥补项目融资的资金缺口，有利于提高资金使用效率，必须积极推进两种资金的有效结合。一要积极引入私人资本，壮大建设资金力量。通过建立有效的融资机制，充分吸收民间资本力量用于基础设施建设和国际经济开发等项目的建设。二要加快融资模式创新，积极发挥政府的融资监管作用。围绕融资模式的效率和可行性，加快政府统一监管机制的构建，有效发挥PPP等模式的融资功能。三要加快发展资本市场，发挥项目融资功能。充分发挥股权融资和债券融资对项目建设的支撑作用，建设功能完善的资本市场。

日本构建东亚生产网络的融资安排实现了政府资金和社会资金的有效结合。从对外援助看，日本的援助资金主要来自政府会计预算、发行债券、财政投融资，其中财政投融资占55%，主要来自以吸收家庭存款为主的信托基金。在“黑字还流”计划中，650亿美元的资金总额也有460亿美元来自私人部门，包括家庭和企业的储蓄。把政府资金和社会资金有效结合是日本的重要经验。

同时，东盟也在结合政府资金和社会资金方面做出重要安排。东盟各成员国共建“东盟基础设施基金（AIF）”整合区域内资金力量，并积极发展资本市场，通过鼓励股权融资和债券融资，引导社会资金进入基础设施互联互通领域，从而实现各类资金的有效结合。

（四）把外币资金和本币资金结合起来

在推进对外经济开发援助和项目建设的融资过程中，如何处理主导国货币资金（也就是本币资金）与东道国货币以及美元等世界货币的关系，是事关融资策略能否高效率推进的重要问题。在项目融资和建设过程中，把外币资金和本币资金有效结合，拓宽本币在国际项目中的应用领域，有利于规避项目建设中不同币种的汇率风险，有利于推动本币的国际化进程，有利于拓展本国货币的国际影响力。在推进外币资金和本币资金结合的过程中，一要拓展本币金融网点，构建本币海外流通的金融平台。通过推动本国金融机构海外布点，为资金和企业走出去提供金融支持。二要结合项目建设和实体经济的货币需求，加快本币进入流通领域。依托项目建设载体，在实体经济中将本币资金和外币资金有效结合，在保障项目融资顺利推进的基础上，加快本币的流通和使用。三要有效借助国际货币基金组织等国际机构，协调本币与外币在项目融资建设中的关系。通过与国际金融机构建立有效联系，为本币和外币两类资金的有效配合提供重要支撑。

沙俄在修建中东铁路的过程中，将外币资金和本币资金有效结合在一起，通过华俄道胜银行向中国东北地区布置金融网点，构成比较健全的本币融资平台。俄方规定一切与铁路建设和运营有关的事宜都以卢布计价，例如客货票和运费的结算，这为俄国货币的国际化提供了重要的实体经济载体，促进了俄国的卢布在中国东北地区的渗透。

美国的马歇尔计划是通过协调与国际机构的关系，实现外币资金与本币资金有效结合的重要尝试。通过“欧洲主动申请，美国有条件援助”的方式，马歇尔计划在一定程度上发挥了国际货币基金组织的贷款功能，并使美元成功占领西欧各国经济结算环节，一跃成为世界货币。同时，美国充分发挥了国际货币基金组织等国际金融组织的作用，通过国际货币基金组织在 1949 年对西欧各国进行大规模的汇率重组，缓解西欧各国将汇率固定在 1944 年水平造成的紧缩效应，为美国经济战略目标的实现提供了重要保障。

（五）把多元化融资渠道和资金管理使用机制建设结合起来

融资渠道多元化是保障资金实力壮大的重要举措，而建立完善的资金使用机制是维护自身利益的重要保障。在国际经济项目的融资过程中，把多元融资渠道和资金使用管理机制有效结合，能够壮大资金规模，提高资金使用效率，增强对资金的掌控能力，从而更有效地实现本国经济利益。为实现这一结合，一要加强融资方式和资金使用的制度化建设，避免资金随意挪用。通过一整套制度设计，为融资过程和资金运用制定可操作的规则，强化主导国对资金的监管和掌控。二要建立完善融资的组织机构，加强资金筹措和使用的组织保障。从资金筹措、管理、运用等各个环节加强融资过程的组织性和协调性。

美国推行的马歇尔计划制定出一整套资金管理和运作方式。马歇尔计划的法律文件《1948 年对外援助法案》全面规定了其受援国、援助条件、援助方式、援助金额、监督机制等方面的内容。为加强资金筹措和管理，法案规定成立经济合作署（ECA），负责资金管理运营，署长由美国总统任命；建立对应基金制度，即受援国接受美国的捐赠时必须在特别账户中存入等值的本国货币，资金的使用要得到经济合作署署长的同意。通过这些组织和制度安排，美国牢牢掌握了资金控制权，避免了资金的不当使用。

日本在构建东亚生产网络时着力加强融资的组织保障。通过组建海外经济协力基金和日本进出口银行负责资金的筹措和管理，并根据现实的经贸需求不断调整。1965 年以前日本的对外援助主要通过进出口银行实施。随着刻意促进出口的必要性降低，海外经济协力基金的作用越来越大。完善的组织保障对日本的对外战略取得比较理想的成果发挥了重要作用。

（六）把推动互联互通和加强相关领域合作结合起来

项目建设不是孤立的活动，大型项目的实施往往能够带动与项目相关的各类产业以及社会、文化等各领域的发展，因此，必须将互联互通建设与相关领域合作结合起来。为此，一要加强互联互通与本国产业发展和国际经贸投资合作的有效结合。抓住互联互通项目建设契机，发挥本国产业优势，实现本国对外贸易发展和对外投资壮大。二要促进互联互通与政策沟通和民心相通有效结合。以互联互通项目建设为载体，加快国家间政策对接和人文交流，密切两国经济社会联系。三要做好互联互通与相关领域合作有效对接的融资保障。通过全方位的融资安排，加快各领域联通交流的有序推进。

日本在构建东亚生产网络过程中非常重视对外援助项目建设与本国经贸投资发展的联系。日本在东盟等地区优先选择矿物开采、机电、运输机械等制造业行业，尤其是在加工组装行业展开重点合作和投资，并且将对外援助项目与日本的比较优势相结合，援助项目集中于日本具有国际竞争力的交通、机械、能源等领域，增加日本企业中标机会，推动本国对外经济合作。

东盟在推进地区互联互通战略过程中，将基础设施互联互通与政策对接和人文交流有机结合在一起。《东盟互联互通总体规划》规定，东盟基础设施互联互通战略主要包括三个方面的内容：

一是物质基础设施互联互通，主要指交通运输和通信网络等基础设施联通；

二是体制机制互联互通，主要指通过区域性协定和制度安排促进商品、投资和服务自由化和便利化；

三是民间人员互联互通，主要指教育、文化、旅游等民间合作和人文交流。

东盟制定了统一的融资安排，为互联互通与各领域合作的有序推进提供了坚实的资金保障。

第五篇　国际经济热点问题研究

第十七章 特朗普新政及其对中美经济关系的影响

内容提要：共和党候选人特朗普就任美国新一任总统，其非传统的、强硬的、飘忽不定的内政和外交理念有可能在一定程度上重塑美国的竞争优势，但也可能会给全球政治和经济格局带来巨大挑战，影响甚至打破现有的全球经济治理格局。特朗普曾经是20世纪80年代里根新政的积极支持者，二者同属共和党内的保守阵营，当选后所处国内外环境也有诸多类似之处。在特朗普政府就职后，其执政理念和思路将会逐步成型并转向务实。短期看，其执政思路主要体现在2016年10月葛底斯堡的讲话中。随着特朗普在主要位置上的人事安排落地，其执政风格也会更加明晰，中美经济关系可能面临前所未有的挑战。

一、特朗普执政理念和思路

特朗普是共和党非传统保守势力的代表，其本人是商界大亨，在竞选中赢得了中下层中间选民的支持，但并未获得美国多数选民的支持。特朗普执政理念与20世纪80年代同属共和党保守阵营的里根政府有一定的相似性，大致可以概括为“美国至上、经济优先”，在一定程度上不愿主动承担全球领导责任和义务。

“美国至上”是一张政治牌，有利于共和党内保守势力更好地操控民意，推行其较为激进的各项政策。历任美国总统均会毫不迟疑地将美国利益放在首位，但是具有政治技巧和外交经验的政治家，为了维护美国在全球和其盟国中的领导地位，实践中又常常注重折中政策并力图保持内外均衡，以维护美国的国际形象。特朗普作风强硬、口无遮拦，很有可能突破传统定式，过度强化美国利益，成为一个极端的民族利己主义者，而不仅仅是一个保守主义者。金融危机以来，全球经济复苏缓慢，美联储长期量化宽松的货币政策加大了美国国内的贫富差距，社会矛盾积聚，种族矛盾加剧。在全球范围内保守主义、民粹主义抬头的大背景下，特朗普强化美国利益既有助于赢得民心，也有助于医治大选所带来的社会撕裂，还有助于强化他自己的执政风格。

重振美国经济是特朗普最为重要的一张牌，经济优先必然是特朗普政府的不二选择。经济是特朗普最擅长的领域，最容易见到政绩，因而也最有可能帮助其赢得民心。美国经济经历了七年较为稳健的复苏，增速一直保持在1.5%以上，失业率已降到历史低点，美联储也已两次加息，表明美国经济再一次进入可塑性较强的周期，为特朗普实现其经济目标创造了极为有利的条件。同时，特朗普在商业上的成功，也有助于其更好地把握美国经济，重塑美国经济的竞争力。特朗普竞选口号“让美国再次伟大”的核心和基础，就是重振美国经济。因此，特朗普政府必然会重视基础设施的建设，通过减税和放松金融管制，激发市场的竞争活力。

作为全球唯一的超级大国，特朗普政府绝不会主动放弃其全球化主导权，但是又不愿意承担相应的领导责任和义务。现有的国际贸易、投资和货币金融体系是以美国为主的发达经济体所建立的，有利于在全球实现其国家利益。但是，随着全球政治和经济格局的变化，特别是新兴市场和发展中经济体的崛起，特朗普一方面希望其主要盟友日本和欧洲发挥更大的作用，另一方面又试图迫使主要新兴市场国家做出更大的让步。在经济方面，特朗普声称要退出 TTP，重谈北美自由贸易协定，大幅提高对中国进口产品关税，这并非孤立自己，而是希望获得更大的利益。在安全方面，特朗普不是要放弃美国在全球的主导权，而是希望其亚洲盟国日韩和欧洲盟国德法承担更大的责任，分摊更多的费用，算的还是经济账。

二、特朗普新政的“实”与“虚”

特朗普新政主要体现在其 2016 年 10 月 20 日在葛底斯堡的讲话中，大致涵盖九个方面的内容，对全球影响最大的是其经济和军事安全政策。在政治方面，强调要捍卫美国公民宪法权利，保护公民宗教自由权、言论自由权、武器持有权等宪法赋予的权利，废除所有未经国会授权的法案，政府依据宪法行使行政权力。在经济方面，推行一揽子减税政策，重振美国经济的竞争优势；放松金融监管，废除《多德-弗兰克法案》，激活华尔街的竞争潜力；制造贸易事端，为美国在国际贸易中换取更大的实际利益；加大交通信息等基础设施投资，提高美国经济的效率；重建平衡的能源政策，恢复煤炭等传统能源的作用。在教育医疗方面，为工薪阶层和适龄儿童创造更多的受教育机会，提升美国的创新能力；废除奥巴马医保法案，鼓励市场竞争，降低医保成本。在军事安全方面，提高军事能力，确保对恐怖活动的威慑；重建移民法规，收紧移民政策。不难看出，重振美国经济是特朗普新政的核心，有“实”有“虚”，但是均非空招，可以落实和实施的内容很多。

（一）税改可能成为特朗普政府的最大实招，面临巨大挑战

特朗普希望重启 20 世纪 80 年代里根执政以来最大规模的税改，其核心是将联邦个人收入所得税率由目前的七挡简化为 12%、25%和 33%三挡，绝非空穴来风。特朗普当年就是里根的追随者，积极支持里根的执政思路，与里根同属共和党内保守阵营。20 世纪 80 年代共和党里根获胜后，特朗普就曾给里根写信，主张“要让美国重新伟大”和“以实力重塑和平”。当年，美国正处于两次石油危机后最困难的时期，以“高通胀、低增长”为特征的滞涨困扰着美国经济，失业率居高不下。里根的税收改革在很大程度上使美国经济在 1983 年实现了复苏，并最终帮助美国走出了滞胀。

目前特朗普税改政策的有利条件主要表现在五个方面：

一是美国经济已经走向稳定复苏，企业盈利能力在不断改善，失业率处于历史低位，市场信心在持续增强；

二是减税已成为全球性供给侧结构性改革的普遍工具，有助于改善市场环境，刺激投资和创新，进一步提升对优质要素的吸引力；

三是减税一般会迫使政府缩减支出，放松管制，最后常常会提高市场经济的效率；

四是减税会惠及大多数美国公民，短期内不会受到美国公众的激烈反对；

五是如果减税能够带来经济的强劲复苏，随着税基不断扩大，减税也就不会在中长期产生较大的负面影响。

当然，减税政策也面临巨大挑战。首先，大规模减税政策必然需要通过举债来弥补政府赤字，里根任期内政府债务占 GDP 的比重由 1980 年的 26%上升到 1989 年的 41%，美国也由世界最大的债权国转变为世界最大的举债国。2016 年美国政府债务占 GDP 的比重超过 63%，特朗普的减税政策有可能使美国政府债务占 GDP 的比重上升到 90%，外债比例也将进一步上升。其次，2009—2015 年美国长时间量化宽松货币政策，导致贫富差距扩大，社会阶层进一步分化，底层不满情绪集聚，民粹主义抬头，因此特朗普的减税政策极有可能进一步加剧美国的贫富差距。实际上，里根任期内美国贫富差距也在不断扩大。最后，里根当年不仅以压倒优势赢得了大选，而且也赢得了普选，既容易赢得两院的支持，也不担心中期选举。相比之下，特朗普虽然赢得了大选，但并没有赢得普选，共和党在两院的优势也不明显，要想通过不断举债来支撑其税改，难度很大。

（二）放松金融监管，表面似“虚”，实则为“实”，而且较易落到实处

金融危机后，奥巴马政府制定并通过了《多德-弗兰克法案》，加强对银行及金融衍生产品的监管，被认为是“大萧条”以来最全面、最严厉的金融改革法案，导致华尔街金融机构去杠杆化明显，对控制金融风险发挥了重要作用，但也引起不少金融机构的抱怨，在一定程度上损害到了华尔街的竞争力，影响了金融市场的活力。特朗普多次提出要废除《多德-弗兰克法案》，降低监管成本，激发金融机构的活力，受到不少金融机构的欢迎。

放松金融监管相对而言较易落实，短期既不会有太大风险，也可支撑美国经济持续复苏。首先，金融危机以来，美国金融市场的风险主要通过市场来释放，2010 年 7 月下旬《多德-弗兰克法案》实施前，美国金融市场风险已基本释放，法案促使金融机构进一步去杠杆化。其次，法案的实施有助于华尔街重塑市场信心，其政策目标已经基本实现。但是，法案对金融机构和金融衍生产品的限制，也抑制了金融创新，弱化了华尔街的竞争力。再次，金融监管也应与经济周期相适应，在经济过热、金融风险高的时候应加强监管；而在金融风险相对较低、经济复苏温和的时期则应放松管制。最后，放松金融监管不仅不需要额外投入，还有可能节省监管成本，因而短期内较易实施。

放松金融监管并不意味着特朗普政府要彻底废除《多德-弗兰克法案》。特朗普强调的放松金融监管主要针对基于“沃尔克法则”的银行业规则限制。比如，放松对商业银行的规模限制，放松银行对私募基金和对冲基金的投资，放松在传统借贷业务中对高杠杆、私募、对冲等高风险投资活动的限制，放松银行利用自身资本进行自营交易的限制。但是，特朗普既不可能废除依据法案而成立的金融稳定监管委员会或撤销其职能，也不会解散美联储新设的消费者金融保护局或撤销其职能。

（三）反全球化为“虚”，为美国在国际经贸体系中谋取利益是“实”

美国是全球化的主导者，二战后塑造了符合其利益的全球贸易投资和金融货币体系。美国作为一个开放水平最高、国际竞争力最强、从全球化受益最大的经济体，反全球化不符合其利益。作为一个成功的大富翁和商界代表，特朗普本人也不可能反对有利于商界和大企业的全球化。在英美和欧洲大陆出现的反全球化现象，更多的是公众对金融危机以来大规模救市和长周期量化宽松政策所造成的贫富差距扩大的不满。特朗普在大选前后，多次表示对美国现行对外经贸政策的不满，扬言要退出 TPP，重新审议北美自由贸易协议，并对中国进行惩罚性贸易制裁。这些言论，既反映了特朗普强硬不羁的一面，也预示着特朗普将更加注重国内经济建设，更主要的是特朗普希望为美国换取更大的经济利益。

美国经济的实际开放水平在主要经济体中最高，其吸引外资能力、高技术产品和服务贸易的竞争力最强，在全球、区域和双边经贸谈判中占有很大的优势。因此，主动制造和挑起经贸摩擦，可以更好地利用这些优势，在经贸谈判中获取更大的利益，进一步强化其竞争力。在20世纪80年代，里根政府就曾利用这些优势，制造对日经贸摩擦，指责日本操纵汇率，迫使日元升值，一定程度上引发了日本经济长达20多年的艰难调整，美国经济则进入一个相对较长的上升周期。

美国经常以产业损害、保护就业和国际收支不平衡为借口，挑起经贸争端。但是在目前情况下，从内部看，美国失业率保持在历史低点，就业比较充分，看似缺乏挑起贸易争端的借口；从外部看，美国国际收支占GDP的比重也从2008年的5.8%，降到了2016年的2.5%，看似更加没有挑起经济摩擦的理由。事实上，美国在经济形势好转的情况下，挑起贸易争端往往会赢得更大的利益，负面影响也最小。历史上，美国对日本的经贸争端正是在美国经济开始好转后的20世纪80年代中后期到达高峰的。

三、中美经济关系将面临前所未有的挑战

中美经贸关系已成为全球经济和治理格局变动的主导力量。过去20年全球经济格局变动主要是由于中国经济和综合实力上升造成的，因此，美国在全球经济和治理中的领导地位受到中国和平崛起的影响，它早已把中国作为最主要的竞争对手。特朗普很有可能成为中美建交以来，对中国最为强硬的美国总统，中美关系将面临前所未有的挑战。

（一）特朗普对中国可能会主打经济牌，由柔性制衡转向强硬接触

奥巴马政府利用亚太再平衡来牵制中国，“虚”多“实”少，不仅效果有限，而且更多地利用其亚洲盟友来制衡中国，其政策效果仅仅是分散了中国的精力。中美两国总体上看，对话、合作大于竞争，没有发生剧烈的摩擦。奥巴马时期，中美经贸关系没有发生大的纷争，一个太平洋能容得下中美两国成为共识。虽然奥巴马政府也在通过TPP来从经济上牵制中国，但TPP由于考虑了太多的政治因素，美国既没有得到多少经济上的实惠，也不可能遏制中国经济的和平崛起。相反，中美两国建立了中美战略与经济对话机制，启动了中美双边投资协定谈判，并在20国集团和全球气候变化等方面进行了建设性合作。

特朗普可能放弃奥巴马时期主要通过区域和多边机制来制衡中国的策略，而会集中精力，直接与中国进行接触。特朗普多次指责中国操纵汇率，并声称要对中国产品征收高达45%的特殊关税，这发出了一个比较明确的信号——中美可能在汇率、知识产权、网络安全等核心问题上强硬接触甚至摊牌。里根时期，美国就在很多方面直接对日本摊牌，迫使日元不断升值，并采取自主出口限制，加大对外产业转移等贸易投资政策。日元不断升值使得日本经济出现了泡沫化，并最终导致日本国内经济政策出现大的失误。

（二）特朗普的减税政策可能使中美比较优势发生重大变化

自金融危机以来，伴随着劳动力、土地和环境成本以及房地产价格的大幅上涨，中国沿海

最具活力的长三角、珠三角地区的成本比较优势在快速下降。与美国相比，中国沿海发达地区土地厂房、能源价格、交通物流、资金成本乃至企业税赋已经全面超过美国，与美国的绝对比较优势只剩下劳动力成本一项。据美国波士顿咨询公司 2013 年的一项研究，2015 年美国低成本地区制造业的生产成本将大致与中国发达地区持平，而到了 2018 年可能会比中国低 2%～3%。浙江慈溪的一家化纤企业也比较了浙江和美国南卡罗莱纳州的综合生产成本，得出了颇为类似的结论。

特朗普的减税政策不仅会进一步强化美国相对于其他发达国家和地区的比较优势，而且会使中国经济最有活力的长三角和珠三角地区更快地丧失相对于美国部分地区的比较优势，这种趋势今后可能很难逆转。虽说特朗普政府减税政策需要财政赤字政策的支撑，难度很大，但并不是空中楼阁，政府债务可以通过国际国内两个市场来消化。相比而言，中国的供给侧结构性改革虽然也将降成本放到了极其突出的位置，但是降低企业税负的难度极大，既涉及国家层面的税制改革，也涉及地方层面能否执行到位，不打折扣。更需值得重视的是，中国的减税改革带来的政府债务，短期内只能通过国内市场来消化，而金融危机以来地方政府债务、国有经济债务以及社会保障成本的上升，使得降税改革面临很多刚性约束。

（三）特朗普放松金融管制可能延缓中国金融市场改革的步伐

本轮金融危机起源于美国，但是高度开放和发达的金融体系帮助美国通过市场释放了很大一部分风险，通过金融开放转移了一部分风险，最后又通过货币财政政策化解了一部分风险，因而美国不仅成为最早从金融危机中走出来的主要发达经济体，而且成功地避免了二次衰退。2014 年，美联储加息预期的增加，导致美元升值，国际资本开始大规模从发展中国家回流美国，给新兴市场和发展中国家造成了很大影响；2015 年和 2016 年美联储两次加息形成的市场预期，加大了发展中国家的金融风险。2017 年，随着特朗普放松金融监管，再叠加美联储连续加息的市场预期，新兴市场和发展中经济体的应对难度会进一步加大。

2005 年以来，中国加快了以利率、汇率市场化改革为核心的金融体系改革开放步伐，以顺应经济全球化大趋势和新一轮改革开放的要求。随着 2016 年人民币加入 IMF 特别提款权货币篮子，中国的金融开放水平达到新的高度。金融开放水平的不断提高使中国更易受到主要经济体（特别是美国）货币金融政策的影响，大大增加了中国货币金融政策调控的难度，政策性风险加大。客观地说，金融危机在一定程度上影响了中国金融开放和人民币国际化；2014 年以来，美元走强，国际资本回流美国，加大了人民币贬值压力；同时外汇储备大幅下降，在一定程度上延缓了中国金融市场的改革步伐。

四、处理中美经济关系需谨慎思考的几个问题

特朗普相关经济政策的不确定性以及其强硬务实的风格，将大大增加我们处理中美经济关系的难度。然而，只要中国经济本身能够保持健康稳定的发展，改革开放能够有序推进，中美关系的主动权就会牢牢地把握在我们手中，中美关系就不会影响到中国和平崛起的大局。

（一）中美经济关系不是“零和游戏”，时间在我们一边

无论特朗普如何折腾，全球化不可能逆转，贸易投资保护既不符合绝大多数美国消费者的利益，也不符合美国绝大多数企业的商业利益，不是美国的政策选项。但是，特朗普可能制造事端，挑起贸易摩擦，为美国和他本人所代表的商界换取更大的商业利益。从特朗普当选后的言行看，他甚至可能不择手段，挑战中美关系的底线，目的还是所谓的利益交换。从中美经济关系的大局看，中美贸易投资乃至金融合作已达到很深的融合程度，你中有我，我中有你；与日美和欧美经济相比，中美经济合作大于竞争，“零和游戏”不符合美国的战略利益。中美经济合作陷入低谷，客观上有助于中欧、中日以及中国同其他发达经济体的经贸合作，美国不会主动把中国推向欧洲和日本。

中美力量对比仍将继续发生变化，如果中国经济本身能够保持健康稳定发展，时间在我们一边。美国是成熟的经济体，其经济发展的动力主要依靠创新驱动。中国是发展中经济体，经济发展水平与发达经济体相比仍有很大的差距，干中学、创新和改革开放仍将在很长的时间里是中国经济发展的三大主要动力，中国经济有能力在未来20年再翻两番。发展速度以及人口总量的差异，决定了中国经济总量可能在2030年以前超过美国。到2050年，中国经济的国际化水平和竞争能力可能与美国相当，而中国经济的综合影响力可能会超过美国。

（二）深化中美战略与经济对话机制，尽量避免特朗普政府误判

中美战略与经济对话经历了美国两届政府，直接参与者均为双方宏观经济政策的最终决策者，机制比较成熟，已成为中美高层对话和战略沟通的重要渠道。中美战略与经济对话议题广泛，既涉及宏观的财政货币政策、能源政策、创新政策、贸易投资政策，也涉及微观的汇率问题、知识产权保护、贸易摩擦、信息安全、人员交流，还涉及全球治理、金融稳定、气候变化等议题。中美战略与经济对话已成为双方加强沟通、增进理解、管控分歧的重要渠道。

特朗普政府“经济优先，直接接触”的经济外交理念必然会进一步凸显中美战略与经济对话机制的重要性。有鉴于此，应当积极深化中美战略与经济对话机制，将双方的主要分歧和矛盾作为对话的核心议题，不回避敏感性议题，尽可能亮出双方的底线，避免决策误判。同时，增加中美战略与经济对话的频率，将每年一度的对话增加到一年两次，或一年四次。其中，一次为规模较大的互访式对话，其余可设计成以核心专题为主的视频对话。对敏感的、分歧较大的问题可在互访式对话中集中讨论。

（三）中美经济关系必须回归理性，对特朗普的挑衅绝不手软

中美经济关系是全球经济治理中最重要的关系，不仅涉及双方的核心经济利益，而且对全球经济具有重大影响，中美双方均应是负责任的利益分担者。因此，中美经济关系必须回归理性，经济关系应该用经济方法来解决，不要把经济问题和政治外交问题搅在一起。美国政治总归还是精英政治，美国经济政策的制定者也很专业，公众总体上也是理性的，处理中美经济关系必须坚持摆事实、

讲道理，要有耐心，不能激进，要用专业应对专业、以民意应对民意。

特朗普飘忽不定、口无遮拦的个人风格增大了中美经济关系的复杂性。特朗普也有可能打破中美传统的共识和默契，挑战中方底线，以换取经济利益。因此，对特朗普的挑衅应针锋相对，绝不手软，政治对政治，外交对外交，不让特朗普抱任何政治幻想。如果特朗普政府单方面打破平衡，以此来换取经济利益，我们就应通过经济手段进行制裁，而不是妥协。这是因为，如果让特朗普尝到了政治换经济的甜头，以他商人的本性，定会不择手段，得寸进尺。对特朗普的挑衅，要做好充分的准备，要打就要真正打到特朗普的痛处，让他永远记住，投鼠忌器。

（四）加强与其他主要经济体的经济合作，平衡中美经济关系

中美关系是国际经济关系和全球经济治理中最重要的关系，但不是全部，中欧、中英、中日关系在全球经济关系中也具有举足轻重的意义。中美经济关系与中欧、中英、中日经济关系的竞争性，决定着中美经济关系出了问题时，受惠的必然是欧洲国家和日本。欧洲发达经济体和日本虽然与美国存在政治和军事上的同盟关系，但是由于经济上的互相竞争性，欧洲发达经济体和日本与中国的经济合作并不紧紧追随美国，而是采取了更加积极的姿态，欧洲主要经济体积极参与中国倡议的亚投行就是最好的佐证。

本轮全球经济力量调整的最主要特征，是以金砖经济体为代表的新兴和发展中经济体的整体崛起。金砖经济体已成为全球经济治理的一支重要力量，影响着全球政治和经济格局，特朗普政府必然会认真面对金砖经济体的挑战。显然，特朗普美国至上、经济优先的理念也会给其他发展中经济体带来巨大挑战，因此加强金砖经济体的合作和对话，也是有效应对特朗普政府不确定风险的重要手段。在应对中美关系变局的过程中，进一步深化金砖经济体的务实合作，适时推进金砖经济体扩容，增强发展中经济体经济的稳定性，共同应对全球金融和经济风险，既有利于增加全球经济和治理的稳定因素，也有利于团结更多的发展中经济体共同应对特朗普政府的不确定性风险。

第十八章　人民币汇率走势分析及如何看待外汇储备下降

内容提要：2016 年开始，人民币实际有效汇率加速贬值。经常账户的盈余减少和资本加速外流，使人民币贬值压力进一步加大，外汇储备也呈现持续下降趋势。但是，外汇储备减少有利于"藏汇于民"并改善国际收支结构，目前外汇储备规模远没有达到风险点，仍有进一步调整空间。人民币也不具备持续贬值的基础，未来将重回上升通道。

一、2016 年人民币实际有效汇率加速贬值是以往汇率升值的回归

如图 18-1 所示，从 1994 年开始，我国实行以市场供求为基础的单一的有管理的浮动汇率，1994 年人民币兑美元汇率一次贬值到 8.7，然后回归到 1995 年年底的 8.31，1997 年以后维持在 8.28 左右，直到 2005 年 7 月汇率改革，人民币汇率一次升值 2.1%，此后人民币汇率持续升值到 2015 年。

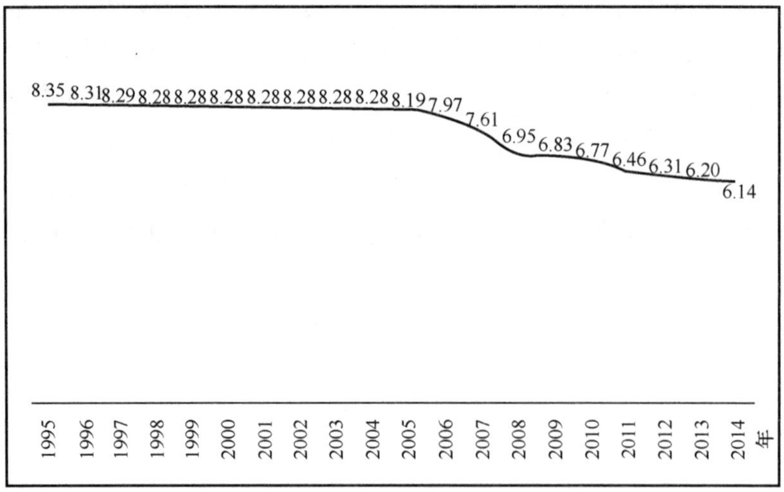

图 18-1　人民币兑美元汇率变化趋势

从 2015 年的情况看，尽管 2015 年兑美元汇率贬值 1.5%，而实际有效汇率却大幅升值 10.6%。如果从更长时期看，从 2010 年到 2015 年，尽管人民币兑美元名义汇率仅升值 8%，人民币实际有效汇率已经大幅升值 31%，这也是导致我国出口竞争力下降的一个重要因素。

2016 年，受美元升值和通胀等因素影响，人民币兑美元汇率贬值幅度有所加大，人民币实际有效汇率也呈现加速贬值的态势，2016 年前 8 个月贬值 6%。

尽管如此，人民币实际有效汇率仍然比 2010 年升值 20%以上，可以说，2016 年人民币实际有效汇率的贬值是对以往 10 年汇率持续升值的调整和回归。近年来，人民币对美元名义有效汇率与实际有效汇率的变化及比较，可参见图 18-2 和图 18-3 以及表 18-1 和表 18-2。

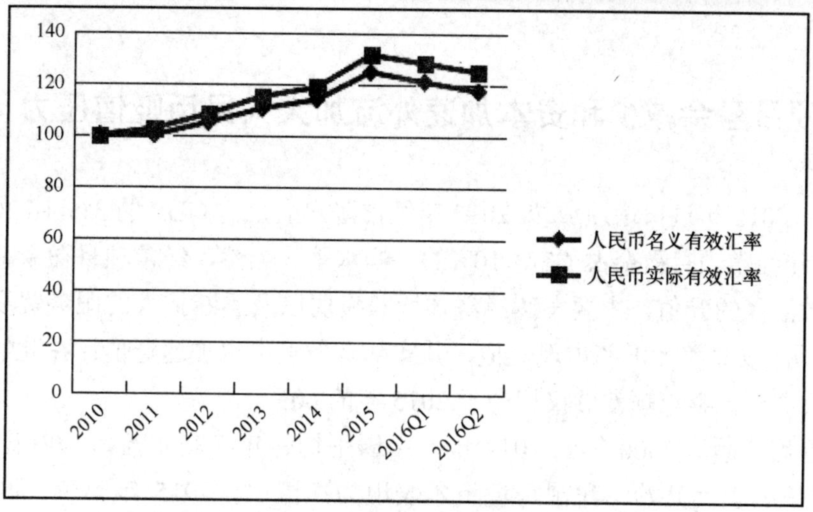

图 18-2　近年来人民币名义汇率与实际汇率的比较

表 18-1　2010 年以来人民币汇率变化情况

	2010	2011	2012	2013	2014	2015	2016Q1	2016Q2
人民币兑美元汇率	6.77	6.46	6.31	6.20	6.14	6.23	6.54	6.53
人民币名义有效汇率	100	100.13	105.12	110.68	114.10	124.96	121.10	117.67
人民币实际有效汇率	100	102.69	108.44	115.30	118.99	131.63	128.42	125.08

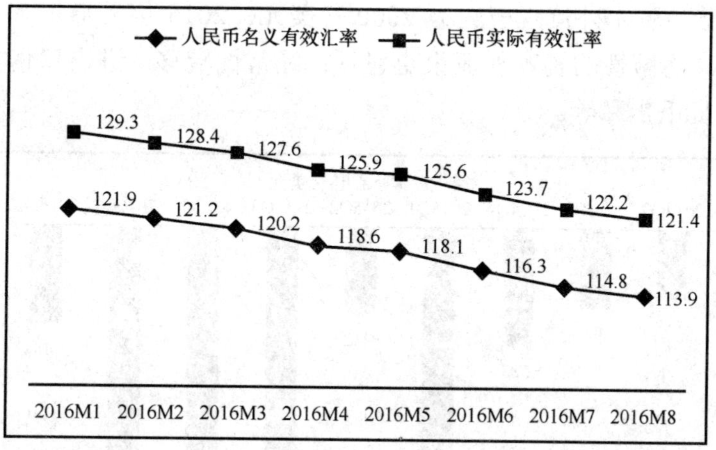

图 18-3　2016 年年中人民币名义汇率与实际汇率的比较

表 18-2　2016 年人民币汇率变化趋势

	2016M1	2016M2	2016M3	2016M4	2016M5	2016M6	2016M7	2016M8
人民币兑美元汇率	6.57	6.54	6.51	6.48	6.53	6.60	6.68	6.65
人民币名义有效汇率	121.92	121.21	120.19	118.55	118.10	116.34	114.76	113.93
人民币实际有效汇率	129.26	128.42	127.57	125.93	125.57	123.74	122.21	121.40

二、经常项目盈余减少和资本加速外流加大人民币贬值压力

从经常账户看，2015 年进口增速放缓。2015 年经常账户盈余占 GDP 的 3%，比 2014 年略高 0.3%，但远远低于 2007 年经常项目盈余占 GDP 10%的高峰水平。当然，经常项目盈余减少不仅仅要归因于人民币实际有效汇率的升值，主要发达经济体增长疲弱以及不断扩大的服务贸易逆差也是重要因素。2016 年人民币不仅兑美元汇率出现贬值，其实际有效汇率也加速贬值；在此情况下，经常账户的顺差仍然继续收窄，上半年顺差额仅相当于 2015 年的 60%。

从资本和金融账户看，2000 年到 2014 年，中国平均每年净资本流入 800 亿美元。从图 18-4 可看出，2014 年第二季度开始，我国跨境资本表现为净流出，2015 年第三、四季度达到高峰，季度流出额突破 1600 亿美元，2015 年全年金融账户净流出 4000 多亿美元。2016 年虽然净流出规模有所收窄，第一季度仍然超过 1200 亿美元。具体分渠道看，2015 年尽管直接投资仍表现为净流入，但只有 800 亿美元，已经远低于 2000—2014 年 1140 亿美元的平均水平。2016 年上半年，直接投资出现了方向性逆转，净流出规模达到 467 亿美元。境内企业等主体债务去杠杆化（减少美元贷款）以及境外机构和个人减少在我国的货币和存款，是其他投资项下净流出的主要渠道，说明企业主要采取减少外汇贷款的财务运作规避汇率风险。而且，大量的误差和遗漏表明，隐蔽性的资本外流也大幅度增加。综合常用的计算隐蔽性资本外流的残值法、直接法和克莱因法等粗略估算， 2015 年隐蔽性资本外流规模约为 2000 亿美元。2016 年上半年有所减少，但估计仍达到 800 亿美元的规模。隐蔽性的资本外流渠道包括：经常性转移、进出口伪报、对外直接投资企业资本项目结汇以及货币走私等。

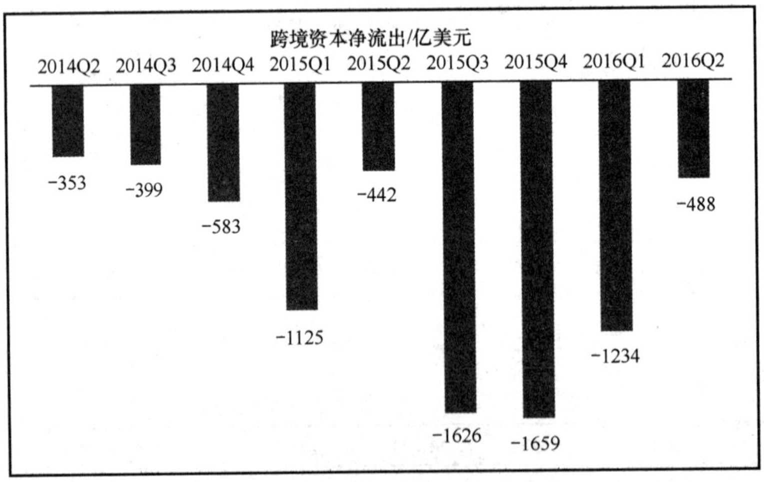

图 18-4 我国近年跨境资本净流出统计

概括起来，人民币贬值压力一是来自于经常项目的盈余减少，二是资本的加速外流。与 2015 年相比，尽管 2016 年人民币实际有效汇率贬值，但经常项目和资本金融账户并没有改善，经常项目盈余进一步减少，资本外流（尤其是直接投资）更出现了方向性逆转。

三、外汇储备下降有利于藏汇于民，国际收支结构趋于改善，外汇占款对货币供给压力得到释放

随着经常项目盈余的减少以及资本的加速外流，2014 年下半年开始，我国外汇储备呈现持续下降趋势，如图 18-5 所示。2015 年外汇储备下降 5130 亿美元，占 GDP 的 4.6%；外汇储备资产为 33300 亿美元，占 GDP 的 28.5%。2016 年前 10 个月再减少 2098 亿美元，外汇储备规模为 31207 亿美元。

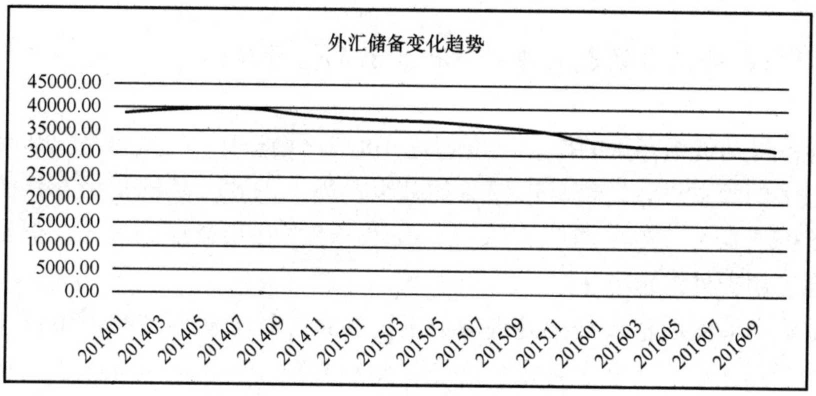

图 18-5 近年我国外汇储备变化趋势

外汇储备下降引起国内外比较大的关注和一些人不必要的担忧。无论是汇率问题、储备问题还是国际收支结构问题，其实都是经济的外部平衡问题，而且外部平衡问题与内部平衡会发生联动。应该正确看待当前我国经济面临的外部平衡和外汇储备下降问题。

（一）外汇储备减少有利于藏汇于民，改善国际收支结构

早在 2005 年和 2006 年，我国外汇储备持续累积，有关部门就已经积极研究探索“藏汇于民”，但在人民币升值的情况下，很难真正实现，而在人民币贬值和存在贬值预期的情况下，企业、金融机构和居民个人理性的资产配置方案是“增加美元资产、减少美元负债；增加人民币负债、减少人民币资产”。实际情况也确实如此，近年来我国居民外币存款大幅增加，中产阶级倾向海外置业和配置资产，企业对外直接投资的积极性也明显增加，银行也倾向增加美元头寸。结售汇逆差扩大，表明企业购汇意愿增强。2016 年 10 月，银行结汇 7274 亿元人民币，售汇 8258 亿元人民币，结售汇逆差 984 亿元人民币。

“藏汇于民”的结果是官方的储备资产所形成的对外资产占我国对外资产的比重下降，有利于改善官方外汇储备过高所带来的海外资产安全性有余而收益不足的问题，这其实是一个良性发展的趋势。2015 年年底我国外汇储备占对外资产的比例已经下降至接近 50%，2016 年又有所下降。

（二）当前外汇储备规模远没有达到风险点，仍有较大调整空间

到2015年年底，我国总海外资产占GDP的56%，以外汇储备为主；总负债占GDP的41%，以外商直接投资为主。净国际投资头寸占GDP的比重由2014年15.2%下降到14.3%。综合考虑国际投资头寸结构（即：负债以FDI为主，稳定性较强；资产以外汇储备为主，流动性和安全性较强）以及维持正常进口的用汇需求（3～6个月进口）、外债还本付息、对外直接投资、外汇市场干预、居民用汇需求、外资利润汇出和外资撤离等因素，这一储备规模仍然偏高，远没有达到合意的水平。事实上，2016年储备下降的速度明显，前10个月减少2098亿美元，而2015年同期下降3175亿美元。

（三）1994年以来外汇占款成为基础货币投放的主要渠道

外汇占款存量占基础货币存量的比率一度超过100%，增量比率更是超过200%，央行只能通过发行票据来吸收过多的流动性。随着外汇储备的减少，外汇占款占基础货币存量的比率下降，2016年1—10月，由83%下降到78%。外汇占款减少虽然产生了货币紧缩的效应，但也使央行的货币政策调控不必被动地受制于外汇市场供求。

总之，人民币汇率适度贬值，继续促进藏汇于民和官方外汇储备减持，不仅有利于经济的外部失衡的调整，有利于形成以资本和金融账户逆差平衡经常项目顺差的国际收支结构，也有利于稳定外需以缓解国内经济增长动能的不足。

四、人民币不具备持续贬值的基础，未来将重回上升通道

人民币汇率是重要的政策工具，短期走势受外汇市场供求、汇率预期以及中央银行干预等因素的影响，但中期和长期走势还是取决于经济的基本面。目前来看，受预期和经济前景悲观情绪的影响，可能会持续贬值惯性；但中长期来看，由于人民币不具备持续贬值的基础，未来将重回上升通道。

首先，经常账户的贸易收支和金融账户的直接投资是国际收支平衡中两个相对稳定的基础性项目，主要由我国在国际产业分工格局中的地位、国内经济和产业结构、出口部门和企业的竞争力等因素决定，不会出现跳跃性变化。尽管经历了过去几年人民币汇率的大幅升值，我国经常项目尤其是货物贸易目前仍然保持巨额顺差，很难想象经常项目持续顺差的国家会出现汇率的持续贬值。

第二，在资本和金融账户下，我国仍然沿用“宽进严出”的管制措施，尽管资本管制的有效性已经大打折扣，但管制无疑提高了非正常渠道资本流出的成本。

第三，作为新兴经济体，我国尽管面临新常态下中低速增长的挑战，但经济增速仍然远高于发达国家，资本的收益率相对也较高。我国本外币利息差仍然较大，企业或居民个人配置外币资产即便短期获得一部分贬值的收益，但扣除利差，实际收益也大打折扣。

第四，人民币“入篮”以及对外直接投资增加等因素，有利于人民币国际化，人民币更广泛的国际使用将使人民币资产的国际需求增加，有利于人民币币值回稳和上升。

第五，目前，30000多亿美元的巨额外汇储备仍然能够保障中央银行外汇市场的干预能力。

总结起来看，尽管 2016 年以来人民币面临的贬值压力有所增加，贬值预期导致资本外流速度加快，进一步使压力放大，但是外汇储备下降的同时使我国国际收支结构趋于改善，经济的外部失衡状况也明显缓解。未来，伴随中国经济结构改革，新增长动能的释放，持续稳定的经济增长和较高的资本收益率，人民币将在小幅贬值调整到均衡汇率水平后，逐步回归稳中有升的轨道。

人民币实际有效汇率调整到 2010 年的水平为上限，兑美元汇率调整到什么水平取决于美元指数的变化。2017 年美国特朗普上任以后，可能对是否存在人民币汇率操纵等问题发难，鉴于汇率操纵指控一般针对汇率低估，近期纵容汇率一定的贬值可以为后期政策调整留有空间。

主要参考文献

[1] 曲凤杰. 人民币中期均衡汇率：理论与实证研究[M]. 北京：中国商务出版社，2007.
[2] 人民银行. 中央银行资产负债表.
[3] 国家外汇管理局. 国际收支平衡表.
[4] 国家外汇管理局. 国际投资头寸表.
[5] IMF. 国际金融统计（IFS 数据库）人民币实际有效汇率数据.
[6] 国家外汇管理局银行结售汇数据统计.

第十九章　科技创新推动产业转型升级：美国经验与启示

内容提要：应用科技创新来推动产业转型升级是当今经济社会发展的必然趋势和内在要求。二战以来，美国政府陆续出台了一系列科技创新政策，在促进创新能力提升和产业转型升级方面取得了丰硕成果并积累了丰富的经验。下阶段，我国应重点在促进结构调整、完善体制机制、发挥政策合力和强化政策衔接等方面借鉴美国经验，全力助推我国经济向“双中高”目标迈进。

一、二战以来美国科技创新政策的主要特点

二战以来，美国科技创新政策大致经历了三个发展阶段，不同时期的政策实施主体、功能定位、重点领域、重点任务以及影响效果存在着较大差异，呈现出以下特点。

（一）第一阶段（二战结束至20世纪70年代）：美国科技创新政策体系逐步形成期

二战结束后，美国经济进入了快速增长的历史新阶段，并逐渐形成了以企业为主体，以市场为导向，产学研紧密结合，创新政策、创新要素、创新资源高度集聚的科技创新体系（见图19-1），为支撑美国产业繁荣和经济可持续发展提供了重要保障。

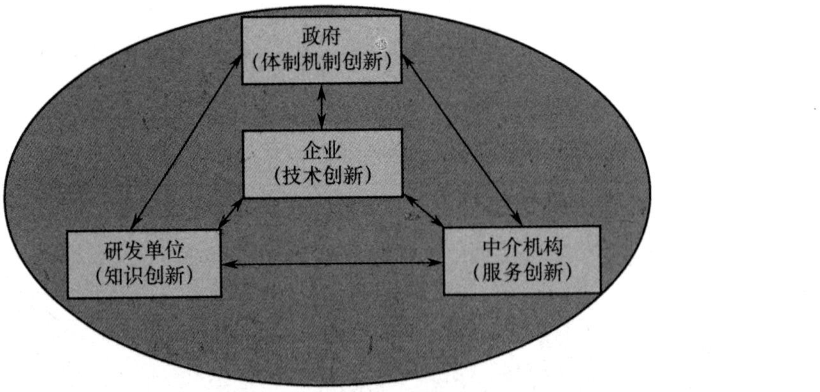

图19-1　美国科技创新体系基本架构图

1. 重视在竞争中把握创新主动权，确保国家战略目标顺利实现

为提升综合竞争力并掌握全球技术创新和知识创造主动权，美国早在1950年便成立了国家科学基金会（NSF）。该基金会的主要职能是资助基础研究和应用研究，改进科学政策和科学教育，促进

美国与其他国家的科技合作，并逐渐演变成现代美国科技政策体系的重要节点。尤其是，为加大对科技型中小企业的政策支持力度，美国分别于 1953 年和 1958 年制定了《小企业法》和《中小企业投资法案》，从法律地位、财税政策、风投机制、资金来源以及人才培养等方面给高科技中小企业发展注入了强劲动力。进入 20 世纪 60 年代，为应对来自苏联日益严峻的科技挑战，美国联邦政府于 1961 年启动了阿波罗登月计划，该计划使美国国家层面的战略需求与科学技术探索有机结合，增强了科学发现、产品创新和技术发展的整体协调能力，并极大地带动了航空航天、通用芯片、集成电路、智能机器人以及合成材料等高新技术产业的发展。20 世纪 70 年代，美国陷入了通货膨胀和生产停滞的双重困境，这在一定程度上动摇了其世界经济霸主的地位。为谋求战略新优势、新突破并抢占科技创新制高点，尼克松政府和卡特政府分别在 1971 年和 1979 年出台了《新技术机会计划》和《国家 1979 技术创新法》，共同推动全美科技创新活动使其走向了一个新的里程碑。

2. 重视科技创新“全过程”，提高创新主体积极性

一般来说，技术创新周期过程包含研发（发明）、设计、制造、生产、管理、销售和售后服务等阶段。从美国的政策实践来看，政府对科技创新的支持已渗透到这些阶段的各个环节，在增强各个产业创新能力的同时，有效调动了创新主体的积极性。一是联邦政府鼓励对研发活动进行直接资助，重点通过与私人企业、大学以及科学实验室签订承包合同的方式进行；二是联邦政府也鼓励对创新“产业链”研发环节之外的间接资助行为，采取的举措主要有生产补助、税收减免、专利保护以及政府采购等；三是支持创新主体在创新过程中的知识学习和技术扩散行为，重点对工程师和技术人员进行知识培训，以最大限度地增加创新过程的“正外部性”。此外，联邦政府特别重视将创新过程视作一个有机整体，营造公平、透明、有序的创新生态环境是其一项重要的政策目的。世界上部分重要国家的大学/公有研究所衍生企业比较情况见表 19-1。

表 19-1　重要国家大学/公有研究所衍生企业比较情况

	美国	英国	加拿大	德国	法国
大学/公有研究机构	大学	大学	大学	公共研究所	全部公共资本机构
期间（年）	1980—1990	1984—1998	1962—1999	1990—2007	1984—1998
累计衍生企业总数（个）	1995	171	746	462	387
期间（年）	1994—1998	1990—1997	1990—1998	1990—1997	1992—1998
平均每年衍生企业总数（个）	281	15	47	58	14
每 10 亿 R&D 美元衍生企业数	12	—	7.4	—	2.5

资料来源：王宪磊. 全球经济共同性问题的性质和原因. 社会科学文献出版社，2012.

3. 重视科技创新“政策篮子”建设，但有效创新工具仍显单一

自美国国家科学基金会建立以来，联邦政府一直在尝试使用不同的政策措施来支持科技创新活动的发展。一是联邦层面以重大技术计划为引领，鼓励不同社会主体参与研究开发活动，并着力推动技术创新行为的合法化和产业化；二是结合不同产业技术创新特点，综合运用财政、税收、知识产权、金融以及监管等手段来培育创新载体，逐步改变传统的创新支持模式；三是在 1933 年《购买美国产品法案》和 1949 年《联邦财产和行政服务法》的基础上，美国联邦政府于 1974 年颁布了《采购政策管理办公室法案》，此举意在强化政府采购政策在鼓励企业技术创新、培育科技产品市场以及

引导市场有效需求等方面的推动作用。需要特别指出，虽然美国在此阶段支持科技创新的“政策篮子”不断丰富，但从实际运行效果来看，真正发挥作用的政策工具主要还是政府直接资助，多元化的创新支撑体系尚未完全形成。

（二）第二阶段（20 世纪 80 年代至 20 世纪末）：美国科技创新政策黄金发展期

1. 着眼于法律制度构建，打造支撑科技创新的“智力生态”

进入 20 世纪 80 年代，美国政府逐渐将科技创新政策发展重心转向全方位法律制度体系的构建。1980 年，美国国会表决通过了著名的《拜杜法案》，明确大学和研究机构对联邦政府资助的发明享有专利权和申请权，而联邦政府仅保留必要的“介入权”。此法案是对美国专利法的一次根本性变革，彻底解决了政府资助研发活动的成果归属权问题，有效推动了科技成果的商业化应用。《拜杜法案》颁布前后美国专利申请比较情况见表 19-2。同年，美国政府又出台了《史蒂文森-威德勒技术创新法》，该法共有 15 章 62 条，具体包含开发机构制度、创新资金使用权制度、行政授权制度、科技人员制度和科技奖励制度等，其根本目的是支持和激励科研机构与产业界之间的技术转移。为适应日益动态化技术创新工作的需要，联邦政府分别于 1989 年、1991 年、1995 年和 2000 年颁布了与《史蒂文森-威德勒技术创新法》相关的 5 部修正案，形成了美国特有的技术推广与应用政策扶持体系。1984 年颁布的《国家合作研究法》和 1993 年颁布的修正案《国家合作研究生产法》则明确了突破《反托拉斯法》的政策条件和形成科技创新产业技术转移联盟的必要性。之后，美国政府又陆续出台了《国家技术转移促进法》（1995 年）、《联邦技术转让商业应用法》（1997 年）和《技术转让商业应用修正案》（2000 年），从根本上为科技创新成果市场化扫清了障碍。到 20 世纪末，美国已成为世界上科技创新法律体系最为健全的国家之一。

表 19-2　《拜杜法案》颁布前后美国专利申请比较情况

时间（年）	专利授权总数（个）	拥有专利总数（个）	大学专利拥有数（个）	大学专利拥有数占总授权数比重（%）	大学专利拥有数占拥有专利总数比重（%）
1969—1991	165335	1044950	11960	7.23	1.14
1992	97474	54220	1542	1.58	2.84
1993	9842	55273	1623	16.49	2.94
1994	101676	58100	1782	1.75	3.07
1995	101419	57951	1880	1.85	3.24
1996	109645	63395	2160	1.97	3.41
1997	111984	64079	2447	2.19	3.82
1998	147518	83847	3173	2.15	3.78
1999	153485	87071	3363	2.19	3.86
2000	157494	87944	3109	1.97	3.54

资料来源：李晓秋. 美国《拜杜法案》的重思与变革.知识产权. 2009.

2. 着眼于金融扶持体系完善，扩大科技创新的深度和广度

为更好地促进企业开展科技创新，自 20 世纪 80 年代以来，美国政府逐步深化金融体系改革，重点突出金融产品和金融服务创新，有效释放了金融杠杆对科技发展的乘数效应。一方面，在完善联邦中小企业局等政策性金融机构的职能的基础上，美国政府着力发展多层次资本市场，重点强化

“优胜劣汰”机制和“转板升降”机制对科技创新企业的正向激励作用，并着重放宽了高新技术企业发行股票的门槛，为成长型创新企业营造了良好的发展生态。同时，美国也特别重视培育风险投资市场体系，在 20 世纪 80 年代后期对科技产业的风险投资税制进行了根本性的变革，明确规定风险投资总额的 60%免征税，40%减半征税，总风险投资税率则降至 20%。在此基础上，联邦政府也明确提出了风险投资的三种退出渠道，即公开上市、执行偿付协议、收购或兼并，在使风险投资管理日益科学化的同时也对企业开展技术创新活动形成了有效支撑。另外，美国也特别重视资本市场与政府、商业银行、企业以及中介机构的相互结合，通过提供研发经费支持、降低创新企业进入门槛以及鼓励社会资本参与等多种方式，为推动科技型企业提升创新综合竞争力奠定了坚实基础。2014 年美国与其他代表性国家研发经费比较情况见表 19-3。

表 19-3　美国与其他代表性国家研发经费比较情况（2014 年）

	美国	中国	英国	德国	日本	俄罗斯
研发经费占 GDP 比重（%）	2.74*	2.05	1.70	2.90	3.59	1.19
基础研发经费占 GDP 比重（%）	0.48*	0.10	0.18*	—	0.44	0.18
政府研发经费占 GDP 比重（%）	0.76*	0.41	0.49	0.84	0.57	0.82
企业研发经费占 GDP 比重（%）	1.94*	1.58	1.09	1.95	2.79	0.71
全职研发人员数	1307973.2*	1524280.3	273560.2	351130.13	682935	444865

资料来源：OECD 数据库。注：*表示是 2013 年数据。

（三）第三阶段（21 世纪初期，特别是 2008 年金融危机以来）：美国科技创新政策完善优化期

1. 更加注重供给推动创新政策工具与需求拉动创新政策工具的紧密结合，推动形成一揽子技术创新扶持计划

进入 21 世纪，美国支持科技创新的政策日渐呈现出协同性、系统性和整体性的特征，突出表现在对需求侧创新政策工具和供给侧创新政策工具的关注和重视（见表 19-4）。从供给侧工具来看，可细分为金融和服务两大重点领域，具体举措包括股权支持、财政手段支持、公共部门研发支持、对人员培训和流动性支持、产业研发补助以及信息和佣金支持等方面；从需求侧工具来看，则包括系

表 19-4　供给侧与需求侧创新政策工具比较

供给侧	金融	股权支持	公共风险投资、私人风险资金补贴、保证税收优惠等
		财政手段支持	企业减税、研发经费支出、研发人员个人所得税激励等
		公共部门研发支持	大学基金支持、实验室基金支持、产业战略项目协同补助等
		对人员培训和流动性支持	企业定制课程、产业研究奖学金资助、招聘支持等
		产业研发补助	研发合作赠款、花费在研发上的贷款优惠等
	服务	信息和佣金支持	联系人数据库构建、经纪人咨询等
		关系网构建措施	社团活动支持、建立共同愿景等
需求侧	系统性政策		集群政策、供应链政策等
	规制设定		采用规制和标准来设置创新目标、技术平台协调发展等
	政府采购		研发采购、政策采购创新产品等
	私人需求支持		需求补贴和税收激励、私人需求衔接等

资料来源：Jakob Edler and Luke Georghiou（2007）.

统性政策、规制设定、政府采购以及私人需求支持等举措。一方面，联邦政府在扶持创新型企业发展时鼓励使用多种渠道资金，包括联邦政府、非联邦政府、企业、高校以及其他非营利性机构等，同时联邦和非联邦政府均采用税收减免、降低税率、抵免税收等政策来刺激创新型企业发展。此外，风险投资在美国创新体系中的“杠杆作用”逐年得到强化，股权投资对接全球创新资源则日益成为创新型企业成长的重要路径。另一方面，为更好地保障创新型企业可持续发展，联邦政府也通过专利“排他性”、制度反垄断、环境管理以及歧视性政府采购政策等来营造鼓励本国企业和产品不断创新的氛围，对新技术、新产品、新工艺的持续涌现产生了深远的影响。通过供给侧和需求侧创新政策工具的无缝衔接，使得美国创新型企业的发展动力和增长活力显著增强，并大大降低了市场中供需双方的信息不对称问题。

2. 更加注重重大创新工程的引领作用，将重点创新领域作为美国各级政府发展共识

2008 年金融危机以来，美国政府相继出台了《美国复兴与再投资法案》（2009 年）、《美国创新战略：推动可持续增长和高质量就业》（2009 年）、《美国创新战略：确保我们的经济增长与繁荣》（2011 年）和《美国国家创新战略》（2015）等重大创新工程，其政策支持力度之大、资金支持力度之巨以及配套措施支持之广前所未有，为美国抢占国际竞争制高点、推动再工业化进程以及重振制造业辉煌创造了有利条件并提供了稳定支持。特别是 2015 年 10 月底由美国国家经济委员会和白宫科技政策办公室联合发布的最新版《美国国家创新战略》（New Strategy for American Innovation），全面论述了未来全美创新政策制定、创新要素实施、研发经费支持、创新生态维护、重点创新领域以及主要创新项目等内容，比 2009 年和 2011 年颁布的创新战略更为具体和丰富。该战略明确了十一大联邦政府层面力推的重点创新领域，即各行业的重大挑战，“精准医疗”计划，通过“脑计划”加速发展新型神经技术，推动卫生保健领域的突破性创新，引入先进交通工具减少事故发生，建设智慧城市，推动清洁能源，推动教育技术革命，推动空间技术突破，发展高性能运算，利用创新方法帮助消除全球极端贫困。同时，还出台了鼓励私人部门创新，挖掘创新型人才，创造高质量就业岗位以及建设服务型政府等政策，为促进美国科技进步、提升整体创新能力以及增强科技企业核心竞争力带来了发展新机遇和增长新契机。

3. 更加注重政府采购制度的“调节器”作用，着力加强科技创新的需求控制和制度建设

虽然美国并没有出台专门的政府采购法，但是与政府采购相关的法律法规多达 500 多部，包括《联邦政府采购政策办公室法案》《联邦采购合理化法案》《合同竞争法案》《美国产品购买法》等。政府采购制度作为一项规范政府经济行为和强化财政支出管理的制度安排，近年来已成为美国促进企业开展技术创新、缓解创新企业经营风险以及引导相关产业发展的重要驱动力。一是建立完备的政府采购体系以加强对科技创新企业的全方位扶持。美国联邦政府明确提出了针对技术创新成果采购的程序、标准、方式和方法，并重点对合同签订、合同执行、供应商资格审查以及采购后续救济监督等进行了规定，在规避世贸协定风险的同时也有效保护了本国科技创新企业的活力。二是设立政府采购优先制度，《美国产品购买法》规定在排除价格过高、质量过次、不符合公共利益的特殊情况之外，联邦政府有义务优先购买本国高新技术产品，相关工程和服务也必须由国内供应商来提供，执行和监管过程由联邦政府采购政策办公室、联邦总务署和联邦问责署负责。三是把对科技中小企业的采购扶持列入“重中之重”，规定大于 50 万美元货物、服务采购项目或者大于 100 万美元的工

程采购项目，要把机会优先给予中小企业，其中23%的合同总金额必须授予中小企业。10万美元以下的政府采购合同，要优先考虑中小企业，重点通过价格优惠方式给予扶持。通过实施技术创新导向的政府采购制度，美国科技创新企业在培育新产品和开发新市场方面取得了重要突破。

4. 更加注重产学研深度融合，大幅提升科技创新企业自主创新能力

美国是最早推进产学研合作的国家之一，并形成了企业孵化器、科技工业园、合作研究中心以及专利技术入股等成功模式，有力推动了科技进步和产业转型升级。

一是发挥法律和政策的引导作用。完善的法律体系是开展产学研深度合作的重要制度保障，在出台专利法、合作研究法和技术创新法等基础上，近年来联邦政府又出台了《为有意义地促进一流技术、教育与科学创造机会法》《美国经济复苏与再投资法案》《走向全球—美国创新的新政策》，以及《开启未来：迈向新的国家科学政策》，有力强化了产学研合作的政策导向、资金支持和制度设计。

二是发挥地方政府的积极作用。美国地方政府在推进产学研合作方面也发挥了至关重要的作用，在强调需求导向和任务定位的同时，绝大多数州都设有专职的产学研协调部门，其核心工作是确定优先领域、设立扶持计划、开展联合资助以及与联邦政府进行政策衔接。

三是发挥服务机构的支撑作用。通过合理的风险投资介入模式、科学的成果梯次转移制度和灵活的政策沟通机制，美国建立起了多位一体的综合服务保障体系，为强化产业产学研合作并提升产业链竞争力水平奠定了坚实的基础。通过上述一系列举措，美国创新企业自主创新效率得到大幅提高，并使众多高新技术获得了长期的国际领先和主导地位。

5. 更加注重创新标准制定，逐步增强创新型企业内生动力

近年来，美国创新政策的一个新变化就是对创新标准制定的重视。美国国家标准协会下设电子、制造和材料等多个专业技术委员会，采取科研产品认证、质量体系认证和科研人员认可等多种方式，建立起了针对创新型企业新技术和新产品的标准规则，为新技术行业赢得国际竞争主动权创造了优越的外部环境。为最大限度地遏制“专利蟑螂”行为，2013年联邦政府通过了《创新法案》，对专利侵权标准、诉讼程序标准、监督审查标准以及商业例外标准等内容进行了明确规定，为高新技术产业创造品牌优势和竞争优势继而占领技术标准高地起到了重要的推动作用。为加速推进制造业发展，2016年4月美国发布了《国家制造创新网络计划》，通过建立实践管理体系和计划评价体系“双重标准”，重点打造“制造创新”的“生态系统”，目标是形成完整的制造业创新网络，以此来巩固美国的制造业的比较优势。通过强化标准的引领作用，美国高新技术产业迎来了快速发展的“机会窗口”。

二、科技创新推动传统产业转型升级的经验借鉴：美国推动汽车行业转型发展的案例分析

1. 实施汽车产业理念创新，提升优势产品综合竞争力

在美国汽车产业发展史上，福特公司的T型车战略和通用公司的全产品战略是最具有革命性和影响力的创新理念变革。福特公司的T型车创新战略是由过去美国低效的汽车技术创新过程催生的，它从根本上摒弃了陈旧的汽车环节静态组装模式，并首创了“流水式”的批量生产组织方式，在

实现产品规模化的同时，将提升整车技术创新能力作为战略高端价值链的重要抓手，走出了一条适合美国汽车产业可持续发展的腾飞之路。为应对福特公司 T 型车战略的挑战，通用公司及时调整产品创新思路，推出并实施全产品战略。一是采用扁平化管理模式对原先组织架构进行了创新，有效解决了等级式管理方式所产生的效率低下问题。二是投入巨额研发资金，不断强化汽车设计师的主体地位并首创通用汽车技术中心，其根本目标是快速更新车型并以最短时间占领市场。三是通用公司还特别重视汽车销售模式和销售观念创新，提出了“旧车折价”和“分期付款”的购车方式，对美国汽车行业乃至全球汽车行业的发展都产生了重大影响。以福特和通用公司为代表的美国汽车企业，通过理念、模式及产品多维度且不间断创新，开启了美国汽车行业快速发展的“黄金时代”。

2. 重视汽车救助政策的导向性，确定转型发展根本目标

2008 年金融危机对美国汽车行业造成了巨大打击，当年全美轿车和轻型车总销量只有 1320 万辆，比 2007 年大幅下滑 18%，为 1992 年以来销售形势最为严峻的一年。在此背景下，以克莱斯勒和通用公司为代表的汽车企业纷纷申请破产保护。为摆脱系统性破产危机并缓解全行业就业压力，联邦政府出台了力度空前的汽车业救助措施。

一是鼓励企业内部实现创新重组，在优化各企业资产组合的同时推动全行业结构调整，以克服危机对汽车全产业链的“负外溢”效应。

二是激励企业提升技术创新水平，通过资金投入和政策保障等举措，使传统汽车制造商将研发重点转向乙醇动力汽车、电池汽车、油电混用汽车等，力争在汽车新产品核心技术和知识产权方面取得领先。

三是大力发展汽车二级市场，鼓励企业扩展国际市场，将综合优势延伸至境外，在最大程度上减少国内亏损，以实现“国内亏损国外补”的总体目标。

四是优化汽车金融政策，重新规范消费信贷模式，并按照消费主体经济状况对信贷总量和信贷结构进行调整，以降低“资不抵债”的违约风险。

五是继续保留优质生产线和品牌等优良无形资产。

为渡过危机，克莱斯勒和通用等汽车公司都大幅缩减了营运规模，但并未将核心品牌等优质资产“贱卖”，政府通过财政政策注资和货币政策注资等方式帮助企业建立全新的资产负债表，为企业“东山再起”创造了良好的外部条件。

3. 发挥汽车创新政策协同作用，着力培育转型发展新动能

近年来，经过市场机制的“正向选择”，美国汽车业创新能力显著增强，运转效率不断提高，赢利水平也逐渐得到保障。归根结底，是美国汽车业创新政策真正发挥了导向作用，并充分调动起了各个市场主体的主动性和积极性。

一方面，强化政策的配套使用。在推进汽车业结构优化升级过程中，联邦政府往往会通过设立创新基金和无偿支持共性关键技术研发等财税金融手段来刺激企业加大创新投入，以帮助汽车企业实现价值链跃升。同时，联邦政府也特别重视汽车业产业政策和环境政策之间的配合使用。CAFE 标准和 Tier 标准分别从法律高度对汽车燃油效率和尾气排放进行了规定，明确要求汽车企业加大资金投入来降低燃油能耗和尾气排放，而联邦政府对先进汽车（主要指新能源汽车）和替代燃料生产

则出台了优惠政策，在给予生产税收优惠 30%的同时逐年追加新能源汽车技术和前沿技术的研发投入。2014 年提出的《ITS 战略计划》进一步明确了未来 5 年联邦政府对智能汽车和智能交通的扶持方略，其目标是形成美国新的工业形式和经济增长点。

另一方面，强化政策的内生联系。联邦政府将扶持汽车企业发展的政府采购政策、税收优惠政策、金融支持政策、财政激励政策、知识产权政策五大政策工具视为一个复杂的政策体系，不同工具之间相互联系、相互影响并相互制约。其中，政府采购政策和知识产权政策属于制度创新内容，而税收优惠政策、金融支持政策和财政激励政策则属于政策实践内容；多种工具的交叉搭配使用，为美国汽车企业的长序发展营造了良好的外部环境。

三、对我国的启示

美国作为当今世界上最发达的资本主义国家，与我国在经济体制和发展阶段上有较大差异；但就科技创新推动产业转型升级而言，美国的做法具有很强的借鉴价值。

（一）科技创新推动产业升级是一项长期的系统工程

经过几十年的不懈努力，美国在推动科技创新实现产业转型升级方面取得了一系列卓有成效的建树；但这些建树相比联邦政府设定的政策发展目标而言，仍存在着不小差距。

一是对生物医药、先进制造、信息技术、清洁能源和航空航天等新兴产业的持续性、高强度研发投入已对美国财政预算形成较大压力。在奥巴马总统向众议院提交的《2016 财年财政预算案》中指出，将在 2016 年提供 35000 万美元自由资金用于资助新兴制造业创新机构，2016 年全年总研发经费将达 1460 亿美元，比 2015 年提高 6%，其中基础和应用研究经费达 670 亿美元，增长 3%。若未来财政收入增长不及联邦政府预期，必将对创新研发支出以及传统产业转型升级形成掣肘。美国国会预算办公室 8 月 23 日公开表示，2016 年财年全美的预算赤字将增至 5900 亿美元，较 2015 年高出 1520 亿美元。

二是美国本土企业创新产出取得突破性进展难度正在加大。从专利获取情况来看，在美外国投资者和外资企业占据了 50%的专利数量。从论文发表数量来看，2012—2015 年我国科研论文发表数量增加了 1 倍，正迅速与美国水平接近。其中，在世界优秀科研机构排行榜中，中国科学院已超过哈佛大学排名第一。

三是经济全球化的进行和发展伴随着国际分工的不断深化和国际产业的动态转移，使得全球投资目的地呈现出日益多元化的特征，美国不再是最大的外商直接投资接受国，以我国为代表的新兴经济体在吸引外资参与科技创新和产业升级等方面正奋力追赶，美国的竞争优势正在遭遇全方位挑战。由于独特的国情和体制，我国科技创新推动产业升级所面临的问题较美国更为复杂，难度更大，相应的实施任务也更为艰巨，需保持定力、综合施策并精准发力，才有可能取得预期成效。

（二）促进结构调整是推动科技创新实现产业升级的主攻方向

从美国经济发展史来看，科技创新与产业结构调整的紧密结合和持续互动是实现经济可持续增长的重要驱动力。甚至可以说，美国产业转型升级的历史就是一部科技创新史。通过推进科技创新和产业结构调整，美国顺利抢占了事关全局和长远的科技战略制高点，并在较大程度上提高了政治经济实力和国际综合竞争力。对于我国而言，加快推进产业结构调整继而构建具有自主创新能力的现代产业体系，是当前实现“后发赶超”的重要环节，其核心是要重视培育有潜力且有发展基础的战略性新兴产业，并加快实现信息化、绿色化和智能化转型，使产业链、价值链和创新链真正得到整合、优化和重构，形成跨越式发展新局面。下一步，可优先推进市场、技术和产品协同创新，并加快使传统产业结构由过度专业化向适度多元化方向发展，将发展以集成电路为核心的新一代信息技术产业，以基因技术为核心的生物产业，以及绿色低碳、高端装备与材料、数字创意等战略性新兴产业，以提高经济抗风险能力作为推动科技创新实现产业转型升级的主攻方向和重要着力点。

（三）完善体制机制是推动科技创新实现产业升级的重要支撑

美国在推动科技创新实现产业转型升级方面，社会各界普遍认为要同时发挥联邦政府、地方政府、行业协会、重要商会、基金会、金融机构、创新企业的积极性、创造性和主体性。2015年美国发布的最新《美国国家创新战略》中明确提出要建设创新型政府，具体举措包括：一是着力提高公共部门的运行效率；二是加快发展创新实验室，逐步培育公共部门创新文化；三是修改完善政府电子政务系统；四是鼓励采用大数据开发利用，以服务于政府综合决策。下阶段，对于我国而言，推动科技创新实现产业转型升级也必须顺应创新主体多元且活动多样的新态势，加快推动创新治理体系和政府管理架构改革，重点是要转变政府管理职能，合理界定政府和市场之间的功能和关系。当前，可从推动简政放权入手，给予创新型执行主体——创新企业、科研院所和新型研发机构等更多的自主权。同时，要指导地方政府在体制改革、创新导向、资源投入、环境营造和扩大开放等方面加大保障力度，特别是要加快实施知识产权、质量、标准和品牌综合战略，尽快建成知识产权强国，着力推动我国优势标准和技术成为国际标准，并尽早实现中国品牌国际化的战略目标。

（四）发挥政策合力是推动科技创新实现产业升级的重要保证

美国是完全自由的市场经济国家，高度信赖市场机制在资源配置过程中的决定性作用；但在科技创新和产业转型升级过程中，联邦政府和各级政府也充分重视立法保障、政策制定、财税金融支持、信息披露和监督监管等方面，并在实践中发挥了重要的作用。当前，我国要推动科技创新，实现产业转型升级，任务更重、难度更大且要求更高，并涉及利益格局的深度调整和根本变化，一些内在矛盾可能会集中爆发。下阶段，要发挥政府的导向作用，出台有力且系统的政策举措，从源头上解决依靠市场机制无法解决的市场失灵问题。

（五）强化政策衔接是推动科技创新实现产业升级的重要根基

容易看到，美国不仅在联邦层面出台了系统的科技创新发展规划和产业升级指导方略，而且在地方政府层面也形成了明晰的实施方案和详细的推进路径，对于凝集共识、指导创新和促进转型都起到了重要作用。我国创造性地在社会主义条件下实行市场经济，与美国相比，在推动科技创新、实现产业升级的过程中更需要加强统筹谋划、系统部署和政策衔接，并按照实施方案的具体要求精心组织和扎实推进。下阶段，应重点推进不同主体、不同层级、不同部门以及不同体制机制的深度对接，并加快形成科技创新和产业升级的协同效应，以促进创新要素的有机整合和自由流动。

第二十章　欧日应对气候变化、保障经济安全的经验对我国的启示

内容提要：全球气温升高引起海平面上升、极端天气多发。欧盟及欧洲主要国家和日本通过能源、技术革新等，建立和完善相关法律和制度，在应对全球气候变化负面影响的同时把握发展机遇，改善能源结构，研发相关技术，掌握国际话语权等，通过保障能源和生态安全来保障经济安全。我国在应对气候变化过程中，应加强能源结构调整和相关技术研发，分别从长短期的角度考虑气候变化对我国经济安全的影响并采取相应的措施。

全球气温升高导致冰川融化、海平面上升，干旱、洪涝等极端天气多发，全球气候变化问题日益严峻。如何应对气候变化受到世界各国的广泛重视，各国寻求以最小的成本降低气候变化负面影响所带来的损失，同时把握气候变化正面影响伴随的能源、技术、生态等领域的发展机遇。本文选择欧盟及欧洲主要国家（英国、德国、法国）和日本，分析它们在应对气候变化领域的丰富经验，为我国应对气候变化保障经济安全提供借鉴。

一、欧盟气候变化应对政策

欧盟在气候变化的应对上一直都保持积极的态度，已积累了较多的气候变化应对经验。气候变化问题在欧洲较为紧迫，欧洲地区自 1880 年以来的地表平均温度升高了 1.4℃，而全球平均温度升高为 0.8℃。欧盟对气候问题国际话语权的掌控、能源结构进口依赖以及环境技术优势等因素也促使其积极应对气候变化。

欧盟的气候变化应对政策源于欧洲早期的环境保护运动，在《联合国气候变化框架公约》《京都议定书》等国际应对气候变化合作协定的谈判和实施下逐渐形成和发展。欧盟于 2007 年发布《欧盟适应气候变化绿皮书——欧盟行动选择》，2009 年发布《气候变化适应白皮书——面向一个欧洲的行动框架》，2013 年发布《欧盟气候变化适应战略》，这一系列文件形成目前欧洲应对气候变化的目标和具体措施等。此外，欧盟委员会、欧盟环境局等相关部门出台多个文件说明欧盟气候变化的应对政策。

欧盟气候变化应对政策可总结为以下六个方面。

（一）设置中长期气候变化应对目标

欧盟分别设置了 2020 年、2030 年和 2050 年三个目标。2020 年目标为：温室气体的排放量与 1990 年相比减少 20%，能源消费中可再生能源的比重达到 20%，能源使用效率提高 20%。2030 年目标为：

温室气体排放量与1990年相比至少减少40%，能源消费中可再生能源的比重至少达到27%，能源使用效率至少提高27%。2050年目标为：温室气体排量相比于1990年减少80%，2040年温室气体排放量相比于1990年减少60%，以实现发达国家在2050年温室气体排放量相比于1990年减少80%～95%的目标。通过不同时期的目标设置，逐步实现温室气体排放的减少、能源结构的调整以及能源效率的提高。

（二）制定不同层面的气候变化适应战略

2013年欧盟发布了《欧盟气候变化适应战略》，该文件阐明了欧盟气候适应战略的目标、措施等内容。其目标主要包括：促进成员国的气候适应变化行动，提高决策机制，加强易受气候变化影响的脆弱性领域的应对能力。气候变化适应战略对欧盟的气候变化适应行动提出框架指导，为具体行动方案的制订和实施提供基础，也为各成员国的行动开展和合作提供依据。

在欧盟的倡导下，截止到2013年上半年，欧盟各成员国中已有15个制定了本国的气候变化适应战略，并鼓励本国地方政府制定和执行气候变化适应战略。从欧盟、欧盟成员国到成员国地方，构成立体的气候变化适应战略，逐级落实气候适应战略内容，降低气候变化所引起的自然灾害等损失，同时把握气候变化中的发展机遇。

（三）采用多种气候变化应对措施

欧盟着重于建设信息平台，发展和完善温室气体排放交易体系，研发气候变化应对相关技术，协调气候应对政策和其他政策的关系等，通过多个信息、交易以及技术平台的提供，实现欧盟统一的应对行动。

建设气候变化信息平台。欧盟2012年建立了气候变化应对平台（Climate-ADAPT），作为欧洲气候变化应对信息的“一站式”平台。该平台提供和分享气候变化的相关信息，包括欧洲气候变化预期，当前及未来易受气候变化影响的脆弱地区和部门，欧盟、不同国家和跨国的气候应对战略和措施，气候变化应对的案例分析和潜在的应对措施分析等。气候变化应对平台的建设有助于气候变化相关信息的分享，缩小地区和部门间的信息获取差距，促进跨地区和跨领域的气候变化应对合作。

发展温室气体排放交易体系。欧盟温室气体排放交易体系（EU Emission Trading System）是世界首个主要的温室气体排放交易体系，也是目前世界上最大的温室气体排放交易体系。温室气体排放交易体系是工业部门有效减少温室气体排放的重要工具，涵盖欧盟碳排放总量的45%。温室气体交易形成的基础在于每个企业的最高碳排放限额、各企业碳排放限额完成的差异以及超限额排放的惩罚措施。通过温室气体排放交易体系，超额排放企业可以通过购买未超额企业的碳排放限额以避免高额的罚款。如果企业未超额排放，其余额可以留存未来使用或者卖给其他企业。温室气体排放交易体系可以帮助企业以低成本的方式解决超额排放问题，同时鼓励企业发展清洁技术和低碳技术，全面解决排放问题。

欧盟55%的碳排放未被碳交易市场涵盖，主要为运输、建筑、农业和水利。欧盟为此签署了责任共担协议，较发达的欧盟国家减少碳排放，而较不发达的欧盟国家可增加碳排放，以协调欧盟欠发达地区经济发展与碳减排之间的矛盾。在运输方面，欧盟通过对汽车生产厂商的清洁排放限值，

控制汽车的 CO_2 排放量。在能源消耗方面，短期提高汽油和柴油发动机的能源使用效率，中期发展混合和电力汽车，长期在航空和公路运输中增加生物燃料的使用。在建筑方面，提高建筑的能源使用效率，用电力和可再生能源替代化石燃料在制冷、制热和烹饪中的使用。2021 年前要达到新建筑能源生产与能源消耗相等。公共采购投标中必须包括相关建筑和设备的能源效率标准。在农业方面，发展抗旱农作物，减少化肥、有机化肥和家畜的碳排放量，并帮助 CO_2 在土壤和森林中封存。健康饮食中更多的蔬菜摄入和更少的肉类摄入也可减少碳排放。

支持气候变化领域相关技术和气候变化影响研究。欧盟已设立的世界最大的支持低碳技术发展项目之一——“NER300”项目，支持可再生能源技术以及电力领域碳捕捉和封存技术的研发。该项目资金来源为欧洲碳排放交易中出售碳排放限额所得的收入。可再生能源项目将增加欧盟全年可再生能源生产 18 TW·h。此外，欧盟还鼓励研发公路交通相关技术，如汽车新发动机、材料和设计的研究。气候变化影响的研究主要是气候变化信息的获取和研究，以及信息差距的缩小。哥白尼气候变化服务计划（Copernicus Climate Change Service）于 2014 年开始运行，其主要任务是监测气候系统并分析气候变化的相关影响，为欧洲以及全世界气候变化应对提供信息服务。欧盟联合研究中心（Joint Research Center）重点关注对气候变化影响的评估，并形成全球气候变化如何影响欧盟的综合评估。欧盟 2014—2020 年研究和创新框架——“远景 2020”（Horizon 2020），则重点关注气候变化应对领域的信息差距以及研究这些信息差距的相关工具和方法，紧密联系科学研究、政策制定与商业领域。

（四）通过多种渠道提供资金支持

欧盟主要通过预算和其他金融工具提供应对气候变化的资金。一方面，在欧盟 2014—2020 年的预算中，至少 20%的支出与气候问题相关，预算支出额约为 1800 亿欧元。以 2015 年欧盟预算草案为例，气候变化相关支出共 177.76 亿欧元，占欧盟预算总支出的 12.5%。欧盟气候变化应对预算支出用于相关技术的研发、气候变化信息的研究以及国际合作等。另一方面，欧盟通过环境金融工具（the Financial Instrument for the Environment，LIFE）项目为气候行动共同筹资，来源为政府部门、非营利组织和私人部门。在 2014—2020 年预计可提供 8.64 亿欧元的资金，用于跨境的洪水、海岸线管理，以及山脉和岛屿地区、城市的水资源气候适应以及可持续管理，其中一部分资金专门用于自然资产的保护。

（五）协调多机构管理和政策实施

在应对气候变化领域，欧盟在横向上通过多机构的分工和协助，制定和实施气候应对变化政策；在纵向上构建了欧盟、欧盟成员国和各国地方政府的多级立体管理模式。

欧盟层面负责气候变化问题的机构主要有欧洲议会、欧盟理事会、欧盟委员会、欧盟经济和社会委员会、地区委员会以及欧洲环境局。其中，欧盟委员会的气候行动署和欧洲环境局是最为主要的两个部门。欧盟委员会下属的气候行动署，专门负责制定和实施气候政策及战略，在气候问题国际谈判中承担主要角色，执行欧洲温室气体排放交易体系，监管欧盟成员国的温室气体排放，以及促进低碳技术发展和气候变化应对方法研究。欧洲环境局是欧盟下属部门，独立于欧盟其他机构，提供环境方面的独立信息，帮助成员国制定有关提高环境、协调环境与经济的政策以及可持续发展政策。

欧盟成员国的气候变化应对政策基本上在欧盟的框架下进行，各国根据自身的情况确定本国的气候变化应对目标，并出台相关的政策措施。成员国地方处于气候变化应对的最前沿，尤其是人口和基础设施集中的那些中心，对极端天气和气候变化的其他影响极为敏感；因此，城市和地方政府部门对欧盟的应对努力是否成功起到关键的作用。欧盟的气候变化应对政策中，积极鼓励地方政府的参与，支持城市开展气候适应行动。一方面制定综合性的地方气候适应战略；另一方面通过提供更大的地方活动平台，提高公众气候变化意识。

（六）积极参与气候变化应对国际合作

气候变化是一个全球性问题，需要在国际层面上协调与合作。从《联合国气候变化框架公约（UNFCCC）》的达成，到《京都议定书》的签订，再到2012年《京都议定书》到期前后，欧盟一直积极促成全球应对气候变化合作，并为努力达成排放目标做出行动。

欧盟设立了全球气候变化联盟（Global Climate Change Alliance），向发展中国家提供技术和资金支持，帮助它们在政策和预算中增加气候变化问题的关注和应对。对极度贫穷的国家以及最易受气候变化影响的国家，欧盟通过资金支持来帮助它们减少温室气体的排放和适应气候变化。欧盟目前是最大的海外发展援助提供者以及气候资金的提供者，并计划在2014—2020年预算以及欧盟发展资金（European Development Fund）中提供140亿欧元，用于帮助欧盟以外的伙伴国家开展气候应对行动。

二、英国气候变化应对政策

（一）出台《气候变化法》等相关法律法规和文件

英国2008年出台了《气候变化法》（Climate Change Act），对气候变化领域的相关问题进行立法和规范。英国是全世界第一个针对气候变化立法的国家。英国《气候变化法》的主要内容有碳排放目标和碳预算、气候变化委员会的设立及其职责、英国国内碳交易计划、气候变化的影响及适应等六个部分。英国通过立法的形式确定应对气候变化的目标、途径和组织制度，形成对各项措施的有力保障。在英国《气候变化法》中，设定碳排放目标为2050年英国的碳排量比1990年减少80%。英国同时也是第一个制定碳排放预算的国家，通过五年期的碳预算，将长期目标分解为若干个中期目标，逐步实现2050年的减排目标。第一期碳预算是2008—2012年。英国同时要求各政府部门和各企业都制定本部门或本企业的碳预算。气候变化委员会为独立机构，由应对气候变化的专家组成。其主要职责是分析预测气候变化的趋势以及气候变化对经济社会的影响，每年向议会提交进展报告，监督碳减排实施情况。

为配合《气候变化法》的落实，英国相继出台了一系列文件。2011年英国出台了《碳计划——实现未来低碳》。该计划详细说明了英国如何在能源政策框架中实现低碳，确保能源安全的同时转向低碳经济，并减少消费者的成本，特别是较贫困居民的成本。该计划中确定了 2008—2027 年四个碳预算期内的碳排放量。为了实现碳预算，在总体目标下制订了各部门的计划：一是低碳建筑，提高能源使用效率、低碳供热；二是低碳交通，调整交通能源结构，鼓励步行、自行车等低碳出行方式；三是低碳工业，提高能源、材料和工业过程设计的效率，用生物能等低碳能源替代化石燃料，在水泥和钢铁领域利用碳捕捉和封存技术减少碳排放；四是低碳电力，利用可再生能源（特别是海岸和近岸的风力发电）、新一代核能发电站以及拥有碳捕捉和封存计划的天然气和煤炭发电站；五是农业、土地使用、林业和垃圾处理方面，通过技术的创新和更好的管理实现低碳。英国在《气候变化法》的框架下，配以具体的措施文件，在各分期内根据不同情况制定差别化的措施，逐步实现碳减排的目标。

（二）发布能源安全战略，协调能源安全与气候变化的关系

英国政府中由能源和气候变化部负责本国的能源和气候变化问题。能源问题和气候变化问题的联系极为紧密，碳减排目标需通过能源结构的调整和能源使用效率的提高来实现。英国 2012 年发布能源安全战略，该战略中对能源安全的界定分为两部分，一是有充足的能源供应，二是有稳定、合理的能源价格。其中提出了英国能源战略的短期和长期目标，分析英国目前的能源挑战——全国近五分之一的电站由于不符合排放标准而关闭，能源体系需要适应碳减排目标并在低碳技术领域进行大量投资，英国化石燃料储备量的下降使其逐渐依赖能源进口。

英国应对能源挑战、确保能源安排的措施具体有：采取弹性的措施防止传统能源行业倒闭可能引起的泛滥，并减少已发生倒闭情况的影响；通过能源效率的提高，减少本国在国内和国际能源市场中面临的风险；使本国石油和天然气储备的生产效益最大化，为本国提供可靠的能源供应；稳定能源供应来源，提高世界能源市场的可靠性；确保安全的运输网络，保障能源安全运送到需要的地方；长期通过能源的低碳供应，减少对国际化石燃料市场的依赖。英国能源安全战略中采用交叉风险分析、能源消费者角度的能源体系特点分析以及压力测试三种方法，分析英国的化石能源安全情况，并提出相应的对策。

（三）开征气候变化税，利用税收政策实现碳减排目标

英国于 2001 年开征气候变化税，旨在促进企业、公共部门提高能源使用效率、节约能源和发展低碳技术，税收收入用于补贴纳税企业的社会保障金，补贴企业的节能和环保技术及设备，通过碳基金的建立为企业和公共部门提供能源效率咨询服务等。气候变化税对企业、商业和公共部门使用的燃料征收税费，其中燃料为加热、照明或动能而消耗的电力、天然气、固体燃料或者液化石油气等。不同能源品种对应不同的税率，同时税率分为主要税率和碳价格税率，适用税率的企业条件不同。加入气候变化协议（CCA）的企业还可享有应纳税额的抵免。英国气候变化税从能源消费的环节入手，利用税收的杠杆作用进行调节，鼓励企业和公共部门的节能减排。

（四）施行适应气候变化计划，在应对挑战中发现新机会

适应气候变化是应对气候变化政策的另一个主要内容。适应气候变化不仅仅是防范气候变化所带来的各种损失，同时也在挑战中发现新的发展机会。英国的气候变化适应内容分为三部分，分别

是气候变化影响评估、国家气候适应计划以及必需服务和基础设施适应报告。英国开展的“气候预测 2009”（UKCP09），对英国 21 世纪的气候变化趋势和影响进行研究，气候变化影响评估报告每五年发布一次。国家气候适应计划发布于 2013 年，之后每五年修订一次。必需服务和基础设施报告，为政府要求不同部门报告气候变化风险以及应对措施，确认能源供应和铁路运输等是否做好准备。

英国气候适应计划涉及的主要领域包括：一是环境建设，包括洪水和海岸侵蚀风险管理、空间计划、部门适应能力提升、家庭和社区适应能力增强等；二是基础设施，包括基础设施资产管理、地方基础设置、基础设施间的相互依赖及气候风险；三是健康和适应能力强的社区，健康和社会保障体系的气候适应能力，易受气候变化影响的脆弱人群，应急服务等；四是农业和林业；五是自然环境；六是商业；七是地方政府，提高公众意识、建立气候变化适应行动框架。通过气候适应计划，在减少洪灾、干旱、滑坡等自然灾害所带来的损失的同时，建立适应气候变化且拥有较强适应能力的产业、居民社区、自然环境、商业和地方政府新体系。

（五）积极参与欧盟、全球气候变化应对

英国的气候应对变化政策与欧盟相衔接。例如：在碳减排方面，制定了碳减排目标、能源战略以及低碳计划等，逐步实现碳排放目标；在气候变化适应方面，则是关注易受气候变化的脆弱性领域以及地方基层；英国也大力发展碳捕捉与封存技术，并建立了碳排放交易体系。

全球层面，英国参与建立了气候投资基金（CIF），该基金由包括英国在内的 14 个国家出资。生活在发展中国家的贫困人群是最易受到由气候变化所引起的极端天气影响的，他们适应气候变化的能力最低，因此该基金致力于向发展中经济体和新兴经济体的低碳和气候适应发展提供资金支持，同时积极参与气候信息服务、低碳技术发展合作等。英国认为气候变化应对需要全球的参与，否则即使英国实现了碳减排目标，气候变化的趋势依然无法改变。

三、德国气候变化应对政策

（一）碳减排中兼顾气候保护与能源安全

2007 年德国通过了“能源利用和气候保护一揽子方案”，旨在提高能源使用效率，促进可再生能源的发展，实现碳减排目标。重点领域为能源供应、建筑物能源使用、交通能源使用和国际合作。

2014 年，德国出台了《国家能源效率行动计划》，认为能源效率的提高是能源转换的重要路径之一。该项计划主要内容是德国能源效率政策的目标、情况和潜力。联邦政府的能源效率计划重点关注建筑物能源使用、能源服务、交通能源使用以及个人在能源使用中的责任。在不同领域的长短期措施中，联邦政府通过提供信息咨询、融资项目激励、法律法规、价格激励、国际合作、能源转换研究等，实现国家能源效率的提高。

德国在能源结构调整方面，积极发展可再生能源，通过提高能源使用效率降低能源消费总量。在核能利用方面，德国宣布至 2022 年关闭所有核电站，逐步淘汰核能。在可再生能源发展方面，主要发展太阳能、风力和生物质能。德国 1991—2012 年相继出台了《电力供应法》《可再生能源法》

等，规定可再生能源的发展、电价政策以及相关机制。根据本国可再生能源储备以及各种能源发电的成本、技术、稳定性等，确定合理的可再生能源结构，有计划地调整。采用补贴和市场机制引入的方式，促进可再生能源发展。

（二）适应气候变化从战略制定、行动计划到监测评估逐步推进

2008 年德国出台了《适应气候变化战略（DAS）》，2011 年发布了《适应气候变化战略行动计划（APA）》，2015 发布了《适应气候变化战略指标体系发展和监测准备报告》，这三份文件形成了气候变化适应战略制定、实施和评估监督的完整框架。

德国《适应气候变化战略（DAS）》的内容包括德国适应战略的框架及目标、气候影响分析、影响领域、国际气候变化参与行动以及战略措施。德国气候适应的目标是减少气候变化对自然、社会和生态的不利影响，提高气候变化的适应能力。在不同排放情景和气候模式下，分析未来气候变化趋势，并具体分析气候变化影响的领域及可采取的适应方案。具体领域包括人类健康、建筑、水资源和海岸海洋保护、土壤、生物多样性、农业、林业、渔业、能源行业、金融服务行业、交通及交通基础设施、贸易、旅游业、跨领域。此外，德国根据气候变化对本国不同地区的不同影响，制定差别化的适应方案。在国际适应气候变化行动中的参与，德国重新审视其发展援助政策、移民政策和安全政策与气候变换适应政策间的关系。

《适应气候变化战略行动计划（APA）》分别从联邦政府、州政府、地方政府三个层级以及不同层级政府间的协作，为气候适应战略的落地配套相关的措施。联邦政府层面的行动计划内容为四项：一是提供气候变化研究、信息交流；二是将适应要求与相关法律法规、标准规则、融资项目以及经济激励工具的融合；三是由联邦政府直接负责的适应行动；四是联邦政府负责国际、欧洲合作。该份计划明确了各级政府适应气候变化的职责分工以及协作领域，为气候变化适应战略的实施提供良好的管理制度框架。

《适应气候变化战略指标体系发展和监测准备报告》是德国《适应气候变化战略》的首个执行评估报告，对《适应气候变化战略行动计划》的执行情况进行评估，基于指标、气候影响和不同领域的适应情况进行监测，并对德国全国范围内易受气候变化的脆弱领域进行识别和评估，以制订下一步的行动计划。评估体系中共包括 102 个指标，其中 55 个为反映气候变化影响的指标，42 个指标为反映适应方法或行动以及影响适应过程的因素，5 个指标为反映联邦政府行动的总体指标。通过指标体系的建立和监测，更直观地反映出气候变化影响的总体趋势、政策实施效果以及分领域的具体情况。

四、法国气候变化应对政策

（一）基于本国碳排放比例，促进各领域碳减排措施和能源转换

法国碳减排和能源转换目标为：到 2030 年，温室气体排放量相比 1990 年的水平减少 40%；化石燃料的消费相比 2012 年减少 30%；将最终能源消费中可再生能源的比例提高到 32%，将电力生产能源中所使用可再生能源的比例提高到 40%。到 2050 年，将最终能源的消费量减少为 2012 年的 50%。

在 2025 年前，将垃圾场废弃物减少 50%；多样化电力生产中使用的能源种类，将其中使用核能的比例减少 50%。

法国在分析其目前不同行业和领域的碳排放量比例后，对重点领域出台相关政策。其目标不仅是减少碳排放量，同时创造就业、提高居民生活质量。碳减排和能源转换的主要领域为建筑物、交通、可再生能源、废弃物和循环经济。在具体政策措施中分别针对个人、地方政府和企业三个主体，同时列明诸如税收抵免、低息贷款以及能源创新平台基金等政策行动。以建筑物的减排为例，2012 年法国建筑物的能源消费占全国的 44%。其减排和能源转换目标为加速建筑整修，每年完成 50 万个优先解决燃料匮乏问题的整修项目；提高新建建筑物的能源使用效率，到 2050 年之前所有的建筑都须达到低能标准；在工程推进中创造 7.5 万个就业岗位。

在能源转换方面，法国核电占发电总量的比重为 75%，居世界第一。核电具有低成本、低碳且稳定性高的特点，因此法国人均碳排放量居于欧洲各国的最低位。但是 2011 年福岛核事故使得高技术可以解决核电风险受到质疑，受法国各界态度影响，政府开始削减核电比重。削减过程中法国面临转向其他可再生能源发电后所引起的高成本电价问题，可能削弱企业竞争力，同时增加碳减排压力，也会增加法国对进口能源的依赖。在可再生能源发展方面，法国的风能储备较大，且乙醇燃料技术等已逐渐发展成熟，可再生能源的发展具有较大潜力，但能源转换期依然面临较大的成本压力、技术压力以及能源安全风险。

（二）制订适应气候变化计划，分 20 个领域确定详细行动清单

法国是欧盟国家中最早制订适应气候变化计划的国家之一。法国 2011—2015 年国家适应气候变化计划中，基于法国 21 世纪所面临的气候变化趋势以及影响分析，提出了适应气候变化计划的原则，划分了 20 个领域并详细说明不同领域适应气候变化的行动清单。20 个领域分别包括：交叉领域、健康、水资源、生物多样性、自然灾害、农业、林业、渔业和水产业、能源和工业、基础设施和交通系统、城市规划和建造环境、旅游业、信息、教育和培训、研究、融资和保险、沿海地带、山区、欧洲和国际行动、地区管理。该份适应计划中还提及了国家计划和地方行动间的关系，以及法国海外领土的适应气候变化行动。

以水资源领域为例，法国的适应行动有五项：一是提高对气候变化对水资源影响以及多种潜在适应情况影响的了解；二是提高对结构性不平衡现象、气候变化环境中资源匮乏和干旱的监管；三是发展水储备，确保水资源的高效利用；四是支持协调地方水资源利用的活动发展和土地使用；五是加强气候变化事项和水资源规划及管理的融合。各项行动分别指定负责部门和协助部门。

（三）实施气候变化适应战略，细化战略方向

法国气候变化适应国家战略中分九个方向说明了战略内容，分别是增强公众和政策制定者对气候变化趋势及其影响的理解，加强气候变化观测体系，普及、训练以及提高所有受气候变化影响相关者的意识，促进地区适应气候变化方法的实现，为气候变化行动融资，使用法律法规工具，鼓励

与气候变化影响者的自愿行动和对话。九个战略方向又具体体现在不同的战略内容中，适应气候变化战略与适应气候变化计划相辅相成。

五、日本气候变化应对政策

日本应对气候变化的措施也分为气候变化缓解和适应两类。碳减排和限制措施中除其他国家普遍采用的新能源发展和低碳技术研究等措施外，日本较为注重公众低碳意识的培养，构建低碳社会。能源结构中，日本转变以核电发展为重，大力发展可再生能源。在适应气候变化方面，注重脆弱性领域的风险防范和损失控制。此外，日本提出了“气候安全”，认为“气候安全”是引领气候变化应对政策的核心。

（一）实施碳减排措施，注重公众低碳意识的培养和生活工作方式的转变

日本实现碳减排目标的基本思路是从环境和经济发展并重的前提出发，通过促进技术革新和所有社会主体参加与合作，应用各种政策手段实现，并重视评估和修正，同时确保国际合作。具体的碳减排措施分为三类。

针对各温室气体的对策。此类措施旨在削减温室气体的排放。对不同温室气体产生的来源，采取有针对性的措施。例如由于能源使用产生的 CO_2，通过技术革新，削减城市和地区结构及公共交通基础设施的 CO_2；对于非能源起源的 CO_2，通过扩大混合水泥的利用来减少；对甲烷气体的减排，通过削减废弃物的最终处理量，扩大森林的面积和质量，增加对温室气体的吸收。此外，通过京都机制，推进海外削减 CO_2。

跨领域的实施策略。跨领域的实施策略主要包括国民运动的开展，公共机构的率先实施以及政策组合的运用。其中最具特色的是国民运动的开展。2005 年日本发起“Team-6%”的活动，鼓励公司和个人采取具体行动，帮助日本实现其承诺的将温室气体排放量减少 6%的目标。参与该活动的包括个人、公司、非营利性组织、地方政府及行政机关。该活动的主要内容为，在夏季呼吁人们将空调温度设定在 28℃，推行“Cool Biz”鼓励人们穿凉爽而时尚的衣服，即使在商务场合也不打领带、不穿外套；在冬季鼓励人们将室内温度设定在 20℃，推行“Warm Biz”，提倡“上班冷就多穿，不一味依赖空调”。通过类似的活动促进公众向防温暖化的工作和生活模式转化。此外，政策组合中的若干措施也具有借鉴意义。一是日本在为实现京都议定书碳减排目标的过程中，于 2012 年开始对石油、天然气等化石燃料征收“地球温暖对策税”，即环境税。所得税收收入用于节能环保产品的补贴、可再生能源发展等。二是日本通过发展本国的碳交易体系实现碳减排。三是发展核能源，代替化石燃料。

基本的实施策略。基本实施策略包括排放量和吸收量计算体制的建设，技术开发和调查研究的推进，以及确保国际协同一致并促进国际合作。例如，日本推出了构建低碳社会的构思并已制定实施战略，通过居民、企业和政府三方的努力，一方面通过人们行为的改变，另一方面通过低碳技术的研发和利用，最终实现低碳社会的构建。

（二）重视能源安全，大力发展可再生能源

日本对本国能源安全的分析主要基于能源自给率、能源输入国分散度、能源输送安全度、能源供给类型的多样性、电力供给信赖度、本国能源需求以及能源储备六个方面。根据日本经济产业省2015年的分析，相较于美国、中国、法国、德国、英国和韩国，日本的能源安全得分最低。

日本本国能源资源匮乏，对能源进口的依赖性较大。本国能源中主要是以核能为主。对于日本能源资源而言，核能本身具有投入少、产出高且成本较低的特点。日本具有多年核能发展基础，核能利用技术水平居世界领先地位。但是2011年福岛核事故后，核能利用风险得到重视。即使高水平的核能技术，也可能无法完全解决由地震等引起的核电设施的核泄漏，以及深埋处理的高放射性核燃料废料的泄露，导致对人类和生态造成不可逆转的伤害。因此，日本目前侧重于发展太阳能、风力、地热、生物质能以及潮汐能等可再生能源。鉴于本国可再生能源发展的局限性，日本主要发展光伏和风电。日本对光伏发电的支持政策，除产业培育和技术支持外，政府还实行剩余电力购买、固定价格购买等，以保持光伏发电的竞争力，促进产业的形成和发展。风力发电方面，成本低于光伏，因此受到日本政府的重视。光伏发电和风力发电的成本均较核电高，且供电的稳定性不足，这也是日本未来能源发展中需要解决的重点问题。

（三）适应气候变化战略，重点关注脆弱性领域

日本在对本国气候变化影响进行评估的基础上，制订了国家适应气候变化计划，即日本的适应气候变化战略。旨在采取应对气候变化影响的适应措施，构建一个安全且可持续的社会，将由气候变化导致的居民、财产、经济和自然环境的损失降到最低，并能迅速从受损中恢复。基本战略包括将气候变化应对贯穿于政府各政策中，注重对气候问题的科学研究，通过气候相关风险信息的共享，促进各方的理解与合作，并推进国际合作。适应气候变化战略措施分为七个领域，分别为农业、林业和渔业，水环境和水资源，自然生态系统，自然灾害和沿海区域，人类健康，工业和经济活动，居民和城市生活。战略中分析了每个领域气候变化引起的风险点，并针对每个风险点采取相应措施，预防发生以及降低发生后的损失等。国际合作中主要是观察、监测和研究全球气候变化以及由其带来的影响，分享和提供关于气候风险的信息，促进地区的适应，支持发展中国家的气候变化适应等。

（四）倡导气候安全，呼吁保护全球公共产品

日本认为气候安全是引领气候变化应对措施的关键，应关注气候变化对安全的影响。气候安全的威胁来自于温室气体的排放，食物生产和经济活动受到负面影响，并损害生产生活的生态系统基础。这些问题可能会导致国家间冲突的增加。温室气体排放的持续会给各个国家和地区水资源、生态系统、食物以及沿海区域带来损失。贫困人民更易受到海平面上升、水资源匮乏、农业生产力降低的影响，同时会引起人口为寻求环境避难，从农村向城市地区转移。根据研究，降雨和冲突爆发

间具有相关关系，气候变化可能因此影响地区稳定。海平面的上升使得各国海岸线发生变化，可能引起经济区的变迁，同时引发国际边界争端。岛国则会损失一定的国土面积。对于日本的影响则在于，气候变化会增加日本对进口食物、能源和其他资源的依赖，同时海平面上升、气候模式的变化会增加对人类健康的威胁。

日本认为气候安全保护的对象为居民的安全和福利。在联合国气候框架公约中，不仅要保护生产和经济活动，同时也要保护生态系统。气候安全的保护方式是在分析气候变化数据资料等基础上，通过国际社会的合作实现。全球气候是“全球公共物品”，需要全球参与合作。日本认为各个国家都应负责执行相关应对措施应对全球气候变化。

六、对我国的借鉴和启示

欧盟、英国、德国、法国和日本在应对全球变化过程中，均通过气候保护和适应气候变化两个方面采取行动措施。气候保护主要通过能源结构调整和能源效率提高，减少碳排放；适应气候变化则是对易受气候变化影响的脆弱性领域进行监测和研究，减少气候变化对其产生的负面影响或者加快损失后恢复的速度。五个国家或地区在关注气候变化对经济安全的影响时，主要关注能源安全和生态安全。碳减排与能源安全息息相关，而气候适应行动则是加强对生态安全的保护。我国在应对全球气候变化中，应关注气候变化以及应对措施中对能源安全和生态安全的影响，主要从以下四个方面采取行动。

（一）通过能源结构调整和能源效率提高减少碳排放

碳排放的减少主要在于能源结构的调整和能源效率的提高。能源结构中大力发展可再生能源，替代化石燃料，并在交通等相关领域发展新能源技术。在改善能源结构的同时，保障能源的独立性。能源效率提高，主要是根据不同领域和行业的碳排放情况，关注比例较大的行业，如建筑物、交通、工业等。通过技术发展和相关标准的建立减少碳排放，同时加强公众气候变化意识宣传，呼吁生活方式的改变，构建低碳社会。在本国内，根据地区发展程度的不同，承担不同的减排责任。

（二）通过气候变化预测和影响信息分享，关注脆弱性领域

国家层面应关注易受气候变化影响的脆弱性领域，并提高适应能力，避免或减少损失。通过平台建设、信息共享和技术开发等，对全国的气候变化预测和影响进行研究及公开。关注易受气候变化影响的农业、林业、渔业等脆弱性领域。加强对山区、沿海沿江河等脆弱性地区的监测和研究。地方政府应提高对气候变化影响的认识，从最易受气候变化影响的地方基层，建立相应的适应机制。针对气候变化对各个领域带来的负面影响，增强气候变化引起的自然和人为灾害的应对能力，发生灾害后能够迅速恢复。

（三）通过气候变化战略的制定，有计划实现应对目标

制定气候变化战略，形成战略目标、战略措施、战略实施、战略评估链条，有计划地逐步实现碳减排目标和气候变化适应目标。通过战略目标的制定和分解，落实不同地区和不同责任主体的目标，以及长短期内的不同目标；通过战略措施和实施，形成全国范围的有效行动；通过评估，反馈气候变化战略的实施效果，并在此基础上形成动态调整。气候作为一种公共物品，政府应在气候变化应对中起主导作用，除气候变化应对战略外，应进行资金支持、技术研发支持、信息平台提供等。同时，有必要时出台相关的法律法规，支持和保障气候变化应对战略的执行。

（四）通过国际合作，共同承担减排责任

发达国家和发展中国家承担共同但有区别的责任，通过资金支持、信息共享、技术学习等支持欠发达地区的发展和碳排放量的减少。发达国家应承担主要的减排责任，发展中国家在减排过程中应保持经济社会发展的权利。在国际社会中，我国应承担一定的碳减排责任，但同时要保障自身的发展空间，保障发展中国家共同的发展利益。此外，在信息、技术共享方面，与发达国家开展更多合作；在技术、信息、资金支持方面，积极帮助相对落后的国家，承担全球气候变化应对责任。

主要参考文献

[1] 黄晓勇. 世界能源发展报告（2015）[M]. 北京：社会科学文献出版社. 2015.
[2] 欧盟委员会. http://ec.europa.eu/.
[3] 欧洲环境局. http://www.eea.europa.eu/.
[4] 英国商业、能源和工业战略部. https://www.gov.uk/government/organisations/department-for-business-energy-and-industrial-strategy.
[5] 法国政府. http://www.gouvernement.fr/.
[6] 日本环境信息网. http://www.eic.or.jp/.

第二十一章　我国与沙特阿拉伯经济关系研究

内容提要：沙特阿拉伯王国（下简称沙特）是世界上最重要的石油生产大国和石油出口大国，是中东地区的重要国家，是二十国集团中唯一的阿拉伯成员，在中东地区和全球都有着举足轻重的影响。我国与沙特自建立外交关系以来，双边经济关系发展迅速，依托不断深化的战略关系，经济关系已经成为双边关系的基石。现在，双边关系已经由过去的战略性友好关系提升为全面战略伙伴关系。当前，世界石油价格由过去的迅猛上涨转变为最近的迅猛下跌，沙特的经济形势正在发生重大转变，对世界经济产生了深刻的影响。面对新的形势，沙特政府制订了为期十五年的国家长期计划“2030年前景”，加速经济多元化，到2030年，沙特经济将不再依赖石油。从总体上看，我国与沙特在经济上有着巨大的合作空间和合作潜力，应当积极研究探讨我国与沙特经济关系的发展。

一、当前沙特的经济形势

（一）世界石油价格的猛烈下降，导致沙特石油收入大幅度减少

沙特拥有极其丰富的油气资源，现有探明储量达2658亿桶，石油年产量达5.5亿吨左右，石油日产量900万～1200万桶。作为世界上最大的石油生产国和石油出口国，沙特经济受到石油经济的重要影响，特别是受世界石油价格水平的重要影响。从2001年12月底到2014年6月底，世界石油价格水平从每桶25美元左右迅猛提高到每桶110美元左右，最高时曾达每桶148美元。而从2014年6月底以来，世界石油价格水平发生了断崖式下跌，从每桶110美元左右猛烈下跌至每桶接近25美元左右。到2016年年底，又反弹至每桶50美元左右的水平。2016年，沙特全年平均每桶41美元。沙特石油收入从2012年的3372亿美元下降到2015年的1513亿美元。根据2015年年初的预测数据，2016年原油平均价格水平将保持在每桶45美元，沙特原油日产量将维持在1020万桶，原油出口收入将保持在1030亿～1300亿美元。随着伊朗强势回归国际原油市场，美国原油出口量创历史新高，与沙特等其他产油国家形成强烈竞争格局，特别是全球主要产油国家仍未能够达成限产共识，国际原油供给仍然处于过剩状态，油价有可能再次发生较大幅度的下跌。2015年年初，沙特石油大臣曾说过，即使油价只有每桶20美元，沙特的石油生产仍能实现盈利。这从另外的角度说明，当前油价的下跌，只是从天文数字般的非正常水平恢复到正常水平。

（二）世界石油价格的迅猛下跌对沙特经济形成了重大冲击

石油收入在沙特经济中占有极高的比重，2010—2014年，沙特平均石油收入在财政总收入中的比重为90%，石油出口占总出口的85%，石油部门的增加值占GDP的比重接近50%。2014年

年中开始，世界石油价格出现大幅度下跌，2014 年下半年下跌了 50%，到 2016 年年初累计跌幅超过 70%。油价的下跌直接影响石油增加值，又通过政府支出间接影响非石油增加值，致使沙特经济总体增速放缓。2014 年年中，沙特实际 GDP 增速开始下滑，由第一季度的 6%降到第四季度的 2%，全年实际 GDP 增长率为 3.6%。2015 年，实际增长率 3.5%。根据国际货币基金组织 2015 年预测，2016 年沙特国内生产总值实际增速将达到 1.2%。根据沙特官方最新统计数据，2016 年沙特国内生产总值实际增速是 1.4%。

（三）沙特外贸总额从巨额顺差转变成为巨额逆差

2015 年，沙特外贸总额达 1.4 万亿里亚尔（1 美元合 3.75 里亚尔），与 2014 年的 1.9 万亿里亚尔相比，跌幅达 26.7%。沙特统计局数据显示，2015 年沙特贸易顺差达 1080 亿里亚尔，与 2014 年顺差额 6320 亿里亚尔相比，跌幅达 82.9%。过去 10 年，沙特对外贸易额达 15.6 万亿里亚尔，其中 2013 年最高，达 2.04 万亿里亚尔。2015 年沙特石油出口占总商品出口比例从 83.1%降至 75.1%，从而导致非石油产品出口占总商品出口比例从 16.9%增至 24.9%。2015 年沙特石油出口额达 5730 亿里亚尔，比 2014 年的 1.07 万亿里亚尔，下降了 46.3%。非石油产品出口额达 1900 亿里亚尔，比 2014 年的 2170 亿里亚尔，下降了 12.5%。

（四）沙特财政大幅度紧缩，金融体系和金融市场承受着巨大压力

首先，根据沙特阿拉伯 2016 年财政预算案，2016 年收入预期为 1368 亿美元，支出预期为 2239 亿美元，赤字高达 870 亿美元。沙特 2015 年财政赤字预计达 978 亿美元，较先前预期 1333 亿美元有所减少，占到沙特 GDP 的 15%。沙特政府不得不动用 800 多亿美元外汇储备并发行 200 亿美元债券以应对财政困难。其次，油价下跌导致的收入下降拉低了银行存款增速和政府支出，使信贷供给趋紧。沙特阿拉伯 2014 银行存款平均增速为 13.6%，2015 年 11 月下降到 5.3%，同期银行对私人部门信贷增速由 12.5%下降到 8.8%。资本充足率将从 2014 年年底的 17.9%微降至 2016 年年初的 17%，远高于巴塞尔协议 8%的要求。目前沙特的银行体系流动性充裕，不良贷款比例低。第三，外汇储备充足但消耗迅速。在 2015 年 3 月到 2016 年 3 月，沙特消耗了其 16%的外汇储备以弥补其预算赤字。第四，沙特里亚尔与美元的汇率挂钩机制正在承受巨大压力，另外沙特的主权信用评级由 AA 下调至 AA-，评级展望仍维持为负面。

（五）沙特政府制定长远规划，实施国家转型

2016 年，沙特政府制定了为期十五年的国家长期计划“2030 年前景”，确定了三大国家战略目标，一是要成为阿拉伯与伊斯兰世界的心脏，二是要成为全球投资的动力源，三是要成为连接亚非欧三大洲的全球枢纽。沙特将进一步发展人民才智，增强人民技能，壮大国家经济实力，实施经济多元化战略，以关键竞争力为动力，推动国家迈向丰富多彩的未来，实现沙特阿美公司从石油生产商向多业态的全球工业集团转变。到 2030 年，沙特在全球经济体的排名从目前的第 19 名提升至

前 15 名，将油气行业本地化水平从 40%提升至 75%，将公共投资基金的资产总额从 1600 亿美元提升至 18667 亿美元，将全球竞争力指数排名从第 25 名提升至前 10 名，将外国直接投资 GDP 占比从 3.8%提高至 5.7%，将私营经济 GDP 贡献率从 40%提升至 65%，将非油外贸出口占比从 16%提升至 50%，将非油政府财政收入从 1630 亿里亚尔提高至 10000 亿里亚尔。通过国有资产私有化实现政府收入多样化，进一步提高投资工具的专业性，将阿美公司的所有权转移给公共投资基金，使之成为世界上规模最大的主权财富基金，通过该基金对需要大量资金投入的战略性行业施以援手，助力发展新兴经济产业，建立稳定发展的国民企业。在知识转移和贸易方面，与邻国和友好国家发展长期合作伙伴关系，形成向世界开放的、成熟的金融和资本市场，为包括阿美公司在内的沙特国有和民营企业上市提供便利。支持朝阳产业发展，使之成为经济发展的新支柱。在制造业，推动可再生能源研发制造及工业装备制造本地化。在技术领域，优先增加数字经济投资。在矿业，将推出针对采矿优惠政策，与国际大企业合作，加强研发，大力发展铝、磷酸盐、金、铜、铀等原矿藏开采。继续实现油气行业的本地化，新建能源城，实现天然气产量翻番，建设覆盖全国的天然气输送网，并利用石油和石化产品的全球领先地位投资发展上下游及配套产业。推动政府服务私有化，到 2030 年，将军工行业本地化水平从 2%提高至 50%。积极营造宜商环境，包括改善投资环境，振兴经济城，建立实施特殊商务法规的物流、旅游、工业及金融等特区，重新定位阿卜杜拉国王金融区，将其发展为与哈立德国王国际机场直接连接的免签证特区，在区内实施有竞争力的规则和流程。大力发展零售业，在 2020 年前在零售业为沙特公民新增 100 万个就业岗位，将现代贸易方式和电子商务占比提升至 80%，取消针对所有权和外国投资的限制，吸引海湾地区和国际零售业投资者。与此同时，沙特将大力发展高速宽带等通信和信息技术基础设施，将其城乡覆盖率分别提高至 90%和 66%。充分利用地缘优势，（与有关国家）建立新的战略伙伴关系，发展经济，扩大出口，将沙特打造成区域物流枢纽；加强与海合会成员国合作，加强互联互通，加快推进共同市场、统一海关、经济和法律政策，建设共享的公路铁路网络，同时寻求升级物流服务、简化物流和贸易程序，新建跨境陆路基础设施项目，通过埃及等国家连通非洲。沙特正在与全球经济合作伙伴共同努力，秉承国家愿景，建设面向 21 世纪的新型战略伙伴关系，以实现成为连通三大洲的贸易枢纽，推动扩大出口。

二、中国和沙特经济关系发展现状

（一）中沙经济关系的重要性

基辛格曾说："谁控制了石油，谁就控制了所有国家，谁就掌握了世界。"今天人类生活与发展已经离不开石油，当今世界各国的稳定与发展也与石油息息相关。而中国从 1993 年开始就成为石油净进口国，石油对于中国的发展至关重要。中国作为占世界四分之一人口的大国，原油储量远低于国际标准水平，而石油消费量已经超过了 5 亿吨，对外依存度已经接近 60%。随着国家经济的不断发展，人民生活水平的不断提升，中国对石油的需求只会不断增加。当今世界，除沙特之外，主要产油国的石油储量和增产潜能都十分有限，沙特是世界石油市场供给的蓄水池，能为中国的石油来源提供重要保障。中国和沙特在能源关系上有互补性，两国都期待能在能源领域增进合作。

（二）中沙经济关系的现状

1. 两国政府合力推进中沙经济合作

我国与沙特自1990年建立外交关系以来，在两国政府的积极推动下，双边关系发展顺利。进入21世纪以来，依托不断深化的战略关系，双边经济合作实现了跨越式发展，经济关系已经成为中沙双边关系的基石。随着我国经济的崛起和亚太地区石油需求的不断高涨，沙特石油贸易重心逐步从美欧市场转向高速成长的亚太市场，沙特政府对我国的重视程度不断提高，双方将对方视为重要的合作伙伴。近年来，中沙两国领导人往来密切，就加强和扩大两国能源、经贸等各领域的友好合作达成共识，签署了一系列旨在深化双边能源、贸易和安全合作关系的重要合作文件。中国与沙特签署的《中石化与沙特石油公司能源合作框架协议》等一系列合作协议标志着中沙能源合作开始从石化中下游领域进入油气勘探、开采的上游领域。此外，沙特政府承诺“任何时候都保证对中国原油供应”。中沙领导人的互访，不断将双边关系提高到新的高度。国家主席习近平同志两次访问沙特，先后将中沙关系提高到战略性友好关系和战略伙伴关系的高度。良好的高层互动，不断加深两国政治互信，有力地推动中沙各领域友好合作关系的发展。基于中沙经济关系的飞速发展，双边经济关系表现出自身的特点。一是中沙经济关系互补性强，相互依赖性日益突出。以石油贸易为主导的双边贸易迅速扩大，但贸易不平衡较为突出。相互投资规模较小，工程承包增长较快。二是中沙经济关系日益受到全球经济格局以及我国经济地位变化的重大影响。三是中沙经济关系逐步超越石油领域，向多层次、多领域拓展。四是中沙战略经济关系的加强正在产生日益重要而多元的影响。

2. 以石油为重点，大力发展中沙贸易合作

21世纪以来，中沙双边贸易发展迅速，取得了举世瞩目的成绩。建交之初中沙双边贸易额很小，随着我国经济的快速发展和对石油需求的日益增长，作为最大石油出口国的沙特逐步成为我国的重要贸易伙伴。十几年来，中沙贸易额保持高速增长。由于贸易结构的原因，我国对沙特贸易一直保持较大规模的逆差，逆差额随着贸易额的增加而快速增长。2000年中沙贸易额仅约31亿美元，2013年为722亿美元。2015年，中国跃居成为沙特最大的贸易伙伴，沙特向中国出口额达245.5亿美元，从中国进口额达246.4亿美元，出口、进口均位居第一。实现了贸易逆差向顺差的转变。能源贸易在中沙经济关系中占有首要与核心地位，两国贸易高度依赖石油，双方石油贸易量和贸易额快速增长，沙特已经成为我国在海外最主要的原油供应国。进入21世纪以来，我国从沙特进口原油数量迅猛增长。我国对沙特、对中东石油的依赖程度大于欧盟，明显大于美国。近年来，沙特保持了我国最大原油供应国地位，在我国原油进口总额中占据近20%的份额，对华出口在沙特石油出口总额中的比重不断提升，我国在沙特对外石油贸易格局中的地位也日益提升。

3. 推动中沙双边投资合作

目前，在沙特经营的中资企业数量将近160家，涉及建筑承包、电信、基础设施建设、石油化工、工程机械、物流运输等各个行业。我国商务部统计，截至2015年11月，我国对沙特直接投资

存量 25.5 亿美元，沙特对华直接投资存量为 15.5 亿美元。双向投资主要集中于石化领域。在能源投资合作方面，我国与沙特之间的一系列重大能源合作取得实质性进展。沙特石油公司也积极进入我国市场，更加重视投资我国的石化项目。2004 年，中石化集团与沙特阿美公司组建了中沙天然气公司，中标沙特 B 区块天然气勘探开发项目，项目累计投资超过 5 亿美元。2009 年，由沙特阿美公司、福建石化有限公司与美国埃克森美孚公司在福建合资建设的福建炼油一体化项目，以及由中国石化集团和沙特石化巨头基础工业公司(SABIC)合资兴建的天津炼油化工一体化项目。2011 年，中石化集团正式决定参股沙特阿美石油公司在延布年产 2000 万吨的炼化项目。2012 年，沙特阿美石油公司宣布，其全资子公司阿美亚洲正式成立，总部设在北京，表明沙特对亚洲，特别是我国市场的重视。2014 年 4 月，沙特基础工业公司首席执行官说，当前的亚洲是发展速度最快、最具潜力的市场，沙特基础工业公司已将中国及亚洲国家视作最为重要和优先的战略合作伙伴。中沙基础设施建设、投资、劳务、农业等领域合作项目不胜枚举，合作规模不断扩大。中国公司在圣城麦加铺设的轻轨项目为来自全球的穆斯林朝觐者提供了便捷服务。中国公司开发朝觐通信保障方案，连续多年确保了朝觐期间通信畅通。中沙两国科研机构成功绘制了椰枣基因组图谱，对椰枣产量、品种改良、病虫害防治等产生重要影响。

4. 工程承包

沙特是我国最重要的海外工程承包市场之一，我国企业广泛地参与到沙特的大型项目建设中。我国公司先后获得了哈立德国王大学扩建工程、吉达伊斯兰港货运码头项目、沙特圣地项目麦加至麦地那铁路、麦加轻轨项目、吉赞水泥厂等。沙特政府还授予中石油公司在沙特境内 3.8 万平方千米的区域内勘探、生产天然气的项目，合同额达 11 亿里亚尔，中石油公司获得 80%的项目份额，沙特阿美石油公司拥有剩余的 20%。根据两国政府基础设施建设领域的合作协议，沙特已经成为当前我国最具增长潜力的海外承包市场之一。

（三）阻碍中沙经济关系发展的因素

1. 美国因素

以美国为首的西方发达大国，把中国作为在沙特石油能源方面的竞争对手，担心中国与沙特关系太过于亲密而形成“伊斯兰教与儒家思想”结合的局面。美国亚洲能源安全问题专家赫伯格曾表示，中国将在未来的一段时间内面临能源困境，以及由此引发的能源不安全感，将给美国和全球的政治、经济带来深刻影响。他认为，全球能源供给中断、能源出口地区局势长期不稳定以及变幻莫测的全球能源地缘政治都将置中国经济于危险之中。以美国为首的西方大国鼓吹中国“攫取”石油资源只是为了满足自己国家经济发展需求，反复散布“中国石油威胁论”，诸如 ：“美国与沙特的关系恰好处于高度紧张的时候”，中国与沙特密切合作将动摇其与沙特的长期战略盟友关系；“若无法促使中国采取更加负责的政策，中国寻求能源的努力就可能逐步加剧中美在中东的利益冲突。”这些言论对中沙能源合作产生了一定程度的负面影响。美国政府无视中东宗教文化历史特殊性，无视中东地区人民的意愿，甚至忽略沙特等国家石油安全根本利益，把中东视为美国的“关键利益所在地区”，控制并支配沙特等中东国家的石油资源，阻碍沙特与中国等国家石油关系的进一步拓展。美国对中国在沙特的公司展开了一系列长期的制裁与惩罚，还通过持有沙特石油公司的股份来限制中沙能源合作，干预中国石油企业的国际化。

2. 宗教文化因素

沙特是伊斯兰教的发源地，伊斯兰教对沙特的影响根深蒂固，作为穆斯林的“精神祖国”，沙特在伊斯兰世界有着不容置疑的权威性。对内，伊斯兰教赋予沙特家族统治的合法性，确保皇室的长治久安；对外，伊斯兰教通过传播和弘扬伊斯兰精神，在整个伊斯兰世界发挥作用。实施泛伊斯兰主义政策，是沙特充分利用伊斯兰教圣地地位的佐证，这不仅巩固了沙特王室统治，也表明沙特在宗教上的影响力和感召力。沙特有大约 2500 万人是穆斯林，占总人口的 97%。85%～90%的沙特人是逊尼派，什叶派穆斯林人口占 10%～15%。什叶派与逊尼派的千年之争对沙特国内政局造成了动荡与不安；此外，西方基督教与伊斯兰教的冲突、犹太教与伊斯兰教的冲突都对沙特国内的政治稳定、经济发展、社会文明、石油能源安全等带来了威胁。有一个稳定的国内局势才能进一步发展高层次高质量的国外合作关系。而由宗教因素引起的沙特国内的不稳定在一定程度上给中沙石油关系健康发展带来了不利影响。

3. 地区政局动荡因素

沙特所在中东地区的政局长年动荡不安与战争不断，给中沙石油关系的稳定发展带来了安全威胁与诸多不稳定因素。其中，伊拉克与伊朗曾爆发长达 8 年的两伊战争，这给沙特对外石油输送与贸易都带来了安全隐患与威胁；叙利亚自 2011 年开始的内战也给整个中东局势造成了负面影响；1990 年伊拉克攻打科威特进而引发的海湾战争更使得沙特丧失了安定的石油贸易环境。自 2010 年底，一系列以“民主”和“经济”等为主题的反政府的“阿拉伯之春”运动横扫西亚、北非的阿拉伯国家和其他地区，这项运动先后波及突尼斯、埃及、利比亚、也门、叙利亚等国，多名领导人先后下台；而近期沙特与也门的军事冲突也给中国和沙特的石油贸易造成了一定影响。所有这些地区动荡和冲突，都对沙特的石油生产、国际油价以及能源运输通道安全等方面造成了负面影响，当然也直接影响到中沙能源合作。除此之外，中东地区还有大大小小的冲突，这些或因宗教引起的冲突与挑衅，或因石油资源引起的争夺与抢占，或因大国干涉影响的政变或倒戈，都给沙特和中国进行正常稳定的石油贸易造成了困难。

4. 地理位置因素

沙特位于阿拉伯半岛，东濒波斯湾，西临红海。而我国位于亚洲东部和中部、太平洋西岸。我国距离沙特数千千米，这给两国石油贸易带来了巨大的挑战。中沙石油贸易往来要长途跋涉、漂洋过海，物力成本和时间成本都不小。且不说时间成本，仅石油管道建设费用每千米造价都超过千万，而加上海上运输、陆上运输的基础设施建设费用、人员费用、维护费用、燃料费用等，无疑是一个天文数字。除两国运输成本高昂以外，更具风险的是海上运输存在的巨大安全隐患，有可能发生的海盗劫掠、恐怖活动袭击、国家纷争甚至战争，都必然对两国能源贸易的联通，特别是海上石油通道和枢纽造成阻碍。

三、中沙经济关系进一步发展的几点建议

（一）进一步推动中沙全面战略伙伴关系

从我国的角度看，我国国际经济地位的迅速提高和参与全球经济事务的需要，提升了对中东地区特别是地区大国经济关系的重视程度，新的对外经济合作战略的提出使中东与沙特的重要性日益提高，客观经济需求与地缘战略需要为中沙经济关系的发展提供了动力，双方的相互战略认知也发挥着重要推动作用。沙特认为，中国正在崛起成为新兴的全球大国，不仅在经济上具有强大的吸引力，在政治、安全等方面也对中东地区具有日益重要的影响力，在地区格局复杂动荡的背景下沙特欢迎中国发挥更大的作用。习近平主席 2017 年年初访问沙特的第一天，中沙两国政府就发表了《中华人民共和国和沙特阿拉伯王国关于建立全面战略伙伴关系的联合声明》。在声明中双方一致认为，在世界多极化、经济全球化不断向前推进的背景下，中沙关系越来越具有战略性和全局性，两国已成为彼此在全球的重要合作伙伴，从战略高度和长远角度看待彼此关系，将对方置于本国外交关系发展的重要方向，双方重视高层互访，就双边关系和共同关心的地区和国际问题加强战略沟通，密切战略合作，巩固战略互信。

（二）进一步推动中沙在 G20 框架下的战略合作

我国和沙特都是 G20 成员国，随着 G20 成为全球经济治理的主要平台，中沙两国在全球经济治理中的地位与主张相仿，在维护全球经济稳定、推动全球经济治理变革上拥有共同利益。中沙两国在 G20、IMF、世界银行等框架下开展了有效沟通与合作，进一步密切两国在全球经济治理领域的合作，共同推动国际金融机构改革朝着有利于广大发展中国家的方向发展。在全球经济治理变革进程中，中国与沙特作为主要的能源生产国和消费者在全球能源治理、全球投资与金融治理、区域经济治理等方面也拥有诸多共同利益与合作空间，未来在双边、区域与全球层面的合作将有力地推动全球经济治理的变革，全球经济治理变革有利于国际经济结构转型，将提升中国的国际地位与影响力。

（三）进一步加强中沙能源领域合作

沙特是产油大国，中国是能源需求大国，如今中国每进口 6 桶原油就有 1 桶来自沙特，由此可见沙特对中国的重要性。中沙双方将“加强能源政策协调，提高能源合作水平，构建长期稳定的中沙能源战略合作关系”，中国在石油进口上就有了更加安全、可信、可靠的供应方，这对中国的能源安全意义重大。我国已经成为全球第二经济大国和最大的石油进口国，安全稳定的石油供应对我国经济发展至关重要。作为中国最大的能源进口来源地的沙特是我国能源安全体系的重要影响因素，对于中国能源安全保障具有无可替代的重大战略意义。

（四）进一步开展“一带一路”倡议下中沙合作

沙特在地区和国际上享有重要地位，是我国“一带一路”沿线国家，地处我国“一带一路”战略的枢纽地带，处于陆海丝绸之路的交汇点，是“21 世纪海上丝绸之路”的重要节点国家，区位优势明显，中沙两国合作潜力巨大、前景和合作空间广阔、机遇难得。双方应携手努力，深挖潜能，将加强两国政策沟通、设施联通、贸易畅通、资金融通、民心相通作为主要任务，共建“一带一路”。两国正探讨加强合作的途径，积极构建多层次政府间宏观政策沟通交流机制，深化利益融合，促进政治互信，达成合作新共识。在我国“一带一路”战略中，沙特不仅是一块投资热土，也可以作为中国企业出海的一个可靠投资伙伴，支持中国在欧亚大陆许多国家的发展。另外，沙特在中国也继续开展大量的投资。2016 年年初，两国政府签署《中华人民共和国政府与沙特阿拉伯王国政府关于共同推进丝绸之路经济带和 21 世纪海上丝绸之路以及开展产能合作的谅解备忘录》，双方表示愿在共同推进丝绸之路经济带和 21 世纪海上丝绸之路建设的框架内深入开展合作。

（五）在亚投行和基础设施建设等方面开展中沙合作

亚投行将有效增加亚洲地区基础设施投资，推动区域互联互通和经济一体化进程，也有利于改善亚洲发展中成员国的投资环境，创造就业机会，提升中长期发展潜力，对亚洲乃至世界经济增长带来积极提振作用。沙特是亚投行创始成员国，在其中扮演着重要角色。中沙双方同意将亚洲基础设施投资银行打造成互利共赢的融资平台，促进区域互联互通。亚投行有了中东大国沙特的支持，未来发展的前景肯定会更好。此外，扩大相互投资，进一步深化基础设施领域合作，重点做好铁路、道路桥梁、通信、港口等方面的互利项目。